2013年度国家出版基金项目

国家出版基金项目
NATIONAL PUBLICATION FOUNDATION

中国文化发展史

总主编 龚书铎

明清卷

毛佩琦 主编

山东教育出版社

目　　录

导论

传统文化：最后的辉煌与凄美

明清时期，是中国传统社会从繁荣逐步走向衰落的时期，也是中国社会由古代向近代转型的时期。在这个时期，空前统一强大的中央集权的多民族国家逐渐形成，传统的社会经济达到了鼎盛，前有永宣盛世和嘉靖、隆庆、万历的繁荣，后有康乾盛世。在鸦片战争前的近五百年时间里，明清两朝在政治、经济、文化、民族、宗教、军事及对外交往等诸多方面颇多建树，给后人留下了许多宝贵遗产，许多方面影响着近现代中国的发展。

明清时期正处于传统社会的晚期，新的经济因素成长发展，加之西方文化传入，中西文化冲突与融合，使明清文化呈现出有异于前代的风貌。

首先，明清思想文化的流变几经往复和曲折，其间既有君主专制文化不断强化并居于垄断地位，又有民主启蒙文化的萌发及其给予专制制度的猛烈批判。这两大思潮交织，成为明清文化的一大特色。

明代废丞相，权分六部，分兵权于五军都督府，强化监察制度，加强对臣民的控制，以内阁制与宦官制并行等一系列军政措施，极力强化专制皇权。同时，明朝推行程朱理学教育及八股取士，强化对士民的思想、文化控制。清沿明制，但改革宦官制度，设军机处加强中央集权，行督抚制、保甲制管理地方；设理藩院管理少数民族事务，在一些地方设将军，并对少数民族地区依情况不同而分别治理；文化思想上，清朝继续尊崇程朱理学，推行八股取士，并屡兴文字狱，使思想专制空前强化。

明朝程朱理学已趋于僵化、保守，阳明心学随之崛起。阳明心学的传人王艮创泰州学派，将百姓日用之道与圣人之道并列，冲击了传统的等级制度。其门徒何心隐、罗汝芳、李贽等从多方面给明代专制主义思想统治以猛烈批评；而李贽之异端思想则开时代之先声，其人人平等思想闪耀着民主思想的光辉。明清更替，社会动荡，思想桎梏一度削弱，黄宗羲、唐甄、顾炎武等尖锐批判君主专制，提出了限制君权、分散权力、学校议政等一系列颇具民主色彩的思想。明清之际反君主专制的思想是时代进步的反映，具有鲜明的近代色彩，但清朝的遏制与扼杀，阻碍了它进一步向近代转化。

其次，明清时期，特别是有清一代，逐步形成了多元一体的中华文化。传统文化得到了集中整理，有利于中华文明的继承、延续与传递。

清廷肇始于东北，从统辖漠南、漠北蒙古入手，进而据有中原。其后又统一了台湾，平定准噶尔叛乱，平定南疆，统一新疆，抗击沙俄侵略黑龙江地区，定西藏归驻藏大臣辖领，于西南少数民族地区继续推行"改土归流"政策，终在乾隆朝形成了包括汉、满、蒙古、维吾尔、藏、彝、白、回等数十个民族于一体的统一的国家。多民族共生共通共荣，形成了既具各民族特点，又具民族融合特色的文化。在这里，汉文化给予各少数民族文化以滋养，各少数民族文化也给汉文化增添了新鲜血液，各民族文化融合共塑多元一体的中华文化。

明清两朝的统一与繁荣，促成了中国传统文化典籍的集中整理。明代纂修了《永乐大典》，清代则编纂了《古今图书集成》、《四库全书》等巨著。在社会经济、科技方面，徐光启的《农政全书》总结了我国古代的农学成果，宋应星的《天工开物》则集中记述了我国手工业的精华，徐宏祖的《徐霞客游记》是地理学方面的杰出著作，李时珍的《本草纲目》则是我国古代药物学的集大成者，而《郑和航海图志》、《瀛涯胜览》等书则体现了中国人民征服大海的智慧和能力。可以说，明清时期传统文化的发展已达传统社会的顶峰。

再次，明清时期农业、手工业进一步发展，商品经济与城市经济空前繁荣。商品经济和城市经济的发展得益于国家统一所形成的市场和白银的流通，相应地商品经济和城市经济的发展促成了商人群体的发展和城市市民群体的迅速增大，并形成了商业文化和城市市民文化。可以说，城市市民文化的发展和商业文化的兴盛是明清两代文化不同于前代的特色。

明清城市市民文化的勃兴，体现在方方面面，如文学、艺术、社会生活、婚姻家庭、伦理道德、文化观念及宗教意识等领域。市民文化的最大特点在于它一改传统文化以帝王将相、才子佳人为中心的逻辑与必然，将市民放在人的位置，放在中心的地位来考虑，来认同，来理会，来描述。无论是文学上的《金瓶梅》、"三言"、"二拍"也好，还是戏曲中的一些传奇戏也好，均深刻地表现了市民的生活与追求，反映着市民的价值观念与生活情趣。市民文化的典型特征是追求享乐、崇尚人性、追求"至情"和"义利并重"，明显地平民化与世俗化。追求享乐体现在衣食住行、两性关系和婚姻家庭的诸多方面，崇尚人性、追求"至情"则在"三言"、"二拍"及大量民歌中有生动的描述和反映，而"义利并重"的思想则集中体现于市民阶层的商业文化中。

明清商业文化的兴盛表现在影响全国经济的几大商帮如徽商、晋商、陕商、宁波商、江右商等的形成，更体现在商人的"贾而好儒"，讲求"义利"的品行道德、经营理念上，亦即以儒家思想指导的商业伦理为其特色。商业文化乃至城市市民文化的空前发展使社会上的价值观念发生了深刻变化，一向地位低微的商人在社会价值的坐标体系上地位空前上升，"商"与士、农、工并列为"四民"，"重商"意识已经抬头。

市民文化、商业文化也有其糟粕之处，如追求享乐、不劳而获、及时行乐的思想，如崇尚肉欲与色情的纵欲主义、色情文化，反映出社会的颓废与没落。

明清市民文化、商业文化的空前发展显示了社会经济的发展方向和历史进步性。但是，产生于传统社会母体的市民文化、商业文化又受到专制政权的摧残与打压，而市民、商人对现政权的依赖，商业资本转化为土地资本、高利贷资本的总趋势决定了市民包括商人的软弱性和不成熟性，这最终导致市民文化包括商业文化没能走出传统文化的范围，实现对传统制度、传统文化的变革。这正是中国商业文化、市民文化发展中的可悲之处。

第四，在总体上，明清时期的文化广泛具有世俗化、平民化倾向。以程朱理学为教育内容的学校在全国建立起来，中央有太学（国子监），地方有府、州、县学，民间有社学、义学，城乡则有众多私塾、蒙馆和家塾，还有大量的书院，推动了教育的平民化和世俗化。

王艮泰州学派在普通百姓中也得到传播。泰州学派的讲学对象不仅有中上层知识分子，而且有下层百姓、农工商贾。

与此同时，明清时期，儒、释、道三教合流且世俗化趋势更加明显，三教互相吸收来丰富自己。如佛学的禅宗贴近百姓生活，"吃饭穿衣，皆有佛理"，而"狂禅"之风已与明末儒教士大夫、文人的"异端"思想相互砥砺。达观紫柏禅师思想尤为激进，与李贽并称晚明"两大教主"。李贽、汤显祖、袁宏道等人佛理深厚。可以说，儒、佛、道的思想和谐地统一于中国古代知识分子身上，顺境则以儒家之积极入世以济天下，逆境则退隐林下甘泉，与清风明月为伴。儒、释、道三教文化矛盾而又和谐地存于一身，不过是古代知识分子生命形态、心路历程的三种不同符号的解读和展示。

明清文化的世俗化、平民化倾向，还体现在世俗、平民文化观念对文人士大夫的雅文化的渗透上。如明清戏曲、小说讲求雅俗共赏，意趣兼得，形神兼备。众多的戏剧乃至民歌受到了士大夫和市井百姓的共同喜爱，展现出蓬勃的生命力。文人士大夫还积极投身到俗文化特别是俗文学的创作中，如冯梦龙的短篇小说集"三言"和民歌集《山歌》、《挂枝儿》等。这些众多的雅俗共赏的文艺作品，许多是反映市民生活的，有的带有浓厚的市民意识。尚俚、尚俗，渗透到各阶层的欣赏趣味之中，成为他们的共同追求。明清各种文艺创作包括社会生活无不反映这一趋势。

第五，明清文化的又一个特点是自晚明耶稣会传教士利玛窦来华以来的西学东渐，中西文化在互相冲突中融合，西学东渐与中学西传又并行不悖。西学东渐带来了西方世界异质的科技文化，给古老的中华文化注入了新的血液，有利于中国传统文化向近代的转型与进步。

耶稣会传教士不仅给中国带来了西方的自然科学技术，同时也将中国文化介绍、传播到欧洲，对欧洲17、18世纪的启蒙运动产生了影响。欧洲的启蒙思想家从中国文化，尤其是儒家思想中吸收了养分，成为他们反对封建专制主义和教会神权统治，提倡理性主义的思想渊源之一。法国启蒙思想家伏尔泰认为，中国戏剧可与希腊戏剧相媲美，并将元杂剧《赵氏孤儿》改编为《中国孤儿》，以此揭示中国的道德人生观。那个时期，欧洲曾流行中国建筑艺术、绘画、瓷器、漆器、纺织品及一切用具，形成了一种"中国趣味"，或称"中国风"。

耶稣会传教士带进中国的科学技术作用较大的，主要是历法和地理学。明代历法长期失修，在徐光启等人的坚持下，明廷设局修历，并吸收传教士汤若望等人参加，后来编成《崇祯历书》一百余卷。汤若望还与徐光启、李之藻等合作撰写《西洋历法新书》。地理学方面，有利玛窦的《坤舆万国图》，南怀仁制《坤舆全图》并著《坤舆图说》，艾儒略著《职方外纪》等，使中国人对世界五洲各国地理风土知识有了了解。但是，耶稣会传教士来中国的目的是传播基督教，传播科技只是作为传教的一种辅助手段，因而他们传播科技知识时总是把科学摆在神学的奴隶地位上。他们对当时欧洲较先进的学说，如哥白尼、伽利略、牛顿等人的成就虽有所介绍，但所推重的则是欧几里得的数学、托勒密的太阳中心说等希腊时代的成果。

耶稣会传教士为了能在中国传教，采取了服从中国的政令法律、适应中国礼仪习俗的策略，但遭到其他教派的反对。清康熙年间，罗马教廷力图统一领导海外的传教，极力干预耶稣会在中国的传教方式，一再派特使带着教皇的命令到北京，禁止中国入教者祭天、祀祖、祭孔，态度非常强横。康熙帝拒绝罗马教廷强加的命令，不得不采取禁止传教的措施。这反映了中西文化的差异和冲突，也涉及罗马教廷对中国主权的损害，不能简单地归结为中国对西方文化的排斥。清政府禁止传教，还因为传教士在中国窃取情报，窥探机密，参与宫廷内部的斗争，横行不法等。随着清廷的禁止传教，西方文化的传播也停顿下来。面对日益崛起的西方强势文化，中国传统文化却愈来愈僵化，已是危机四伏了。

第一章

明清主流思想的流变

  与明代大一统的专制制度相呼应，由于统治者以行政手段大加干预，明初程朱理学得以一统天下，学术思想固守儒家正统，别无创新。程朱理学从孔孟出发，论证君主制秩序的永恒性，力图将君主政治原则和伦理道德本原化，将纲常名教归结为宇宙的本原——"理"。这正是理学受到统治者青睐、成为文化主导的原因所在。

  明中叶，王守仁不满于程朱理学的疏远空泛，发展了陆九渊的"心学"，形成"阳明学派"，以"致良知"和"知行合一"为主旨，把传统伦理道德说成是人生而具有的"良知"。阳明心学在明中叶以后风靡一时，带动市民思想的萌发。阳明心学的兴起，表明程朱理学出现危机，以及传统哲学思想的没落，预示着一种具有新因素的思潮行将崛起。

  明清两代在中国文化史上的一个重大贡献，便是官方调动巨大的人力物力，对古代浩如烟海的典籍进行收集、钩稽、订正、考辨和编纂。具有代表性的有明代的《永乐大典》，清代的《古今图书集成》和《四库全书》。明清两代，在整理古代典籍方面所做的工作是空前的，显示了强盛、统一帝国的博大气象。

明清之际，顾炎武等学者批评明末士人"束书不观，游谈无根"，提倡"博学以文"、"多学而识"等，以经世致用。康熙年间，阎若璩、胡渭等用考据方法研究《尚书》、《禹贡》，抛弃了经世致用的学风，开始为考据而考据。考据学至乾隆、嘉庆间大盛，发展为以惠栋为首的"吴派"和以戴震为首的"皖派"。他们在古籍的考订，包括音韵、训诂、校勘等方面做出了贡献。但考据学走向极端，脱离社会实际，流于烦琐，成为一种病态现象。

一、大一统社会与文化专制

（一）专制主义政权的加强

明太祖朱元璋为加强君主专制，进行官制改革，废除元代的中书省，取消丞相，设吏、户、礼、兵、刑、工六部分掌职权，由六部尚书分别对皇帝直接负责。在地方政区上，废除了元代的行中书省，设布政使司（俗称省），掌管地方民政、财政，统管府、州、县三级行政机关。又设有提刑按察使司，掌管地方司法；设都指挥使，掌管地方军政。三司互不统辖，分属中央有关部门管辖。

为了扫除君主集权的障碍，明太祖对某些地区的豪强地主进行了打击，对功臣曾两次大肆杀戮。洪武十三年（1380年）丞相胡惟庸一案，牵连被杀的功臣达三万余人。洪武二十六年（1393年）蓝玉一案，一万五千余人被杀。明太祖又借胡惟庸案，废中书省，罢丞相制，皇权大为膨胀。

此外，明朝监察体系空前强化。明太祖将御史台改为都察院，下设十三道监察御史，出为巡按御史，代皇帝巡视地方，弹劾官吏，监察民情。洪武十五年（1382年），明太祖设立保卫皇帝并从事侦缉活动的军事机构——锦衣卫。永乐十八年（1420年），明成祖朱棣设立东厂。明宪宗朱见深再设西厂，由皇帝信任的宦官统领。"厂"、"卫"是专制主义中央集权政治的产物,它的出现标志着君主专制统治的进一步加强。

废除丞相后,明太祖曾仿宋制,选拔一些文人充当殿阁大学士,以备顾问,在皇帝指挥下协理政事。明成祖时,使阁臣参与机务,逐渐形成内阁制度。这是在废除丞相后为了完善中央机构的又一次改革。明成祖重用司礼监宦官,并给宦官以"出使、专征、监军、分镇、刺官民隐事"等大权。宦官与内阁的权势相抗衡,最终裁决权统于皇帝,使明朝君主专制趋于完备。

清代在统一全国后,加强了专制统治。中央机构如内阁、六部、都察院、大理寺等,都仿明朝的制度而有所改变。其官员虽由满汉分授,但实权掌握在满员手中。除内阁外,别设议政王大臣会议。议政王大臣会议由满族贵族组成,负责筹划军国大事,奏请皇帝裁决。雍正七年(1729年),清政府在北京设军机处,由皇帝选派亲近信任的满族大臣和汉族大臣共同组成。最初它只是因用兵准噶尔部而设的一个暂时的军事行政机构,以后成为处理全国军政大事的常设核心机构。但它"只供传述缮撰而不能稍有赞画于其间",军机事务的裁决权完全出自皇帝。军机处的设立是雍正帝为了削弱满洲贵族势力,以取代议政王大臣会议,加强皇帝权力所采取的措施。

清初的地方行政机构也沿袭明代,但是省一级的官吏除去布政使、按察使外,还设有总督或巡抚。巡抚是总揽一省军政、民政的最高官职,总督比巡抚权力更重,辖一省或二三省。无论巡抚或总督,都是皇帝的心腹,事无大小,遇疑难即呈奏皇帝,听候皇帝指示。

明清两代是中国宗法君主制社会从顶峰开始走向衰落的阶段。一方面,从经济基础到上层建筑的每一个环节,已经最大限度地控制在君主专制统治的领域内,按照君主的意志运转;另一方面,社会矛盾日趋激烈,封建统治危机四伏,迫使明清统治者集中一切力量做最后的挣扎。另外,由于明清两朝都是在战争的危机中建立起来的,所以开国几代君主都以强化专制统治为首要任务。政治专制与文化专制从来都是相伴而行的,作为上层建筑的统治阶级文化思想以多种形式渗透到社会生活的每个角落,发挥着主导作用。明清统治者从政权建立伊始,便不断加强文化专制,清朝康熙以后更是变本加厉,使一度活跃的文化思潮受到打击和压制,丧失了健康发展的机会,从而又有力地维护了政权的高度专制。

（二）文化专制的空前强化

明朝在文化上大力推行专制主义政策，力图把全国的思想文化强行纳入程朱理学的轨道之内，同时极力压制各种"异端"学说。

与统一的专制帝国晚期相适应的明清文化，其显著特征是统治阶级将远比先秦、汉、唐儒学更富于思辨色彩的新儒学——宋明理学，作为其统治思想。"理学"虽派系歧异，但都是从孔孟思想出发，将君主政治原则和伦理道德归结为宇宙的本原，论证君主制政治秩序的永恒性，故受到统治者的青睐，并被定为思想文化的正统。明太祖在开国初，就重用了一批元末朱学的承传人物和学者，如宋濂、刘基、王祎、许存仁等，让他们参与国家大政的决策，制定礼乐和文化教育制度。明太祖还下令在全国通祀孔子，给孔子后裔以获罪赦免等种种特权，确立了程朱理学的统治地位。

明政府建立了比唐、宋更为完备的学校制度和科举制度。学校分为国子学和府、州、县学，规定《四书》、《五经》、《大明律令》和明太祖亲撰的《御制大诰》三编为必修之功课，须"一宗朱子之学"。还规定学校的生员之间不得互相交往，不得随便议论他人言行和军国大事，"天下利弊，诸人皆许直言，惟生员不许"。明太祖洪武三年（1370 年）规定科举考试以八股文取士，"其文略仿宋经义，然代古人语气为之，体用排偶"，考试以《四书》、《五经》命题，《四书》以朱熹的注为依据。这样就把知识分子的思想牢牢地限制在程朱理学的框架之内，不许越雷池半步。明成祖更敕令胡广等人纂修《五经大全》、《四书大全》、《性理大全》，颁行全国。他在序里说，纂修三部《大全》是为去"人之心术不正，而邪说暴行侵袭蠹害"，"使天下之人获睹经书之全"，"修之于身，行之于家，用之于国，而达之天下，使家不异政，国不殊俗"。就是说，要达到"家孔孟而户程朱"，以确立程朱理学的统治地位。

明朝政府为使更多人投入程朱理学的牢笼，规定生员入学可享受免役特权，除本人外，还免其家差徭二丁。国子监的生员结业后可直接做官或通过科举做官。洪武时，很多监生经过短期的学习，即调往各地"历事"，有的被超擢为布政使、按察使等官吏。科举出身的官员则有更好的前途。对力行"孝道"、"妇道"等理学教条的，官府尤加奖赏。对于那些反其道而行者，官府则胁之以威，逼其就范。永乐间，江西饶州儒士朱季友诣阙上书，非议周、程、张、朱之说，明成祖"命有司声罪杖遣，恶焚其所著书"。嘉靖、万历年间，泰州学派因公开宣扬背离儒学正宗的思想，而被斥为"异端"，屡遭迫害，颜均被充军，何心隐被杀，李贽于狱中自刎。明中后期，书院勃兴。明廷唯恐士大夫借机"摇撼朝廷，爽乱名实"，多次下令禁毁书院。而对于胆敢不与朝廷合作者，则格杀勿论。《御制大诰三编》规定："寰中士大夫，不为君用，是自外其教者，诛其身而没其家。"清代，政府仍以程朱理学为官方统治思想，崇正学，黜异端。

此外，明清两朝特别是清代屡兴文字狱，对思想上稍有"越轨"、"悖逆"迹象的士人，予以无情镇压，甚至株连九族。朱元璋推行文化专制的做法，被其后继者所承袭。明成祖朱棣为镇压政治反对派，曾下令"藏孝孺文者罪至死"①，对知识分子的控制又有新的特点。随着明朝政权的巩固，宣宗朱瞻基以后，文字狱大体停止下来，但到了清代，则变本加厉，愈演愈烈。

清代的文字狱不同于明代的地方，在于多因镇压汉族士人的民族意识而发难。清代前期对汉族士人的政策从最初的利用、怀柔到康、雍、乾转为高压。康熙时的庄廷鑨《明史》案、戴名世《南山集》案，雍正时的查嗣廷"试题案"、吕留良"文选案"等，都是著名的文字狱，累及人数众多。乾隆时文字狱更是繁多，比康熙、雍正两朝的案件合计增四倍以上。康、雍、乾三朝文字狱仅见记载的就有一百零八起之多，而且愈演愈烈，竭尽妄意引申、构陷入罪之能事，株连无辜，备极残酷，遂至冤狱遍于国中，是中国文化史血腥的一页。

明清严酷的文化专制政策是君主专制制度的派生物，造成明清学术空气的死板和守旧，大量士人思想受到禁锢，陷入僵化呆滞状态，缺乏生气和创造力，所谓"避席畏闻文字狱，著书都为稻粱谋"②。偏重考据、忽视义理的乾嘉学派的产生，就与清代的文化专制政策不无关系。乾嘉学派虽在古代文化的整理方面做了浩大的工作，有不容忽视的贡献，但就中国文化进程而言，毕竟

---

① 《明史·方孝孺传》，卷一四一，4020 页，影印本，北京：中华书局，1997。
② 《龚自珍全集》下册，471 页，北京：中华书局，1959。

是一种病态的发展。17世纪以后，相对于欧洲，中国的落伍，究其理，专制制度编织的文化罗网所起的恶劣作用是不能低估的重要原因。

二、程朱理学一统与明初的保守文化

经过宋元时期酝酿、成型的程朱理学，到明代已达到鼎盛，在统治阶级的大力扶植下，成了中国宗法君主制社会后期占主导地位的官方哲学，对明清两代的社会生活产生了极其深远的影响。

程朱理学在南宋理宗时已占据统治地位。元代沿袭南宋"以朱子之书，为取士之规程。终元之世，莫之有改"①。明朝开国伊始，明太祖就宣布要"明教化以行先圣之道"②，秉承孔孟之道，用程朱理学来统一思想。被明太祖重用的元末朱学的承传人物和学者，如朱学正宗传人宋濂，以及刘基、王祎、许存仁等，参与了国家大政和对礼乐制度及文化教育的建设。同时，明太祖下令在全国通祀孔子，将衍圣公的秩位由三品进为二品，规定孔门子孙及颜、孟大宗子孙均免除徭役，"圣贤后裔"犯罪者一概屈法宥之。他还通过各种途径大力提倡读经，规定所有学校"一以孔子所定经书诲诸生"③，并命国子学祭酒许存仁"一宗朱子之学"，"令学者非《五经》、孔孟之书不读，非濂、洛、关、闽之学不讲"④。科举考试专以《四书》、《五经》命题，以八股文为文章格式，《四书》要以朱熹的注为依据，"不遵者以制论"⑤。这种"代圣贤立言"，"代古人语气为之"的做法，就把知识分子的思想牢牢钳制在程朱理学的藩篱之内，大大束缚了当时文人的思想和创造性。明成祖更使儒臣纂修《性理大全》等书，颁布天下。统治者利用手中的权力，强制推行文化专制政策，使程朱理学在明初一统天下，学术思想缺少创新。

黄宗羲指出："有明学术，白沙开其端，至姚江而始大明。盖从前习熟先

---

① 《儒林传》，见柯劭忞《新元史》卷二三四，影印本，上海开明书店，1935。
② 宋濂：《洪武圣政记·定民志第六》。
③ 黄佐：《南雍志·事经一》，《续修四库全书》，上海古籍出版社，2002。
④ 陈鼎编：《东林列传·高攀龙传》，影印本，南京：江苏广陵古籍刻印社，1983。
⑤ 《松下杂抄》卷下。

儒之成说，未尝反身理会，推见至隐，所谓'此亦一述朱，彼亦一述朱'耳。"① 明初理学家主要沿袭程、朱的"天理观"，通过对理和气关系的论证，来探讨道德修养的方法，提倡笃行践履和格物致知。明初"文臣之首"、"金华学派"的宋濂便是程、朱的崇拜者，他的得意弟子方孝孺在洪武、建文时期被称作"程、朱复出"。其他如曹端、薛瑄、吴与弼等，都对程朱理学亦步亦趋，是当时理学保守派的代表。但在明初程朱理学的演进过程中，也间或融入一些陆学观点，强调心的作用，由此在程、朱一统的大局下，已潜藏分化朱学、朱陆合流的趋向。

宋濂（1310—1381），字景濂，号潜溪，浙江金华人。明初理学家、文学家，曾受业多门，以其深厚的儒学功底受到朱元璋赏识，成为"文臣之首"。宋濂以程、朱为宗，又杂糅诸家之长，运用朱熹所谓"仁者天地生物之心"的说法，把"天地之心"视为宇宙万物运动变化的本原，并赋予"天理"的内涵。他提出"宗经"说，认为六经是天理，是自然规律的总概括。他同时认为天理存在于人心之中，人心与天地万物同一。探求人心便是对天地之心的体验和把握，从而试图在朱陆之间的分歧中寻求一种沟通与调和。

方孝孺（1357—1402），字希直，一字希古，号逊志，浙江宁海人。曾从学于宋濂，但他的思想倾向与其师有所不同。他尊崇并维护朱学，主张格物致知，反对心学注重心悟的方法，认为那是受佛教异说的愚弄。他针对当时学术界偏重道德修养、空谈性命的虚浮风气，强调君子学道当有"经世宰物"之心，要修身、齐家、治国、平天下一以贯之，以"理"本之于天下。方孝孺对社会问题十分重视，企图以《周官》为其模式来达到"齐家"、"治国"，当然是行不通的。

曹端（1376—1434），字正夫，号月川，河南渑池人。明前期的大儒，被称为明初理学之冠。他沿袭朱熹的观点来解释周敦颐的《太极图说》，谓"太极，理之别名"，理是宇宙的本源，理驾驭气。但他又不赞同朱熹把理、气相区分的说法，强调理与气"浑然而无间"，理气一体，力图弥补朱熹在理气关系阐述中的不完善之处，但仍未能自圆其说。他还主张"深思而实体"，即躬

---

① 《姚江学案序》，见黄宗羲《明儒学案》卷一〇，北京：中华书局，1985。

行实践，反对凭空论说，做到"无欲而静"。他在墨守宋儒成规的前提下，也流露出对心的探求。可贵的是，曹端具有无神论思想。他"得元人谢应芳《辨惑编》，心悦而好之，故于轮回、祸福、巫觋、风水、时日世俗通行之说，毅然不为所动"①。曹端曾与和尚辩论轮回之说，和尚称："轮回不可逃，惟佛救度之。事佛者升天堂，不事者堕地狱，不可不信。"曹端有力地反驳说："人气聚则生，气散则死，犹旦昼之必然，安有死而复生为人，生而复死为鬼，往来不已，为轮回哉？……且所谓天堂、地狱安在？自古及今，谁见乎？不过僧家设之以吓愚尼尔！"②

明初，在对理学的继承与发展中，形成了一些风格各异的学派。著名的有薛瑄的河东学派、吴与弼的崇仁学派和陈献章的白沙学派。

薛瑄（1389—1464），字德温，号敬轩，山西河津人。从政生涯历经宣德、正统、景泰、天顺四朝，经历了明朝由盛而衰的大转折。他以复性为宗，强调人伦日用，提倡笃行践履之学，是明代初期朱学的主要代表人物，在明初影响很大。他及其弟子阎禹锡、白良辅、张鼎等创建了河东学派，门徒遍及山西、河南、关陇一带，蔚为大宗。论者谓朱熹、陆九渊之学传至明朝，分别承继者为薛瑄、王阳明，"其余或出或入，总往来于二派之间"。

在宇宙观上，薛瑄和朱熹一样，也是用理与气来解释天地万物之所以生成。但他和朱熹又有所不同。朱熹认为"天地之间，一理而已"，理在气先，理本气末，理气为二物。薛瑄与朱熹的观点有别，他主张"理涵于气之中"，以气为本，理气不可分先后，没有"缝隙"。在认识论上，薛瑄强调格物致知之要旨在于"就万物万事上求实理"。"格物，是知逐事逐物各为一理；致知，是知万物万事通为一理"③。认为认识事物的过程是"因气而识理"，或"因气以识道"的过程。

在知行关系上，薛瑄针对当时理学空疏的学风，强调"求实理，务实用"。他的学说又被称为"践履笃实之学"，开明代"实学"思潮的先河。这在后面"实学"思潮中再予论述。

① 《诸儒学案上二》，见黄宗羲：《明儒学案》卷四四，北京：中华书局，1985。
② 张信民：《曹月川先生年谱》，见《曹端集》，263 页，北京：中华书局，2003。
③ 薛瑄：《读书杂录》卷三，见《薛文清公全集》，清雍正刊本。

然而薛瑄的理学并未完全摆脱朱熹的"性本论"的影响，仍带有朱熹"性本论"的明显倾向。薛瑄认为："天下无性外之物，而性无在。"所谓性就是人伦之理，性即理。所谓物，包括君臣、父子、夫妇、长幼、朋友在内。所在要"以性为宗"，"复性为要"，这是圣人相传之心语。他根据程朱理学的观点，认为性是天所赋予人之理，"复性"就是要求人们通过道德修养的途径，复返到至纯至善的本体之性。而复性的方法主要是居敬穷理，在日常生活中不断省察克己，自觉以伦理道德纲常约束自己的思想言行。"事事不放过，而皆欲合理，则积久而业广矣"，实际上是朱熹下学而上达的修养方法。

吴与弼（1391—1469），字子傅，号康斋，抚州崇仁（今属江西）人。他与薛瑄同时代，号称南北两大儒。吴与弼青年时，获读朱熹的《伊洛渊源录》，从此立志研习理学，放弃举业，攻读《四书》、《五经》和洛、闽之书，足不出户。居家讲学，弟子从学者甚众，先后有娄谅、胡居仁、谢复、胡九韶、陈献章等，形成崇仁学派。

吴与弼学宗程、朱，"一禀宋人成说，言心则以知觉而与理为二，言工夫则静时存养，动时省察"①。他承认心外有理，在程颐"敬义挟持"说的基础上，提出"敬义挟持，实说心之要法"的观点。认为心虽如明镜，却由于气禀之拘，物欲之蔽，而染上物欲、邪思的尘埃。因此，主张通过"敬义挟持"的功夫和读书穷理等功夫"洗心"，从而使心"莹澈昭融"，上达天理。这里显然也套用了佛教禅宗所谓"拂拭"明镜之说，反映了"存天理，去人欲"的理论宗旨。在道德修养方法上，吴与弼重视"主静"的涵养功夫，提倡静坐、夜思冥悟，"忽到此心收敛处，聪明睿智自然生"。可见，他的"静观涵养"的思想已露心学之端倪，对阳明心学之开启，明代理学从"述朱"向心学流变有一定影响。因此，清人称："与弼之学，实能兼采朱、陆之长，而刻苦自立。其及门陈献章得其静观涵养，遂开白沙之宗；胡居仁得其笃志力行，遂君余干之学。有明一代，两派递传，皆自与弼倡之，其端绪未可尽没。"②

明初，以程朱理学作为官方哲学，思想文化归于一统，这种学风反映在文化上便呈现出一种保守的特征，点缀升平、歌功颂德之风充溢文坛。

---

① 《崇仁学案序》，见黄宗羲：《明儒学案》卷一，北京：中华书局，1985。
② 《钦定四库全书总目》（整理本）卷一七〇，2300 页，北京：中华书局，1997。

刘基、宋濂、高启等人的诗文虽有尚实的风格，语言浑朴精练，但也具有伦理教化的特质。刘基论诗主"讽"，宋濂的"宗经"说和所谓"缘情托物"的观点，均体现了对文学伦理功能的重视。明初戏曲作品中，内容涉及传统伦理道德说教意味的也为数不少，如高明的《琵琶记》，就旨在宣扬忠孝节义思想。其中，明代庙堂文化的奠基者之一的宋濂，力主崇儒宗经，文道合一，赞扬"台阁之文，其体绚丽而丰腴"①，并写下一批应酬之作。"三杨"（杨士奇、杨荣、杨溥）官居高位，历事成祖、仁宗、宣宗、英宗四朝，即所谓"台阁重臣"。他们的创作大多为应制、颂圣、应酬、题赠诗文，号称"词气安闲"，雍容典雅，追求冲和雅澹、怨而不伤，其实"陈陈相因"，"遂至啴缓冗沓，千篇一律"。成化、弘治年间，这种现象更为严重，正如朱彝尊在《静志居诗话》中所指出的："成弘间，诗道傍落，杂而多端，台阁诸公，白草黄茅，纷芜靡蔓。""台阁体"成为当时文士明哲保身的法宝，求进升官的阶梯，一时之间，尚"台阁"者天下皆是，"众人靡然和之，相习成风"。由于体崇台阁，宋元以来的浮文流弊不仅没有消减，反而愈演愈烈，出现"流于庸肤"、"真诗渐亡"的局势。

"庸肤之极，不得不变而求新"②。李东阳率"茶陵派"起而矫之，竭力以"宗唐"、"语礼"洗涤啴缓冗沓之习。李东阳虽力矫"台阁体"之弊，自称宗法杜甫，但由于他"历官馆阁，四十年不出国门"，生活和思想都很贫乏，加以诗作过分注重体制、声调格律等形式上的典雅，缺乏风骨，不足以一新耳目，以至被李梦阳讥为"萎弱"。诗文的"台阁体"，杂剧的贵族化，传奇的八股化，都是明初呆板保守之风的反映。

程朱理学适应了明初期君主专制主义强化的政治要求而得到大力扶持，一度垄断了哲学和思想领域，"世之治举业者，以《四书》为先务，视《六经》为可缓；以言《诗》，非朱子之传义弗敢道也；以言《礼》，非朱子之《家礼》弗敢行也；推而言之，《尚书》、《春秋》非朱子所授，则朱子所与也。言不合朱子，率鸣鼓而攻"③。严酷的文化专制把人们的思想和言行牢牢限制在程朱

---

① 宋濂：《宋文宪公全集·蒋录事诗集后序》。
② 《钦定四库全书总目》（整理本）卷一七〇，2299 页，北京：中华书局，1997。
③ 朱彝尊：《道传录序》。

理学规定的框架内，极大地锢锁了知识分子的思想和眼界，使得明代学术与文化在很长一段时期内徘徊不前，陷于僵化停滞的境地。

三、阳明心学及其市民化

就在朱学达到鼎盛之时，社会政治危机也开始暴露。明朝经历了洪武至永乐年间的拓展，宣德的升平，到正德时期，土地兼并加剧，国家财政危机日趋严重，宦官干政劣迹昭彰，流民泛滥，农民起义此起彼伏，地方王侯叛乱接踵而至。面对这一变局，作为统治阶级精神支柱的程朱理学，不仅不能提供有效的应对之策，而且其自身固有的矛盾也愈益暴露，以"述朱"为宗旨的理学对士子失去了吸引力。学者中的忧国之士，面对国运不济、世道之祸，苦苦探索着原因，终于归咎于"人心不正"。于是，一种力图抛却朱学、另辟新义的呼声，在学术界开始酝酿。以"正心"挽回衰世，整治纲纪，维系人心为目标的王守仁心学应运而生。正如顾炎武所说："盖自弘治、正德之际，天下之士，厌常喜新，风会之变，已有所自来。而文成（王守仁）以绝世之资，倡其新说，鼓动海内。"①

同时，心学的勃兴正是学术派别长期斗争的结果。南宋时，朱熹的"理学"与陆九渊的"心学"已壁垒分明，但朱学占据上风。"洎乎明代弘治以前，则朱胜陆。久而患朱学之拘。正德以后则朱、陆争诟，隆庆以后则陆竟胜朱。"② 这段话颇简要地概述了明代朱学与陆学彼此争斗及其力量消长的历程。而这里所说的明代的"陆学"，实际上就是指继承并发展了陆九渊学说的王守仁"心学"。

明代理学至陈献章的白沙学派始脱离朱熹的轨道，走入陆九渊的门径。所谓"有明之学，至白沙始入精微。其吃紧工夫，全在涵养。喜怒未发而非空，万感交集而不动，至阳明而后大。两先生之学，最为相近"③。

---

① 顾炎武著、董汝成集释：《朱子晚年定论》，见《日知录集释》中册卷一八，29 页，上海古籍出版社，1985。
② 《钦定四库全书总目》（整理本）卷九七，1276 页，北京：中华书局，1997。
③ 《白沙学案序》，见黄宗羲：《明儒学案》卷五，北京：中华书局，1985。

陈献章（1428—1500），字公甫，别号石斋，广东新会白沙里人，人称"白沙先生"。白沙濒临西江入海的江门，因而陈献章及其弟子的学说被称为"江门心学"。早年他就学于吴与弼，但其学术思想与吴与弼已有差异。陈献章提出，宇宙一分为三——天、地与人，但又统一于气，"天地间，一气也而已"，"元气塞天地"，气的运行变化形成宇宙万物。然而气虽凝聚为有形之物，却有道"超然于形气"，道是虚，但非空。在道与气的关系上，他认为与天地一样"至大"的"道"是宇宙万物的根本，宇宙为形气的实体，是虚实统一，实中存虚，虚寓于实。可见，陈献章的宇宙观已不沿袭"理在气先"的固有模式，而是提出一个"虚实相参"的宇宙观，进而引申出"天地我立，万化我出，而宇宙在我"①的心本论观点，否定了朱熹的理本论。这与陆九渊的"宇宙便是吾心，吾心便是宇宙"的观点十分相似。在对心的理解上，陆九渊指出"心"具有知觉能力和伦理本性，而陈献章则主要强调"心"的知觉作用是决定万事万物之关键，具有明显的唯我倾向。

陈献章高度重视心的作用，并承袭"以心为舍"的传统，要实现"以自然为宗"的目标，就是要达到一个毫无约束的"浩然自得"的境界，将天地、生死、贫富、功利都置之度外，从自然和社会束缚中解脱出来，以获得绝对自由自在的精神状态。

陈献章主张以"虚"为基本，以"静"为门户，是明代理学家中第一个大胆"通禅"的人物。他的"主虚"以保心灵，从"静坐中养出端倪"的心学方法，都类似禅宗工夫。他认为"心道合一"无须外求，只要"静坐"，便可"即心观妙"。陈献章一反明初学者因循程、朱，恪守宋人矩矱的习气，提倡"自得"。他曾对门人说："我否子亦否，我然子亦然。然否苟由我，于子何有焉？"倡导独立思考，并不"师云亦云"的新学风。值得注意的是，陈献章与后来的王守仁都是主张"自得"之学的，故黄宗羲指出，陈、王"两先生之学，最为相近"。

陈献章的心学思想传承者为其弟子湛若水。湛若水（1466—1560），字元明，广东增城人。他提出"万事万物莫非心"的心学观点和"随处体认天理"

---

① 《与林郡博》，见《陈献章集》卷二，北京：中华书局，1987。

的修养方法，发展了江门心学。

陈献章及其弟子创立的江门心学，在宋明理学史上占有重要地位。陈献章心学的形成，标志着明代理学由朱学向陆学的转变。江门心学与阳明心学并立于明中叶，但其影响不及阳明心学。《明史·儒林传序》说："宗献章者曰江门之学，孤行独诣，其传不远；宗守仁者曰姚江之学，别立宗旨，显与朱子背驰，门徒遍天下，流传逾百年。"

明代中叶以来，社会领域和思想领域危机的逐步加深，向僵化保守、空谈性理的程朱理学提出挑战，迫切需要一种新的理论作为指导。明初一部分士人已开始从理学虚无的"天道"向真实的人的感知靠拢，探寻着"道"与"心"相沟通的门径。经过陈献章、湛若水等人的开创性尝试，在积弊已深的明中叶，王守仁终于创立了集心学之大成的思想体系，打破了朱学独霸天下的局面。

王守仁（1472—1529），字伯安，浙江余姚人。因曾在会稽山阳明洞筑室修养，人称"阳明先生"。弘治十二年（1499年）举进士，历刑部、兵部主事。正德元年（1506年）疏救给事中戴铣等人，得罪宦官刘瑾，被贬为贵州龙场（修文县治）驿丞。刘瑾伏诛后，王守仁迁庐陵（今江西吉安）知县，历南京刑部主事、南京太仆少卿、鸿胪寺卿。正德十一年（1516年）以都察院左佥都御史巡抚南赣、汀、漳等地。此后多次镇压江西、福建、广东、湖南等地农民起义。正德十四年（1519年），平定了明宗室宁王朱宸濠的叛乱。嘉靖帝即位，王守仁升南京兵部尚书，参赞机务，封新建伯。嘉靖六年（1527年），奉命赴广西镇压思恩、田州八寨的瑶族、壮族起义。次年卒于南安。隆庆初赠新建侯，谥文成。万历十二年（1584年），诏从祀孔庙。

正德三年（1508年），王守仁因得罪宦官刘瑾，被贬为贵州龙场驿丞。在艰苦的环境里，他彻悟"圣人之道"，建构了"心学"思想，并在其后加以丰富完善，形成一个思想体系，在明代思想界风靡一时，对后世也产生了深远影响。

（一）王守仁学术思想之形成

王守仁作为明代心学集大成者，其学术思想经历了一个相当曲折的演变过程："始泛滥于词章。继而遍读考亭（朱熹别名）之书，循序格物，顾物理、吾心终判为二，无所得入，于是出入于佛、老者久之。及至居夷处困，动心忍性，因念圣人处此，更有何道？忽悟格物致知之旨，圣人之道，吾性自足，不假外求。其学凡三变而始得其门。"① 王守仁经历了词章之学——朱学——佛、老诸阶段，尤其是对于朱熹的"格物致知"之学加以批判，弃绝朱学，转向佛、老。

王守仁深受佛学特别是禅宗的影响。他曾说："尝学佛，最所尊信，自谓悟得其蕴奥。""圣人致知之功至诚无息，其良知之体皦如明镜，略无纤翳。妍媸之来，随物现形，而明镜曾无留染。所谓情顺万事而无情也。"② 王守仁这里其实是指一种超越自然的境界。其中，心如明镜、无善无恶之说显然是借用禅学的提法。他还曾产生过削发为僧的念头，又曾行道家"引导之术"，不久便悔悟道："此簸弄精神，非道也。"

当王守仁绝意于道、释之际，结识了陈献章的门徒湛若水。湛若水的"自得"思想给了他重要启发。王守仁又从湛若水那里间接受到其师陈献章的江门心学的熏陶。他终于走上了"吾性自足，不假外求"的自得之路，与湛若水两人决心以"倡明圣学"为事业。

王守仁的心学继承了孟子的"良知说"和陆九渊的"心即理"思想，抛弃了"格物穷理"的朱学模式，创立了内心主观直接反省的"心学"体系。他继承和发展了陆九渊的"心学"，所以学术史上常把二人合称为"陆王"，但其思想体系比陆九渊更为广泛和完善。

（二）阳明心学的思想体系

王守仁的学说通称"心学"，因为他把"心"——即人的意识看作本位，是第一性的。"心外无物，心外无事，心外无理，心外无义，心外无善。"③ 这与朱熹把"天理"作为最高范畴相对。他在此基础上提出"致良知"说，其实现路径则是"知行合一"，这样构筑起他的心学理论体系。

王守仁继承了陆九渊的"心即理"的观点，又进一步使之精密："夫物理不外于吾心，外吾心而求物理，无物理矣；遗物理而求吾心，吾心又何物邪？

---

① 《姚江学案一·本传》，见黄宗羲《明儒学案》卷一〇，北京：中华书局，1985。
② 《传习录》中，见吴光等编校：《王阳明全集》卷二，70 页，上海古籍出版社，1992。
③ 《与王纯甫》二，见《王阳明全集》卷四，156 页，上海古籍出版社，1992。

心之体，性也；性即理也。故有孝亲之心，即有孝之理，无孝亲之心，即无孝之理矣。有忠君之心，即有忠之理，无忠君之心，即无忠之理矣。理岂外于吾心邪？"① 总之，王守仁认为，世上事理皆具于吾心之中，故他主张求理于吾心。在论证心物关系时，他认为"以其明觉之感应而言则谓之物"，把外物的存在说成是心灵的感应，把心的作用绝对化了。

阳明心学的另一主旨便是"致良知"，把"良知"这种道德意识与心学思想结合起来，扩充了它的内涵。

"致良知"是王守仁晚年提出来的。他目睹明代士子竞相专攻辞章之学，把朱熹之学当作开启功利之门的敲门砖，认为这是人心败坏、社会败坏的原因所在。他惊呼："今天下波颓风靡，为日已久，何异于病革临绝之时！"② 他曾为维护统治阶级的利益，多次镇压农民起义和少数民族起义。在平叛和镇压过程中，深感"破山中贼易，破心中贼难"。于是决心阐发"良知"说，并将其内涵扩充，对儒家认识论和修养观加以继承和改造，以拯救人心，拯救社会。归根结底，他的"致良知"说，就是要用纲常名教消灭埋藏在人们心灵深处的反抗专制压迫的意念。

"致良知"说并非王守仁首创。《大学》即有"致知"之说，孟子则提出"人之所不学而能者，其良能也；所不虑而知者，其良知也"③。王守仁对"致知"和"良知"说加以融合和发挥，创立了"致良知"说。

首先，他把良知与天理等同起来，"天理在人心，亘古亘今，无有终始；天理即是良知，千思万虑，只是要致良知"④。其次，他认为"良知良性，愚夫愚妇与圣人同。但惟圣人能致其良知，而愚夫愚妇不能致，此圣愚之所由分也"⑤。第三，他提出了致良知的类型，所谓"自然而致之者，圣人也；勉然而致之者，贤人也；自蔽自昧而不肯致之者，愚不肖者也"⑥。第四，他规定了致良知的步骤，即"诚意"——"致知"——"格物"；致良知的方法则有

① 《传习录》中，见《王阳明全集》卷二，42 页，上海古籍出版社，1992。
② 《答储柴墟》，见《王阳明全集》卷二一，814 页，上海古籍出版社，1992。
③ 《孟子·尽心上》。
④ 《传习录》下，见《王阳明全集》卷三，110 页，上海古籍出版社，1992。
⑤ 《传习录》中，见《王阳明全集》卷二，49 页，上海古籍出版社，1992。
⑥ 《书魏师孟卷》，见《王阳明全集》卷八，280 页，上海古籍出版社，1992。

"动"、"静"两种功夫。"静"即静坐澄心，"体认良知"，指的是人本身的身心修养，包括"正心"、"顿悟"、"克己"等"心上工夫"，使先天固有的"良知本体"得以"复明"。"动"的功夫即"在事上磨练"，"实现良知"，就是要通过"正心"、"诚意"来"正物"、"正事"，要求人们按照儒家伦理道德规范去为人处世。"动"和"静"二者互为表里，强调道德修养与道德践行相统一，最后达到"必欲此心纯乎天理而无一毫人欲之私，此作圣之功也"。可见王守仁"致良知"的终极目标，仍与朱学的"存天理，灭人欲"别无二致，就这一点而言，并未超出程朱理学的规范。然而，王学强调愚夫愚妇与圣人同有良知，"人人心中有仲尼"，指出了"人人有个作圣之路"。① 这就带有某种反传统和人性觉醒的意味，为市民思想的出现做了铺垫。

　　王守仁为解决自己学说的实行问题，又针对明代统治集团面对一系列社会问题束手无策的无能状况，提出了"知行合一"说。此说亦是从"心即理"说推衍出来，指出朱熹将"物理、吾心终判为二"是导致"知行之所以为二"的原因。针对朱学"知先行后"、知行脱节、空谈道德而不躬行实践之弊，他指出，心、理不可分，因此知、行亦不可分。王守仁所谓的"知"，是指"良知"的内在感悟，"行"是指"良知"的外在表露，并非主观作用于客观的实践。正因为知和行是人类固有的良知的表现，所以是二而一的东西。他说："行之明觉精察处，便是知；知之真切笃实处，便是行。"② 又说："知是行的主意，行是知的功夫；知是行之始，行是知之成。若会得时，只说一个知已自有行在，只说一个行已自有知在。"③ 王守仁虽然强调了"知行合一"，但又夸大了二者之间的统一性。在另一种意义上，他又混淆了知与行的界限，抹杀了它们之间的区别。二者不免存在某些矛盾，因此，为王学分化埋下了伏笔。王守仁还认为知行都渊源于心，他不同意朱熹的"格物致知"，进而反对"先知后行"。他指出："外心以求理，此知行之所以二也。求理于吾心，此圣门知行合一之教。"④ 这就把知行都归于心，陷入自我扩张的主观妄想之中。但"知行

　　①《姚江学案序》，见黄宗羲《明儒学案》卷一〇，北京：中华书局，1985。
　　②《答友人问》，见《王阳明全集》卷六，208 页，上海古籍出版社，1992。
　　③《传习录》上，见《王阳明全集》卷一，4 页，上海古籍出版社，1992。
　　④《传习录》中，见《王阳明全集》卷二，43 页，上海古籍出版社，1992。

合一"说在认识和道德论上还是有积极意义的，有利于扭转当时浇薄的世风和崇尚空谈不重践行的弊端。

刘宗周对王守仁学说有一个洗练的概括："先生承绝学于词章训诂之后，一反求诸心，而得其所性之觉曰良知，因示人以求端用力之要，曰致良知。良知为知，见知不囿于闻见。致良知为行，见行不滞于方隅。即知即行，即心即物，即动即静，即体即用，即工夫即本体，即下即上，无之不一，以救学者支离眩鹜，务华而绝根之病，可谓震霆启寐，烈耀破迷。自孔孟以来，未有若此之深切著明者也。特其与朱子之说，不无抵牾。"① 这就把"心即理"、"致良知"、"知行合一"等阳明心学主旨的内在联系揭示得颇为明晰，同时又指出了其与朱熹的区别。

（三）阳明心学的历史地位与作用

王守仁"心学"是在明中叶后面临严重的政治危机和程朱理学趋于衰颓的情况下出现的。此时，商品经济的发展，新的经济因素的出现，市民意识的萌发，要求体现人的权利与尊严，尊重人的主观意志成为时代潮流，而阳明心学注重人的个性与自觉意识的理论顺应了这一要求，应运而生，风靡一时。"心学"中关于冲击僵化的权威教条思想和圣愚都具有良知等论述，在客观上起到了促进思想解放的作用。阳明心学的产生，意在维护旧有传统而补偏救弊，要人们更自觉地接受传统伦理纲常。在实践中，他的"良知"说却导致了个人的独立思考，反而对传统的冲击起到某种催化作用，为圣愚平等思想打开缺口，也成为明代市民意识崛起的一个先兆。

王守仁是中国哲学史上承上启下的人物，他的学说有着总结儒学的意义。阳明心学体系的建立，标志着心学与事功学的统一和融合。自从王守仁高张"心学"旗帜后，明代学术界发生了朱学让位于王学的转变。这种态势的出现，究其根本，是因一味诠说经典、玄谈天理的朱学已无助于解除当时的统治危机，而以"拯救人心"为矢的、竭力宣扬精神作用的王学，则别开生面，让士子感到耳目一新。清人颜元指出："朱子指陆门流弊，实即所以自状。但朱子

---

① 《师说·王阳明守仁》，见黄宗羲《明儒学案》，北京：中华书局，1985。

会说会话，会解会注，是从耸动至多，反不如陆、王，精神不损，临事尚为有用。"① 王守仁平定朱宸濠叛乱，镇压南方少数民族起义和农民起义的"业绩"，便是实证。

正因为王学对明朝统治的巩固"临事尚为有用"，曾一度发挥了整治纲纪、维系人心的作用，所以受到统治者的重视和提倡。自嘉靖以降，王学风靡天下，王门弟子遍于国中。按《明儒学案》所作的"人文地理"分类，王学有浙中、江右、南中、楚中、北方、粤闽、泰州七大系统。继朱学之后，王学极一时之盛，成为明代中后期的"显学"。王学在嘉靖至万历间，不仅是一种学术主流，而且形成一种强大的政治势力。隆庆元年，明廷追赠王守仁新建侯，谥"文成"，万历十二年（1584年），神宗下诏以王守仁从祀文庙等，都是王学达于极盛的标志。

不过，王守仁在世时，朱学声势尚大，与朱学相违，往往被时人认作异端。而且与王守仁同时的还有罗钦顺、余祐、吕柟等构成王学反对派，在学术界同王守仁大有对峙之势。为了减少阻力，王守仁也不得不对朱学有所附会，于正德十三年（1518年）著《朱子晚年定论》，力图表示自己与朱熹学说是一脉相通的。该文从朱熹著作中选出三十四条与王学相吻合的语录，然后表明世传朱熹的《四书集注》等书是朱熹中年时未定之论，晚年大悟旧说之谬，"而与象山合其说"。其意在证明王学与朱学并不抵牾，即所谓"引朱合陆"。其实王守仁自知二者相去甚远，因此《朱子晚年定论》是一篇违心之作。由于该文采取断章取义的手法，对朱学主旨有所歪曲，所以被王学反对派抓住，大加抨击。嘉靖年间，陈建即针对王守仁的《朱子晚年定论》，撰《学蔀通辨》予以反驳，指出《朱子晚年定论》所谓朱、陆"早异晚同"说的谬误，辨明朱、陆实为"早同晚异"。其后，讲学于东林书院的顾宪成，少年时虽曾受学王门弟子，但后来不满王学末流空疏玄虚之弊，较而"以朱子为宗"。不过顾宪成宗朱而不抑王，不存门户之见。他的由王返朱，反映了明末清初理学变化的趋势。

王学起初只是反对程朱理学的僵化和烦琐，而后由王学左派变为反礼教束

---

① 戴望：《颜氏学记》卷一，北京：中华书局，1958。

缚，提倡思想解放的思潮，带有明显的"启蒙思想"的色彩，在社会风气的变化和蓬勃发展的通俗文艺和市民文学中都有体现。如以"市井细民"为主要读者和观众，以描写世态人情为旨趣的明代"俗文学"，一扫"台阁体"的呆滞沉闷和前后七子"拟古主义"的因袭模仿，焕发勃勃生机。明嘉靖以后，陆续涌现出一批有力的作品。《金瓶梅》是明代市民文学长篇小说的代表。"三言"、"二拍"则是短篇小说的汇集，它继承了传统说唱文学的诸多特色，把唐代书院的"俗讲"，宋元市井的"说话"移植成案头阅览的本子，许多作品都有不同程度的思想"越轨"倾向，反映出时代价值观念、追求标准等方面的转变。由此观之，王学的兴起与发展使明代学术思想领域呈现新鲜气象，为社会文化生活注入了新的活力。

四、程朱理学的复归与乾嘉汉学的兴盛

程朱理学和陆王心学都是时代的产物，又随着时代的演变和统治阶级统治的需要而此消彼长，各领风骚。朱、陆之争贯穿于宋、元、明、清四代，上下五六百年。思想界的主潮走了一个"程朱理学——阳明心学——程朱理学"的圆圈。封建统治者最后还是认为"家齐于上而教成于下"的朱子之学最为"醇正"；当然，他们也需要"修整心术"的阳明心学作为激励士子的补充。这个圆圈生动地体现了中国封建社会晚期的蹒跚步履。

（一）王学的渐衰

王学在嘉靖初年形成体系，很快就进入盛期，盛期持续半个世纪，取代程朱理学，成为明中后期的"显学"。王守仁的"致良知"说是晚年提出的，未作详尽阐发。而且，在"知行合一"说的论证过程中，虽然有许多积极合理的思想因素，但总体上说，论证是不完善的，因此在他提出"知行合一"说的第二年即改变说法。晚年，王守仁专提"致良知"，即知即行，又过分夸大了道德修养的作用，混淆了知行的界限，这些潜在的矛盾都为王学后来的分化留下间隙。

王守仁死后，王门弟子在"致良知"的解释上歧见迭出，遂衍出不同学派。其中以浙中学派、江右学派和泰州学派为代表。

王守仁最初的追随者是其余姚同乡钱德洪，以及山阴王畿等。他们均讲学数十年，形成浙中王门学派。这一学派影响较大者是王畿。他认为，应"从先天心体上立根"，并说"圣人所以为圣，精神命脉，全体向内，不求知之于人，故常常自见己过"，即把"良知"说进一步引入禅学。

江右学派是王守仁在江西做官时培植起来的。该学派笃守王学传统，以"慎独"、"戒惧"为"致良知"的主要修养方法，认为良知并非现成的，应当通过"动静无心，心外两忘"的涵养功夫去实现，以"主静"的方法达到"无欲"境界。黄宗羲认为江右学派纠正了浙中学派通禅的偏颇，是王学的正宗嫡传。

王门后学对明代晚期社会生活造成较大影响，使王学发生变态的则是以王艮为代表的泰州学派。他们将王守仁学说中"人皆可为圣人"的意蕴加以发挥，抛弃程、朱的"天理"，提出"百姓日用即道"的命题，肯定了人们物质欲望的合理性，反对程、朱"灭欲"的僧侣主义。同时，泰州学派王艮等人力主为学"以悟性为宗"，要人们不见不闻，不思不虑，只须"于眉睫间省察"，便可顿悟"天机"，把王学引向禅宗化，逐渐偏离王学正宗。到何心隐、李贽那里则更成为理学的叛逆者和批判者，形成一股有悖于传统纲常的"异端"势力。因此，王学在其发展过程中不断适应社会及思想领域的波动而做相应的调整，而其派系的分立又加剧了王学体系内部的离析，一旦突破所能承受的弹性限度，便预示着王学开始走向衰落。

（二）程朱理学的"复归"

清初满族统治者入主中原后，为巩固其政权，除从政治制度上效仿明制外，还加强对思想文化领域的控制。朝廷用强大的行政力量匡扶程朱理学的正统地位，即所谓"今之学者无他，亦宗朱子而已。宗朱子者为正学；不宗朱子，即非正学"①。康熙帝称"自幼好读性理之书"，他重修明永乐时编纂的《性理大全》，编印《朱子全书》和《性理精义》，重用熊赐履、李光地、汤斌

---

① 唐鉴：《清朝学案小识》卷一，上海：商务印书馆，1935。

等"理学名臣"。他特别尊崇朱熹,说:"宋儒朱子,注释群经,阐发道理。凡所著作及编纂之书,皆明白精确,归于大中至正,经今五百余年,学者无敢疵议。朕以为孔、孟之后,有裨斯文者,朱子之功,最为宏巨。"① 并将朱熹从原配享孔庙东庑先贤之列升于大成殿十哲之次,定朱熹《四书章句集注》为科举考试的必考内容。其后,乾隆帝多次下诏,将书籍中"与程、朱抵牾或标榜他人之处","即行销毁,毋得存留"②。

清政府还通过扩充科举取士的名额,把更多的知识分子吸收到政权中来。康熙十七年(1678年),清廷宣布在北京开设博学鸿词科,罗致全国"名士"一百四十五人,录取五十名,俱授以翰林院官职。自明末以来,对八股文的抨击声已经很高。清初康熙二年(1663年),康熙皇帝发布上谕,规定乡、会试停止八股文,改用策、论、表、判。但已经流传二百多年的八股文具有根深蒂固之势,废八股的决定一直遭到各方面的反对和阻挠。经过反复争论,到康熙七年(1668年)恢复旧制,仍用八股经义考试。清朝权臣鄂尔泰在反对舒赫德之议时说:"非不知八股为无用,而牢笼志士,驱策英才,其术莫善于此。"③ 清廷对八股文仍规定以《四书》、《五经》为依据,不得牵涉经典以外的任何书籍,议论中也不得引证史事,联系现实,以致士人不愿也不敢旁观任何"杂书"。

程朱理学的地位在清初的重新恢复,除清政府大力提倡和推行外,还有理学自身的因素。明末清初,士人深病王学末流弃儒入禅、空谈性命、不务实际的弊端,甚至将明朝的覆亡归罪于王学。如顾炎武指出:"刘、石乱华,本于清谈之流祸,人人知之,孰知今日之清谈,有甚于前代者。昔之清谈谈老庄,今之清谈谈孔孟,未得其精而已遗其粗,未觉其本而先辞其末。不习六艺之文,不考百王之典,不综当代之务,举夫子论学论政之大端,一切不问,而曰一贯,曰无言。以明心见性之空言,代修己治人之实学。股肱惰而万事荒,爪牙亡而四国乱,神州荡覆,宗社丘墟。"④ 学者以王学末流之弊,于是或尊朱

---

① 《东华录》康熙五十一年二月。
② 《东华录》乾隆六年十月上谕。
③ 《满清稗史》第37节。
④ 顾炎武:《夫子之言性与天道》,见《日知录集释》上册卷七,上海古籍出版社,1985。

黜王，或调和朱、王，或回归经书原典。如孙奇逢于康熙五年（1666 年）撰成《理学宗传》，称："所辑《宗传》，谓专尊朱，而不敢遗陆、王；谓专尊陆、王，而不敢遗紫阳。盖陆、王乃紫阳之益友忠臣，有相成而无相悖。"① 显然，其意在调和朱、王。康熙时的理学名臣熊赐履则极力尊朱黜王，主张"非《太经》、《语》、《孟》之书不读，非濂、洛、关、闽之学不讲"。至若顾炎武提出"经学即理学"，以研究经学原典为本，达到通经致用。

康熙时，朝野有一批理学名臣名儒，主要有李光地、陆陇其、陆世仪、张履祥等。

李光地（1642—1718），字晋卿，号厚庵，别号榕村，福建安溪人。官至吏部尚书、文渊阁大学士，为康熙朝理学名臣。于平定"三藩之乱"、统一台湾、革除弊政、治理水患等都有建树。学问渊博，精经学，通乐律、历算、音韵。曾奉康熙帝命编纂《朱子全书》、《性理精义》。著述宏富，主要有《榕村全集》、《榕村语录》等。

李光地学宗程、朱，他也了解康熙帝"自幼好读性理之书"，于是不断进呈理学等儒学经典，并为其讲解，以适应其需要。他尤其注意向康熙帝强调儒家道统与帝王治统的一致性，儒家道统为帝王治统服务，并吹捧说："臣又观道统与治统古者出于一，后世出于二"，"皇上又五百年应王者之期，躬圣贤之学，天其殆将复启尧、舜之运，而道与治之统复合乎！"② 李光地深得康熙帝宠信。

李光地的理学有其特点。其时如熊赐履、陆陇其唯宗程、朱，李光地则是尊信程、朱而兼取陆、王之长，所谓"以陆、王之说与程、朱之说相助"。他虽尊信程、朱，但也不盲从，认为"程、朱大段与孔、孟若合符节，所谓'光圣后圣，其揆一也'。若微文碎义，安能处处都不差？若使不差，伊川何以亦有不依明道处？朱子何以亦有不依二程处？盖主于发明道理，不为人也。即朱子于《四书注》，至垂绝犹改，可见他亦不以自己的见为一定不移，何况于人"③。正是由于"主于发明道理，不为人也"，因此，他不完全拘泥于程、朱

① 孙奇逢：《与魏莲陆》，见《孙奇逢集》中册，727 页，郑州：中州古籍出版社，2003。
② 李光地：《进读书笔录及论说序记杂文序》，见《榕村全集》卷一〇。
③ 李光地：《孝经》，见《榕村语录》卷二七，303 页，北京：中华书局，1995。

的学理，能够纠其偏失。李光地宗程、朱而兼采陆、王，同时又异于程、朱的"以理为本"，陆、王的"以心为本"，提出了"以性为本"，形成自己的理学特色。

陆陇其（1630—1692），字稼书，浙江平湖人。于康熙朝历官江苏嘉定县知县、直隶灵寿县知县、都察院监察御史。为官清正，耿直不阿。后居家授徒，研治程朱理学。雍正帝时谕准于清儒中第一个从祀孔庙。乾隆帝称其"守程、朱之嫡派"，"蔚为一代醇儒"。著有《三鱼堂四书大全》、《三鱼堂文集》、《三鱼堂日记》等，后人汇编为《陆子全书》。

陆陇其的理学思想恪尊程、朱的"以理为本"，认为"天地万物浩浩茫茫，测之不见其端，穷之莫究其量，而莫非是理之发见也，莫非是理之流行也，莫非是理之循环而不穷也"，要学者"惟于日用之间时时存养，时时省察，不使一念之越乎理，不使一事之悖乎理，不使一言一动之逾乎理"①。他如此强调不能"越理"、"悖理"、"逾理"，也就是要人们谨遵封建纲常伦理的准则。陆陇其极力维护程朱理学的同时，对陆王心学大加抨击，指责"阳明以禅之突而托于儒，其流害固不可胜言矣"②，认为"阳明之学不熄，则朱子之学不尊"③。陆陇其因此受到清朝皇帝和宗程朱理学者的赞扬。

陆世仪（1611—1672），字道威，号刚斋，又号桴亭，太仓（今属江苏）人。以明末诸生入清，后绝意仕途，研治理学，著书讲学。顾炎武称之为"当世真儒"。著有《思辨录辑要》、《陆子遗书》等。陆世仪学宗程、朱，在世界本原问题上，承袭其"理本论"、"理在气先"、"有是理故有是气"的思想；在人性论问题上，则与程、朱之说有异。程、朱主张"性即理"、"性只是理"，将性分为"义理之性"（也称"天命之性"、"天地之性"）和"气质之性"。朱熹说："性只是理。气质之性，亦只是这里出。若不从这里出，有甚归着。""论天地之性，则专指理言；论气质之性，则以理与气杂言之。未有此气，已有此性。气有不存，而性却常在。"④陆世仪不赞成将"性"分为"义理之性"和

---

① 陆陇其：《太极论》，见《三鱼堂文集》卷一。
② 陆陇其：《学术辨》中，见《三鱼堂文集》卷二。
③ 陆陇其：《上汤潜庵先生书》，见《三鱼堂文集》卷五。
④ 朱熹：《性理一·人物之性气质之性》，见《朱子语类》（一）卷四，67页，北京：中华书局，1986。

朱熹著书图

29

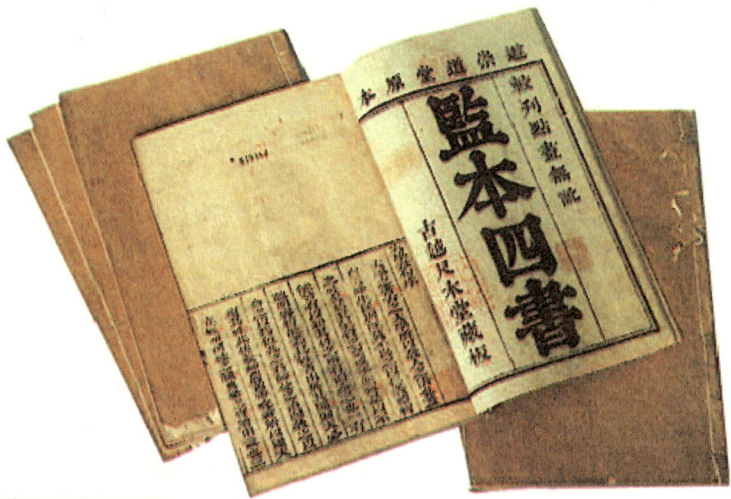

《监本四书》书影

王阳明像

贵州修文县阳明洞前王阳明塑像

30

陆九渊像

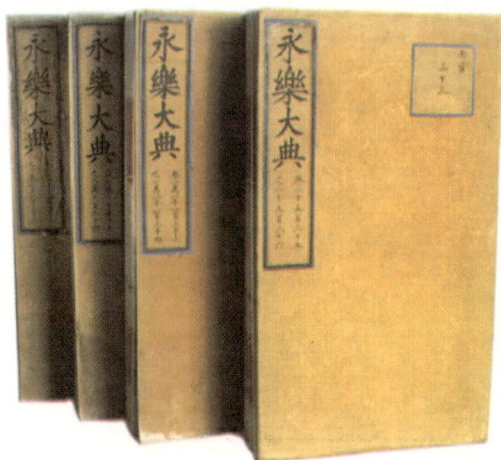

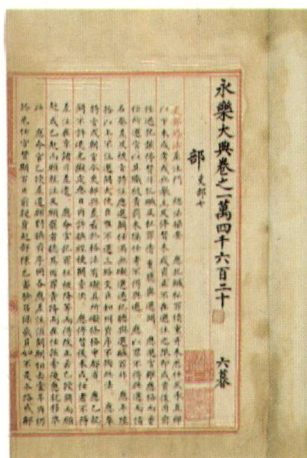

《永乐大典》书影

31

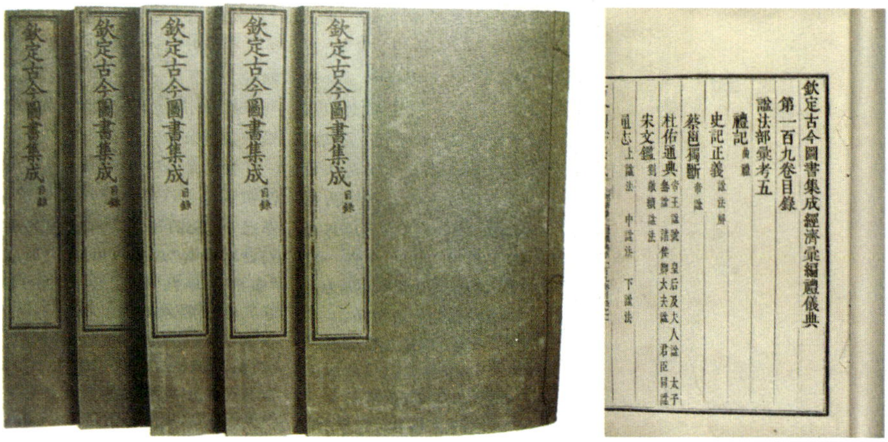

欽定古今圖書集成 目錄
欽定古今圖書集成經濟彙編禮儀典
第一百九卷目錄
諡法部彙考五
禮記
史記正義
蔡邕獨斷
杜佑通典
宋文鑑

《钦定古今图书集成》书影

欽定四庫全書
史部
舊五代史卷
欽定四庫全書
舊五代史卷一
宋 薛居正等 撰
太祖紀第一
太祖神武元聖孝皇帝姓朱氏諱晃本名温
梁書一

《钦定四库全书》书影

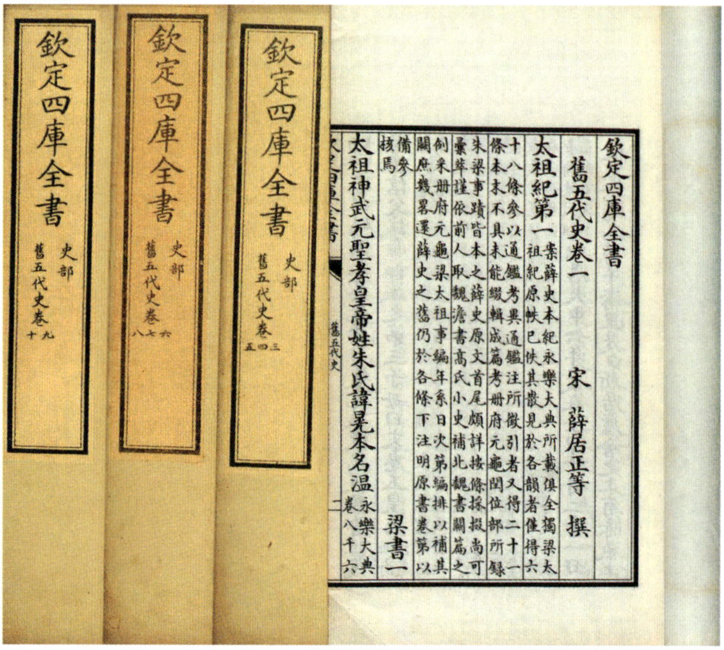

"气质之性"，认为"只是一个性"，"性兼理气"，"性离不得气质"，"气质之外无性"。他进而反对朱熹关于义理之性善、气质之性恶的观点，指出"性善只在气质"①。陆世仪以性一元论与程、朱性二元论立异，是明末清初思想活跃的反映，不同于陆陇其的谨守程、朱家法。他也不像陆陇其那样极力排斥陆王心学，而是既有批评又有肯定。如他称赞"王阳明之'致良知'，皆所谓入门工夫，皆可至于道"②。

张履祥 (1611—1674)，字考夫，号念芝，浙江桐乡人。世居杨园村，学者称杨园先生。明末诸生，为儒学大师刘宗周的及门弟子。入清，绝意仕途，居杨园授徒著述。其著作后人汇编为《杨园先生全集》。张履祥的治学所宗历经变化，即由王返朱。他说："予二十三四以后，释氏之书已绝不入目，盖笃信先儒之言故也。然于阳明、龙溪（按王畿之号）之书，则深信而服膺之，以为圣贤地位，盖可指日而造其域矣。后读《近思录》以及程、朱诸书，渐觉二王之言，矜骄无实而舍之。"③ 可见他是从宗王学转而宗朱学。因此，他的治学在"祖述孔、孟、宪章程、朱"，恪守朱熹"居敬穷理"、"内敛求心"的思想，力辟陆王心学及释、老之说。如他对理气动静的阐释，认为"论其本，理是静，气是动。然气之有动有静，正以理之有动有静也，则动静亦未可分属。气动而理形，理无不正，气则有正有不正。气失其正，遂害乎理，故凶悔吝生焉。非礼勿视，非礼勿听，非礼勿言，非礼勿动，则气循乎理。气循乎理，则诚矣。故君子之学，以慎动为先"④。显然，张履祥不仅遵循程、朱的"理本论"、"理在气先"、理统帅气，而"气失其正，遂害乎理"，并且将封建伦理道德与"气循乎理"联系一起。但是，张履祥不单是提倡读圣贤书，而是主张"耕与读又不可偏废"，注重农业生产，反对"以耕为耻"。他在明末涟川沈氏所著《农书》的基础上，根据自己参与农桑实践的所得，撰成《补农书》这部有重要价值的农学著作。在"切于用世"这一点上，他与陆世仪有相同之处。陆世仪治学不局限于理学，同时也重视天文、历算、农田、水利等。

---

① 陆世仪：《思辨录辑要·后集》卷四。
② 陆世仪：《思辨录辑要·前集》卷二。
③ 张履祥：《备忘录一》，见《杨园先生全集》下册，1073 页，北京：中华书局，2002。
④ 张履祥：《愿学记三》，见《杨园先生全集》中册，772、773 页，北京：中华书局，2002。

清初，陆王心学日渐衰微，程朱理学虽有一批理学名臣名儒在阐扬，但多守成而少创新，无法与明代发展陆九渊心学之王守仁比肩；而作为清政府的官方统治思想，更为突出的是对纲常伦理的道德规范的践履。康熙帝对理学有自己的解释。康熙二十二年十月二十四日（1683年12月11日）与讲官张玉书、汤斌等人谈论理学时说："朕见言行不相符者甚多，终日讲理学，而所行之事全与其言悖谬，岂可谓之理学？若口虽不讲，而行事皆与道理符合，此即真理学也。"张玉书回应说："皇上此言真至言也。理学只在身体力行，岂尚辞说。"①康熙三十三年（1694年），又以"理学真伪论"为题考试翰林院官员。康熙五十四年十一月十七日（1715年12月12日），康熙帝在听取部院各衙门官员面奏后训诫说："尔等皆读书人，又有一事当知所戒，如理学之书，为立身根本，不可不学，不可不行。朕尝潜玩性理诸书，若以理学自任，则必至于执滞己见，所累者多反之于心，能实无愧于屋漏乎？……昔熊赐履在时，自谓得道统之传，其没未久，即有人从而议其后矣。今义有自谓得道统之传者，彼此纷争，与市井之人何异？凡人读书，宜身体力行，空言无益也。"②可以看出，康熙帝对于理学并不关注学理层面，认为"空言无益"，如果"所行之事与其言悖谬"，就是伪理学，只有"行事皆与道理相符"，才是真理学。他所重视的是按照理学的道理去"身体力行"，"道学者必在身体力行，见诸实事，非徒托之空言"③。所谓真理学，身体力行，说到底就是对皇帝的忠诚。康熙帝指责已故的理学名臣汤斌所说的话就很明白，他说："使果道学之人，惟当以忠诚为本，岂有在人主之前作一等语，退后又别作一等语者乎？"④雍正年间，云南巡抚杨名时是个讲理学的清官。他曾做了一些减轻农民负担的事，却遭到雍正帝痛骂，斥责他"只图沽一己之名，而不知纲常之大义"⑤，是逆子、逆臣，天理难容，罪不能恕。作为封建帝王尊崇的程朱理学，无非是其统治所需要的工具，他们并不喜欢那些抽象谈论性理的空言，而是看重其有利于维护封建统治秩序的纲常伦理，让臣民们忠诚于君主，为之身体力行，以达到道统和

---

　　①《康熙起居注》第2册，1089～1090页，北京：中华书局，1984。
　　②《康熙起居注》第3册，2222页，北京：中华书局，1984年。
　　③《康熙起居注》第2册，1194页，北京：中华书局，1984。
　　④《清圣祖实录》卷一百六十三，18页，北京：中华书局，1985。
　　⑤《雍正朝汉文朱批奏折汇编》第11册，860页，南京：江苏古籍出版社，1990。

治统的统一。而"理学名臣"们自然领悟皇上的意图，表示理学不尚"辞说"，"只在身体力行"。清初，程朱理学在学理层面上无创新，只重在纲常伦理规条的应用，不可避免地会趋于偏枯。

乾隆、嘉庆年间，考据学盛行。程朱理学虽是官方统治思想，但其学术地位滑落，其学衰微。昭梿曾记述他于京师方坊购薛瑄等人的理学书籍时，书贾答复说："近二十年，坊中久不贮此种书，恐其无人市易，徒伤赀本耳！"据说，"濂、洛、关、闽之书，束之高阁，无读之者"①。此言虽不无夸大，却能反映程朱理学衰落的情况。道光时，乾嘉考据学以其烦琐、脱离实际而走向衰颓，程朱理学在唐鉴、倭仁、曾国藩、吴廷栋等人的提倡下，又有所抬头，但已是强弩之末了。

（三）考据学的兴起

明代程朱理学失之于空疏，中叶后王学盛行，其后又流于玄想，束书不观，游谈无根。明清之际的顾炎武，以及其后的胡渭、阎若璩等学者，厌倦于宋明学人那种主观的冥想，而倾向于恢复汉学传统，注重对经书和其他典籍的考据之作。

在明清之际的学术界，顾炎武可谓是涵泳中国古代学术文化的大师。顾炎武（1613—1682），初名绛，字忠清，江苏昆山人。明亡后，改名炎武，字宁人。因家乡有亭林湖，故人称亭林先生。明亡后，他曾在家乡参加抗清斗争。失败后，北上游历考察，遍历山东、河北、山西、陕西等广大地区。他拒绝清廷的征召，矢志著述，"以待后王，以待来学"。主要著作有《音学五书》、《日知录》、《天下郡国利病书》、《亭林文集》、《亭林诗集》等。顾炎武批评理学清谈空疏，提出"经学即理学"，主张通经致用。他"潜心古学，九经诸史，略能背诵"，而且指出一条学问路径："读九经自考文始，考文自知音始。"②

首先，顾炎武高度重视语言学和语音学。他认为治音韵为通经之钥，只有审音学之源流，"六经之文乃可读"③。为此，他潜心"三十余年，所过山川亭

---

① 昭梿：《啸亭杂录》，317～318 页，北京：中华书局，1980。
② 顾炎武：《答李子德书》，见《顾亭林诗文集》，73 页，北京：中华书局，1983。
③ 顾炎武：《音学五书序》，见《顾亭林诗文集》，26 页，北京：中华书局，1983。

乡，无日不以自随，凡五易稿而手书者三"①，撰成《音学五书》。自此，"古韵始明，其后言声音训诂者禀焉"②。这就奠定了后来考据学的方法途径。

其次，顾炎武注重考据，"每一事必详其始末，参以证佐，而后笔之于书。故引据浩繁，而抵牾者少"③。他十分重视直接资料，反对辗转抄袭。他的《日知录》就是直接从古籍中开发所获，如潘耒所言："稽古有得，随时札记"，"凡经义、史学、官方吏治、财赋、典礼、舆地、艺文之属，一一疏通其源流，考正其谬误。"④《日知录》被人称为考据精品。

顾炎武在研治经史中，还将陈第所创"本证"、"旁证"考据古音的方法加以推广。"本证者诗自相证也，旁证者采自他书者也。二者俱无，则宛转以审其音，参伍以谐其韵"⑤。他发展了汉儒的训诂方法，使其更加精密。

再次，顾炎武不仅注重书本中的实证，而且十分注意实地调查，反对"琐琐于典籍文字之间，而不稽之于道理徒步之下"的汉儒旧风。《天下郡国利病书》就是文献资料与考察所得相结合的成果。

顾炎武、黄宗羲等人在考据学方面都有广博精湛的研究，顾炎武治经兼及音韵，黄宗羲治经兼通史学。两人都主张治学是为了"经世致用"，反对空谈，他们提倡的这种学风对清代学术的发展有深远的影响。

稍晚于顾、黄的考据学者有阎若璩和胡渭。阎若璩主张对古书大胆怀疑，考证力求确实。所著《古文尚书疏证》，即采用了比较科学的考据方法，证明《古文尚书》是一部伪书。胡渭著有《易图明辨》、《禹贡锥指》，在辨别古书真伪和提倡疑古精神上都有一定贡献。清朝的考据从阎、胡开始，但是他们治学的目的已从"经世"转入"避世"，从要求社会改革转入"为考据而考据"。

清代文化专制的强化，特别是文字狱的严酷打击，以及八股科举的束缚，使清初启蒙文化发展的道路被切断，学术出现了两种倾向：一是程朱理学成为"钦定"学术，士人的思想全然被理学陈腐的教条所束缚；二是广大士人将文学、史学等与政治关系密切的学科视为畏途，绝口不提国事，转而埋头于古籍

---

① 顾炎武：《音学五书后序》，见《顾亭林诗文集》，26 页，北京：中华书局，1983。
② 章炳麟：《检论·清儒》，见《章太炎全集》（三），473 页，上海人民出版社，1984。
③ 《钦定四库全书总目》卷一一九，1596 页，北京：中华书局，1997。
④ 潘耒：《日知录序》，见《日知录集释》上册，上海古籍出版社，1985。
⑤ 顾炎武：《音学五书·音论》，北京：中华书局，1983。

的考证和整理，出现了"为考据而考据"、"不谈义理"的乾嘉学派。

考据学以儒家经书（兼及史部）为研究对象，考证字音、字义（训诂）、名物、制度、版本等等，由此发展出小学（语言文字学）、金石、辑佚、校勘等多个门类。乾嘉考据学是一种方法，也是一种学风。当时学问之途分为三类：义理、考据、词章。考据是相对于专讲"义理"的理学而言。相对于词章，它又称"朴学"；就其重实证，又称"实学"；就其取证特重汉儒经注，又称"汉学"；就其在理论上尊崇原始儒学，又称"古学"：其实都是一回事。但细分之，由于学者各有侧重，也可取相宜之名以冠之。

清初，考据学处于萌发阶段，还谈不上明确的宗旨、门户。及至乾隆间，惠栋注《易》，全遵汉儒，不取魏晋以后之说，于是出现"汉学"旗帜。这个主张逐渐取得学者信从，于是时人目之为"汉学"。既有汉学，则视宋理学为"宋学"。嘉庆年间，江藩作《国朝汉学师承记》、《国朝宋学渊源记》，明确划分汉学、宋学。乾嘉汉学以惠栋、戴震为代表。后人将惠、戴两家之学因其地望分为吴派、皖派。较早提出的是清末章太炎，他认为："其成学著系统者，自乾隆朝始。一自吴，一自皖南。吴始惠栋，其学好博而尊闻。皖南始戴震，综形名，任载断。此其所异也。"① 但章太炎并未明确划派。意在区分两家不同的学术特点，真正标明吴派、皖派的是梁启超。他说："汉学中也可以分出两个支派：一曰吴派，二曰皖派。吴派以惠定宇（栋）为中心，以信古为标帜，我们叫他做'纯汉学'。皖派以戴东原（震）为中心，以求是为标帜，我们叫他做'考证学'。"② 但也有学者不赞成以地域划分学派，认为"从惠学到戴学是一个历史过程"，"两家并非对立的学派"。③

惠栋（1697—1758），字定宇，号松崖，江苏吴县人。经学世家，祖周惕，父士奇，皆经。惠栋承父志，潜心治《易》，撰《易汉学》、《周易述》等，标举汉帜。惠栋认为："汉人传经者有家法，故有五经师，训诂之学，皆师所口授，其后乃著竹帛。汉经师之说，立于学官，与经并行。五经出于屋壁，多古字古音，非经师不能解。经之义存乎训诂，识字审音，乃知其义，是以古训不

---

① 章太炎：《訄书》（重刻本），156页，见《章太炎全集》（三），上海人民出版社，1984。
② 梁启超：《中国近三百年学术史》，25页，天津古籍出版社，2003。
③ 陈祖武：《清儒学术拾零》，164页，长沙：湖南人民出版社，1999。

可改也，经师不可废也。"① 即所谓"凡古必真，凡汉必好"。

戴震（1724—1777），字东原，安徽休宁人。曾师从名儒江永。他少惠栋二十七岁，二人于乾隆二十二年（1757年）在扬州得相结交。戴震学识渊博，谙熟声韵训诂、典章制度、天文历算、地理等，受到纪昀、钱大昕、朱筠、卢文弨等人敬重。乾隆三十八年（1773年）奉诏入四库全书馆任纂修官，直到病逝。其著述宏富，主要有《孟子字义疏证》、《原善》、《考工记图》、《声韵考》等，后人汇编《戴震全书》。他主张："经之至者，道也；所以明道者，其词也；所以成词者，未有能外小学文字者也。由文字以通乎语言，由语言以通乎古圣贤之心志。譬之适堂坛之必循其阶，而不可以躐等。"②

乾隆间学术只有汉宋之别，而无吴皖派之名目，但实际上存在两种不同的学风，即求古与求是。王鸣盛论曰："方今学者，断推两先生。惠君之治经求其古，戴君求其是。究之，舍古亦无以为是。"③"古"指资料的原初性，偏重于经验性的东西；"是"指真理的客观性，有更多的理性精神。以惠栋为代表的吴派主张"与作聪明，宁为墨守"④，对汉儒注疏"因守其说，一字句不敢议"⑤。吴派的流弊就是对汉儒解经达到迷信程度。

求是并非简单的搜集排比，鉴别何者为是，要讲求一套方法，而且要有正确的理论指导。戴震就提出"执义理而后能考核"，主张必须在一定的理论指导下从事考据。戴震区别于同时期考据学家的主要有两方面：一是以"闻道"为第一义，有明确的理论目的；一是主张"十分之见"，即从全面的资料占有中寻其条理。他的"闻道"密切联系对宋儒理学的批判，而关注于考据的理论和社会目的。他说："仆自十七岁时，有志闻道，谓非求之《六经》孔、孟不得，非从事于字义、制度、名物，无由以通其语言。宋儒讥训诂之学，轻语言文字，是犹渡江河而弃舟楫，欲登高而无阶梯也。为之三十余年，灼然知古今治乱之源在是。"⑥ 他反对"歧故训、理义二之"，认为二者为一事，其进路在

---

① 惠栋：《九经古义述首》，见《松崖文钞》卷一。
② 戴震：《古经解钩沉序》，见《戴震集》，192页，上海古籍出版社，1980。
③ 见洪榜：《戴先生行状》引，见《戴震全书》第7册，8页，合肥：黄山书社，1997。
④ 朱筠：《笥河文集》卷首。
⑤ 焦循：《辨学》，见《雕菰楼集》卷八。
⑥ 段玉裁：《戴震年谱》，见《戴震集》，455页，上海古籍出版社，1980。

由明故训以明义理，指出："故训明则古经明，古经明则贤人圣人之理义明，而我心之所同然者，乃因之而明。贤人圣人之理义非它，存乎典章制度者是也。"① 戴震的学术精神还体现于"十分之见"的观点之中，即"全面性"，同时"既深思自得而近之矣，然后知孰为十分之见，孰为未至十分之见"②。戴震及戴门后学，如段玉裁、王念孙、王引之等，对声韵训诂贡献很大。

此外，乾嘉时期知名的考据学者还有江永的声韵学，王昶、毕沅的金石考订，钱大昕、王鸣盛、赵翼的史籍整理，皆能名传一时。赵一清的《水经注释》，卢文弨的《群书拾补》，都是第一流的著作。严可均辑的《全上古三代秦汉三国六朝文》，也有很大的学术价值。

乾嘉汉学至戴震而臻于鼎盛，其影响及于扬州地区。扬州学者，王念孙为戴震及门弟子，再传其子王引之，发展了戴震的文字声韵之学，著有《广雅疏证》、《读书杂志》、《经义释词》等书；焦循、阮元除继承戴震的考据学外，还发扬其义理之学，焦循著《里堂算学论》、《雕菰楼易学三书》、《孟子正义》、《雕菰楼集》等，阮元则著有《曾子注释》、《性命古训》、《揅经室集》等，并主持编纂《经籍纂诂》、《十三经校勘记》、《皇清经解》、《畴人传》等。

经过乾嘉学派的努力，中国古代典籍的整理工作，从校订经书扩大到考究历史、地理、天文历法、音律、典章制度，均卓有成效。乾嘉学派对古籍和史料的考释尤其精密，由校勘而纠正古书传钞刊刻的伪谬，辑录旧书以免名著散失，这些都为中国古代文化的总结性研究奠定了基础。

乾嘉学派在考订、整理古籍方面功不可没，但局限性也是明显的。"乾嘉间之考证学，几乎独占学界势力"，呈现一种"古典考证学独盛的局面"③，这又不能不说是一种病态。乾嘉学者除戴震等人外，多埋头于古代史料的辨证，绝口不谈义理，更不涉及现实政治，这种整理古籍的工作，同明清之际早期启蒙思想家的文化工作比较，思想境界亦有所倒退。同时，在研究方法上，乾嘉学者将微观考察、枝节研究发挥到极致，取得了空前成就，但在宏观研究和历

---

① 戴震：《题惠定宇先生授经图》，见《戴震集》，214页，上海古籍出版社，1980。
② 戴震：《与姚孝廉姬传书》，见《戴震集》，185页，上海古籍出版社，1980。
③ 梁启超：《中国近三百年学术史》，见《饮冰室合集》专集之七十五，24页，北京：中华书局，1989。

史理论上却少有建树。乾隆年间史学家章学诚便批评过此种流弊，他指出："近日学者风气，征实太多，发挥太少，有如桑蚕食叶而不能抽丝。"①

正是由于乾嘉考据学派"征实太多，发挥太少"的流弊，"终不能有所补益时务"，引起了有些学者的不满，于是有今文经学的异军突起。今文经学盛于西汉，至东汉，古文经学渐盛。东汉末何休著《春秋公羊解诂》，此后今文经学衰落了一千五百年。清代今文经学的复兴，始于乾隆年间的庄存与。庄存与（1719—1788），字方耕，江苏武进（今常州）人。他关于今文经学最重要的著作是《春秋正辞》十三卷，是专门发挥《春秋》"微言大义"的，最重要的是发挥"大一统"思想："天无二日，民无二王，郊社宗庙，尊无二上，治非王则革，学非圣则黜。"② 庄存与之侄庄述祖、孙庄缓甲均传其学。其后，庄存与的两个外孙刘逢禄、宋翔凤传其学，形成了"常州学派"。他们认为《春秋》是"经世"之书，《春秋》的大义存在于《公羊传》中。刘逢禄（1776—1829），字申受，江苏武进人。他著《公羊何氏释例》、《公羊何氏解诂笺》等书，申述《公羊传》中"大一统"、"通三统"、"张三世"等"圣人微言大义之所在"。嘉庆、道光年间，清王朝已由盛世走向衰落，社会危机严重。今文经学派鼓吹"大一统"之类的思想，适应了维护中央君主集权的需要。

庄存与、刘逢禄等虽发挥《春秋公羊传》的"微言大义"，注重经世致用，对当时已明显暴露出来的腐败弊政却没有加以揭露和批评。敢于"引《公羊》义讥切时政"的，是从刘逢禄学今文经学的龚自珍和魏源。龚自珍（1792—1841），字瑟人，号定盦，浙江仁和（今杭州）人。早年受外祖父段玉裁的影响，习训诂考据之学。据吴昌绶《定盦先生年谱》记载，龚自珍于嘉庆二十四年（1819年）"春应恩科会试，不售，留京师，始从武进刘申受礼部逢禄受《公羊春秋》，遂大明西京微言大义之学"③。但龚自珍之学今文经学，与刘逢禄不同，他不是停留在从学理上发挥《春秋公羊传》的微言大义，而是以其微言大义来"讥切时政"。他从《公羊》三统、三世说中吸取了变革的思想，针对当时社会贫富悬殊严重、吏治腐败等问题予以揭露和批评，并提出"更法"

---

① 章学诚：《与汪龙庄书》，见仓修良编：《文史通义新编》，563 页，上海古籍出版社，1993。
② 庄存与：《奉天辞第一》，《春秋正辞》卷一，见《味经斋遗书》，光绪八年至十二年刻本。
③ 《龚自珍全集》下册，603 页，北京：中华书局，1959。

的主张。龚自珍揭露官场昏庸腐败，为官者只知升官发财，不顾国计民生。他指出："今上都通显之聚，未尝道政事谈文艺也；外吏之宴游，未尝各陈设施谈利弊也；其言曰：地之膄瘠若何？家具之赢不足若何？"[①]"官益久，则气益偷；望愈崇，则谄愈固；地益近，则媚亦益工。至身为三公，为六卿，非不崇高也，而其于古者大臣巍然岸然师傅自处之风，匪但目未睹，耳未闻，梦寐亦未之及。臣节之盛，扫地尽矣。"[②]他认为当时的社会已是"日之将夕，悲风骤至"的"衰世"，因此必须"更法"。他说："一祖之法无不敝，千夫之议无不靡，与其赠来者以劲改革，孰若自改革。"[③]今文经学具有变易思想，龚自珍主张改革弊政和社会的不合理现象，是受其影响的。

（四）汉学与宋学的关系

汉学（考据学）与宋学（理学）既相互贬抑又兼收并蓄的关系，出现在清代，明代无之。明代的问题在理学内部，即陆王心学与程朱理学"同室操戈"。二者的互相排斥延续到清代，晚清罗泽南尚撰《姚江学辨》，以尊朱黜王。汉学与宋学的关系，是清代学术特点之一。

谈到清代汉学、宋学的关系，很容易想到所谓"汉宋之争"。的确，宗汉学者与宗宋学者之间存在门户之见，甚至互相诋讥。如姚鼐，视"程、朱犹吾父师"，为卫护程、朱，不仅攻驳非议程、朱之说者，且加以人身攻击："其人生平不能为程、朱之行，而其意乃欲与程、朱争名，安得不为天之所恶。故毛大可、李刚主、程绵庄、戴东原，率皆身灭嗣绝。"[④]但也不能因此情绪化之言辞而认为姚鼐完全排拒汉学。他攻驳程廷祚（字绵庄），却为其文集作序，序中虽仍不满其非议程、朱，但称赞他为"今世一学者"，"观绵庄之立言，可谓好学深思、博闻强识者矣"，认为"绵庄书中所论《周礼》为东周人书，及

---

① 《龚自珍全集》上册，30页，北京：中华书局，1959。
② 《龚自珍全集》上册，31页，北京：中华书局，1959。
③ 《龚自珍全集》上册，6页，北京：中华书局，1959。
④ 姚鼐：《再复简斋书》，见《惜抱轩全集》，78页，北京：中国书店，1984。

解'六宗'，辨《古文尚书》之伪，皆与鄙说不谋而合"①。如所熟知，姚鼐主张合义理、考据、辞章三者为一事，不过其间有"大小"、"精粗"之别。他在《复蒋松如书》中说："夫汉人之为言，非无有善于宋而当从者。然苟大小之不分，精粗之弗别，是则今之为学者之陋……博闻强识以助宋君子之所遗则可也，以将跨越宋君子则不可也。"② 可见，姚鼐认为汉学"有善于宋而当从者"，但只能是从属于宋学，不能跨越宋学。这种宋学为主、汉学为辅的主张，反映了一般宗宋学者的思想。

对于汉学家来说，其思路恰恰相反。汉学家如戴震也主张"合义理、考核、文章为一事"③，于此而论，与姚鼐所言相同。但汉学家强调的是考核，即训诂名扬制度。戴震反对"歧故训、理义二之"，认为二者为一事，其进路在由明故训以明义理，指出："故训明则古经明，古经明则贤人圣人之理义明，而我心之所同然者，乃因之而明。贤人圣人之理义非它，存乎典章制度者是也。"④ 戴震的弟子段玉裁秉承师说，也认为"义理、文章，未有不由考核而得者"⑤。"余以谓考核者，学问之全体，学者所以学为人也。"⑥ 另一位汉学家钱大昕也认为"究经者必通训诂，训诂明而后知义理之趣"⑦。训诂明则义理明，为宗汉学者遵奉的信条，却是宗宋学者所不能接受的。汉学家认为："爰及赵宋，周、程、张、朱所读之书，先儒之疏也。读义疏之书，姓能阐性命之理，苟非汉儒传经，则圣经贤传久坠于地，宋儒何能高谈性命耶！后人攻击康成，不遗余力，岂非数典而忘其祖欤！"⑧ 而宗宋学者则不以为然，认为

---

　① 姚鼐：《程绵庄文集序》，见《惜抱轩全集》，206～207 页。按：程廷祚《青溪文集》卷首所载姚鼐的序，与此序内容甚有差异。姚氏《青溪文集》序多称赞程廷祚，无不满其非议程朱之辞，谓："其心胸阔大，气魄雄毅，直欲自立于汉、唐、宋、明之后，以上接孟子之传。读之使人奋然而兴，信孟子所谓豪杰之士，绝去后来甚远。然其学虽与伊川、元晦有异，而究当于圣人之意旨，合乎天下之公心，非若舛异交争，好立纲宗者也。"（《青溪集》，合肥：黄山书社，2004）

　② 姚鼐：《复蒋松如书》，见《惜抱轩全集》，73 页，中国书店，1984。

　③ 段玉裁：《戴东原先生年谱》，见张岱年主编：《戴震全书》第 67 册，709 页，合肥：黄山书社，1995。

　④ 戴震：《题惠定宇先生授经图》，见《戴震集》，214 页，上海古籍出版社，1980。

　⑤ 段玉裁：《戴东原集序》，见《戴震集》，452 页，上海古籍出版社，1980。

　⑥ 段玉裁：《〈娱亲雅言〉序》，见《经韵楼集》卷八，光绪十年秋树根斋刻本。

　⑦ 钱大昕：《〈左氏传古注辑存〉序》，见《潜研堂集》，387 页，上海古籍出版社，1989。

　⑧ 江藩：《国朝宋学渊源记》，见《国朝汉学师承记》，153 页，北京：中华书局，1983。

孟子之后孔子之道晦而不明，端赖宋儒才得以使孔孟不传之学传续。康熙年间熊赐履撰《学统》，以孔子、颜子、曾子、子思、孟子、周敦颐、程颢、程颐、朱熹九人为正统，而周敦颐"上续邹、鲁之传，下开洛、闽之绪"，程颐"卒得孔、孟不传之学"，朱熹则"集诸儒之大成"①。谁是得圣人之传，系宋学、汉学二家分歧之所在。其焦点则如皮锡瑞所说："戴震作《原善》、《孟子字义疏证》，虽与朱子说经抵牾，亦只争一'理'字。"② 从宗宋学的方东树所撰《汉学商兑》来看，尽管书中点名指责许多汉学家，而其最不满者乃是戴震的"厉禁言'理'"："顾、黄诸君，虽崇尚实学，尚未专标汉帜。专标汉帜，则自惠氏始。惠氏虽标汉帜，尚未厉禁言'理'；厉禁言'理'则自戴氏始。自是宗旨祖述，邪诐大肆，遂举唐、宋诸儒已定不易之案，至精不易之论，必欲一一尽翻之，以强其门户。"③ 方东树甚至斥责戴震"较之杨、墨、佛、老而更陋，拟之洪水猛兽而更凶"④。此外，宗宋、宗汉二者之互攻，也含有意气之争。如纪晓岚在《四库全书总目·经部诗类总叙》中所说："然攻汉学者，意不尽在于经义，务胜汉儒而已；伸汉学者，意亦不尽在于经义，愤宋儒之诋汉儒而已。各挟一不相下之心，而又济以不平之气，激而过当，亦其势然欤!"⑤翁方纲也认为，当时治汉学者、治宋学者所存在弊端的"受弊之由，曰果于自是，曰耻于阙疑。是二者皆意气之为也，非学也"⑥。

宗宋学者与宗汉学者之间互相攻讦，见于他们的文章、书信中。嘉庆、道光之际，江藩先后撰《国朝汉学师承记》、《国朝宋学渊源记》，扬汉抑宋；其后，方东树起而回应，撰《汉学商兑》力加攻驳，扬宋抑汉，则都著为专书。这大概成为人们所说的"汉宋之争"的标志。其实两人也没有进一步争论，《汉学商兑》刊行时，江藩已病故，他未能看到该书，也不可能给予反驳。晚清皮锡瑞对二人作了评论："平心而论，江氏不脱门户之见，未免小疵；方氏纯以私意肆其谩骂，诋及黄震及顾炎武，名为扬宋抑汉，实则归心禅学，与其

---

① 熊赐履：《学统》卷六《正统·周濂溪先生》、卷八《正统·程伊川先生》、卷九《正统·朱晦庵先生》，经义斋刻本。

② 皮锡瑞：《经学历史》，313页，北京：中华书局，1959。

③④ 钱钟书主编：《汉学师承记（外二种）》，259～260页，401页，北京：三联书店，1998。

⑤ 《钦定四库全书总目》（整理本）上册，186页，北京：中华书局，1997。

⑥ 翁方纲：《巽斋记》，《复初斋文集》卷六，光绪三年重校本。

所著《书林扬觯》，皆阳儒阴释，不可为训。"① 方东树所著是否"皆阳儒阴释"，可以探究，但皮氏对二人的批评尚属公允。

乾隆、嘉庆、道光年间，宗宋学者与宗汉学者确存门户之见，互相诋讥。不过对于他们的立门户，争道统，也不宜过于夸大，把它绝对化，应全面看待清代汉学、宋学的关系。无论江藩的《国朝汉学师承记》、《国朝宋学渊源记》，还是方东树的《汉学商兑》，都带着强烈的门户之见，各扬所扬，各抑所抑。他们在论述宗汉者或宗宋者的治学时，都只及一点，不计其余，突出对己有利的，回避、掩盖对己不利的。例如，江藩在《国朝汉学师承记》刘台拱传中称："君学问淹通，尤邃于经，解经专主训诂，一本汉学，不杂以宋儒说。"② 然而，同是汉学家的王念孙，对刘台拱的评论却与江藩不同。他说："端临（刘台拱字）邃于古学，其于汉、宋诸儒之说，不专一家，而惟是之求。"③ 江藩囿于门户之见，排拒宋学，不如王念孙实事求是。江藩的偏见，明显体现在《国朝汉学师承记》将黄宗羲、顾炎武"附于册治"，不入正传，理由是"两家之学皆深入宋儒之室，但以汉儒为不可废耳。多骑墙之见，依违之言，岂真知灼见者哉"④。方东树在《汉学商兑》中也是着力于攻驳汉学家的"厉禁言'理'"、"由训诂以求义理"等，于其肯定宋学的言论或汉宋兼采者均避而不谈。两家所说，都不是全面反映当时汉学、宋学的关系。

乾隆、嘉庆之时，汉学盛而宋学衰，虽有门户之见，但并不绝对互相排斥。尽管宋学的学术地位在下降，然而程朱理学毕竟是官方统治思想，科举考试必以朱熹的《四书章句集注》为据，儒者从小就濡染于是。而程朱理学所强调的纲常伦理，是儒者所遵行的。所以，汉学家惠士奇手书楹帖："六经尊服郑，百行法程朱。"钱大昕对朱熹也很敬仰，在《朱文公三世像赞》中称："孔、孟已远，吾将安归? 卓哉紫阳，百世之师……立德不朽，斯文在兹。"⑤ 他之尊重宋儒，在于德行："濂溪氏之言曰：'实胜，善也；文胜，耻也。'儒者读《易》、《诗》、《书》、《礼》、《春秋》之文，当立孝悌忠信之行。文与行兼

---

① 皮锡瑞：《经学历史》，313～314 页，北京：中华书局，1959。
② 江藩：《国朝汉学师承记》，116 页，北京：中华书局，1983。
③ 王念孙：《刘端临遗书序》，见《王石臞先生遗文》卷二，高邮王氏遗书本。
④ 江藩：《国朝汉学师承记》，133 页，北京：中华书局，1983。
⑤ 钱大昕：《潜研堂集》卷一七，274 页，上海古籍出版社，1989。

修，故文为至文，行为善行，处为名儒，而出为良辅。程、张、朱皆以文词登科，惟行足以副其文，乃无愧乎大儒之名。"① 段玉裁晚年曾追悔专注于训诂考据，"寻其枝叶，略其根本，老大无成"。他所说的"根本"，即程朱理学关乎身心伦理者："盖自乡无善俗，世乏良材，利欲纷挐，异言喧豗，而朱子集旧闻，觉来裔，本之以立教，实之以明伦敬身，广之以嘉言善行。二千年贤圣之可法者，胥于是在。"② 即使深持门户之见的江藩，在制行上也称宋学，且指责于汉学"有一知半解者，无不痛诋宋学。然本朝为汉学者始于元和惠氏，红豆山房半农人手书楹帖云：'六经尊服、郑，百行法程、朱。'不以为非，且以为法，为汉学者背其师承何哉"③。治经宗汉，制行宗宋，这是当时许多汉学家奉行的宗旨。

清代汉、宋学的关系，治汉学者除去"百行法程、朱"外，在学术上也有对汉学、宋学持平、兼采的。在顺治、康熙年间，汉学始萌生，尚不存在汉、宋门户之见，即如方东树也认为黄宗羲、顾炎武等人"尚未专标汉帜"，论者以为其时为汉宋兼采。江藩《国朝汉学师承记》说：康熙朝"凡御纂群经，皆兼采汉、宋儒先之说，参考异同，务求至当"④。纪晓岚则从另一角度来说明："国家功令，《五经》传注用宋学，而《十三经注疏》亦列学官"，"以宋学为宗，而以汉学为补苴其所遗"⑤。

乾嘉汉学盛行之时，被称为"汉学家大本营"的四库全书馆，其馆臣如纪晓岚、戴震等，对于汉学之短并不回护，对于宋学也不一味排斥。戴震认为："圣人之道在《六经》，汉儒得其制数，失其义理；宋儒得其义理，失其制数。"⑥ 纪晓岚则说："夫汉儒以训诂专门，宋儒以义理相尚……至《尚书》、《三礼》、《三传》、《毛诗》、《尔雅》诸注疏，皆根据古义，断非宋儒所能。《论语》、《孟子》，宋儒积一生精力，字斟句酌，亦断非汉儒所及。盖汉儒重师传，渊源有自。宋儒尚心悟，研索易深。汉儒或执旧文，过于信传。宋儒或凭臆

① 钱大昕：《崇实书院记》，《潜研堂集》卷二〇，325页，上海古籍出版社，1989。
② 段玉裁：《〈娱亲雅言〉序》，《经韵楼集》卷八，光绪十年秋树根斋刻本。
③ 江藩：《国朝宋学渊源记》，见《国朝汉学师承记》，154页，北京：中华书局，1983。
④ 江藩：《国朝汉学师承记》，4页，北京：中华书局，1983。
⑤ 纪晓岚：《丙辰会试录序》，见《纪文达公遗集》卷八，嘉庆十七年刻本。
⑥ 戴震：《与方希原书》，见《戴震全书》第6册，375页，合肥：黄山书社，1995。

断，勇于政经。计其得失，亦复相当。"① 戴、纪二人对汉学、宋学长短、得失的评论，是实事求是的。在《四库全书总目》中，对很有影响的汉学家惠栋治经泥古之短也不回护，在评其《左传补注》时说："盖其长在博，其短亦在于嗜博。其长在古，其短亦在于泥古也。"② 《四库全书总目》对于宋儒之书，如朱熹《四书章句集注》也予以称许："《中庸》虽不从郑注，而实较郑注为精密。盖考证之学，宋儒不及汉儒；义理之学，汉儒亦不及宋儒。言岂一端，要各有当……观其去取，具有鉴裁，尤不必定执古义相争也……大抵朱子平生精力殚于《四书》，其判析疑似，辨别毫厘，实远在《易本义》、《诗集传》上。读其书者，要当于大义微言求其根本。明以来攻朱子者务摘其名物制度之疏，尊朱子者又并此节而回护之。是均门户之见，乌识朱子著书之意乎！"③

乾嘉之时的汉学家中，主汉宋兼采者不乏其人。如程晋芳治经"综核百家，出入贯串于汉、宋诸儒之说"④。翁方纲批评当时学者"稍窥汉人涯际，辄薄宋儒为迂腐，甚者且专以攻击程、朱为事"⑤，强调"以考订为务，而考订必以义理为主"⑥。许宗彦对汉学、宋学偏失皆有批评，阮元在为其撰写的传中说："集（指《鉴止水斋文集》）多说经文，其学说能持汉、宋儒者之平。"⑦ 阮元自己也是"持汉学、宋学之平"，认为"两汉名教得儒经之功，宋、明讲学得师道之益，皆于周、孔之道得其分合，未可偏讥而互诮也"⑧。龚自珍称阮元是"汇汉、宋之全"⑨。刘宝楠治经受从叔刘台拱的影响，治汉学，也推崇朱熹。其子刘恭冕在《〈论语正义〉后叙》中称刘宝楠"不为专己

① 纪晓岚：《阅微草堂笔记》，9 页，上海古籍出版社，2001。

② 《钦定四库全书总目》（整理本）上册，《经部二十九·春秋类四》，380 页，北京：中华书局，1997。

③ 《钦定四库全书总目》（整理本）上册，《经部三十五·四书类一》，461～462 页，北京：中华书局，1997。

④ 翁方纲：《戴园程先生墓志铭》，见《复初斋文集》卷一四，光绪三年重校本。

⑤ 翁方纲：《送卢抱经南归序》，见《复初斋文集》卷一二，光绪三年重校本。

⑥ 翁方纲：《附录：与程鱼门平钱、戴二君议论旧草》，见《复初斋文集》卷七，光绪三年重校本。

⑦ 阮元：《浙儒许积卿传》，见《揅经室集》上册，402 页，北京：中华书局，1993。

⑧ 阮元：《拟国史儒林传序》，见《揅经室集》上册，37 页，北京：中华书局，1993。

⑨ 龚自珍：《阮尚书年谱第一序》，见《龚自珍全集》上册，227 页，北京：中华书局，1959。

之学，亦不欲分汉、宋门户之见，凡以发挥圣道，证明典礼，期于实事求是而已"①。胡承珙以治汉学名，但主张"治经无训诂、义理之分，惟取其是者而已；为学亦无汉、宋之分，惟取其是之多者而已。汉儒之是之多者，郑君康成其最也；宋儒之是之多者，新安朱子其最也"②。

其时，主张汉宋调和、兼采的不独汉学家，宗宋学者也有之。前面提到的姚鼐，即倡合义理、考据、辞章为一事。即如方东树，虽不满于治汉学诸家"欲以扫更义理"，但也肯定其音韵训诂的成就："考汉学诸人，于天文、术算、训诂、小学、考证、舆地、名物、制度，诚有足补前贤，裨后学者。"③ 认为"训诂、名物、制度实为学者所不可阙之学"，其《汉学商兑》也不离汉学考据方法。其他如姚鼐四大弟子之一的刘开，在其《学论》一文中，提出了"尊师程、朱"，"兼取汉儒，而不欲偏废"④。接近桐城派的夏炘，曾肆力于汉学，后转宗宋学，攻驳治汉学诸家，但也认为"许、郑、程、朱之学，皆确然不可易之学"⑤。潘德舆由宗宋学入词章，也不废汉学，认为："儒者有三（按：指郑、孔，程、朱，陆、王），圣一而已。诚以孔子之言为准则，三儒者皆可以相通而可以相救……夫郑、孔之诂名物，博雅详核，而不免于碎而杂；陆、王之言心性，简易直捷，而不免于虚而浮，各得孔子之道二三而已。程、朱之研义理也，持其大中，本诸心性，不废名物，其于人也，如日用之布帛菽粟焉，特其诠解群经，识大略小，自信而好断，不能吻合乎经之本旨赫然有之，孔子之道殆得其五六焉……学者诚能以程、朱之义理为宗，而先导以郑、孔，通其训诂，辅导以陆、王，求其放心，庶有以救程、朱之小失，而道学之真可见。"⑥ 潘德舆兼采的不仅是汉学与程朱理学，还有陆王心学，会三者为一，而以程朱理学为宗。与潘德舆见解类似的，有林则徐的门生戴纲孙。他说："以训诂之学入圣，十得其四五焉，其失也以凿。以程、朱氏之学入圣，十得

---

① 刘宝楠：《论语正义》下册，798页，北京：中华书局，1990。
② 胡承珙：《求是堂文集》卷四，道光十七年刻本。
③ 方东树：《汉学商兑》，见钱钟书主编《汉学师承记》（外二种）》，403页，北京：三联书店，1998。
④ 刘开：《刘孟涂文集》卷二，道光六年檗山草堂刻本。
⑤ 夏炘：《夏仲子集·自记》，民国十四年铅印本。
⑥ 潘德舆：《养一斋集》卷一三，道光二十九年刻本。

其八九焉，其失也窒。以陆、王氏之学入至，十得其七八焉，其失也荡。夫学之从圣，将以从于道也，去其失，取其得，则与道一矣。"①

宗汉学、宗宋学者于汉宋调和、兼采，各有所偏。宗宋者以宋学为根本，以宋贯汉，汉为宋辅，汉学是从属的。宗汉者则以汉学为根底，义理由训诂而衍生。

由上述可以看出，宗汉学与宗宋学者之间既互相贬抑，又调和、兼采。汉学家对汉学、宋学的特点和得失的论断不失公允，对于时人治汉学的弊端也多有批评。至于宗宋学者如姚鼐，对治汉学者的批评也很尖刻，不是无人敢撄汉学之锋。方东树在道光六年（1826 年）曾将书稿《汉学商兑》呈时任两广总督的阮元，阮元助其刊行。方氏书中点名攻驳阮元的次数最多，阮元应是了解，但并没有以权势加以压制，反而助成其事，亦见其雅量；况且此时汉学已是由盛趋衰，学术氛围也在变化，其趋势是汉宋调和、兼采，《汉学商兑》的出现，说不上是石破天惊之举。

乾嘉汉学兴盛时，扬汉抑宋，宋学的学术地位受损。然而宋学的衰落，不能简单归因于汉学的"垄断"，主要是其自身的原因。其时，程朱理学和陆王心学，在学理上都无甚创新，只在重复宋、明儒之说，难免颓萎。道光、咸丰、同治年间所谓理学"复兴"，不过是落日的余晖。而汉学由于琐碎、脱离实际的弊端，也趋向衰微。汉学盛时，很难说是一元的垄断，程朱理学凭借其作为官方的统治思想，仍有其相当的地位；况且，乾隆时庄存与开启了复兴今文经学之端。嘉庆、道光间，刘逢禄上继庄存与，下启龚自珍、魏源。晚清汉学、宋学虽存而衰，影响大的是今文经学。这一学术多元格局本已存在。

五、最后的辉煌：古代典籍的集中整理

明清两代，与其社会的发展相呼应，中国传统文化也进入总结阶段。其突出表现之一，便是朝廷动用巨大的人力财力，对古代典籍进行集中整理，编纂了如《永乐大典》、《古今图书集成》、《四库全书》等类书、丛书。其规模之宏大，编制之精密，不仅在中国史无前例，在世界文化史上亦屈指可数。

---

① 戴纲孙：《味雪斋文钞》甲集卷一，道光三十年刻本。

《永乐大典》是明清第一部巨型类书，它的编纂开启了明清汇辑群籍的浩大工程的序幕。

早在明太祖洪武年间，中书庶吉士解缙便向明太祖提出纂修大型类书的建议，"愿集一二志士儒英，臣请得执笔而随其后，上溯唐、虞、夏、商、周、孔之华奥，下及关、闽、濂、洛之佳蒢，根实精明，随事类别，以备劝戒；删其无益，焚其谬妄，勒成一经，上接经史"，以此为"太平制作之一端"①。此议为明太祖所赞许，"洪武戊寅，尝诏编辑经史百家之言为《类要》，侍读唐愚士等纂修未成"②。

明成祖登位后，着意于"武功文治"。永乐元年（1403年）七月，他谕翰林侍读学士解缙：

> 天下古今事物，散载诸书，篇帙浩穰，不易检阅。朕欲悉采各书所载事物类聚之，而统之以韵，庶几考索之便，如探囊取物尔。尝观《韵府》、《回溪》二书，事虽有统，而采摘不广，纪载大略。尔等其如朕意：凡书契以来，经、史、子、集、百家之书，至于天文、地志、阴阳、医、卜、僧、道、技艺之言，备辑为一书，毋厌浩繁。③

根据明成祖的指示，解缙等博采众书，分门别类，依韵纂辑了一部类书，于次年冬呈上，成祖赐名《文献大成》。然而，由于编纂匆促，内容简略，"上览所进之书，尚多未备"，遂命重修，并增派太子少师姚广孝、礼部尚书郑赐为监修，刑部侍郎刘季箎为副监修，命礼部"简中外官及四方宿学老儒有文学者充纂修，简国子监及外郡县能书生员缮写"④，开馆于南京文渊阁。永乐五年（1407年）冬，重修《文献大成》毕，书上，改赐名《永乐大典》。全书共二万二千九百三十七卷（包括目录凡例），装成一万一千零九十五册，辑入经、史、子、集、释藏、道经、戏剧（平话）、工艺、农艺等图书达八千余种，是我国最大的一部类书。《永乐大典》先后抄录了正副两部，正本早已烧毁，副本陆续散逸。清咸丰十年（1860年）英法联军入侵北京，光绪二十六年

---

① 解缙：《大庖西上封事》，见《解文毅公集》。
② 黄佐：《修书》，《翰林记》。
③《明太宗实录》卷二一。
④《明太宗实录》卷三六。

（1900年）八国联军入侵北京，《永乐大典》或被烧毁，或被抢走，余者寥寥无几。在此之前，我国也出现过一些大型类书，如唐代高士廉编的《文思博要》一千二百卷，张昌宗等编的《三教珠英》一千三百卷，宋代李昉等编的《太平御览》一千卷，王钦若等编的《册府元龟》一千卷，但其规模均无法与《永乐大典》相比。

康熙、雍正时，清朝政府编辑了《古今图书集成》一万卷。此书先由康熙帝第五子诚亲王允祉的侍读陈梦雷主持，于康熙四十年至四十五年（1701—1706年）成初稿，名为《古今图书汇编》。康熙六十一年（1722年），雍正帝命蒋廷锡督在事诸臣重加编校，雍正四年（1726年）成书。共分为历象、方舆、明证、博物、理学、经济六编，每编又分门别类，计三十二典，搜罗宏富。该书首次印刷为铜活字版。

编纂于乾隆年间的《四库全书》，其工程之浩大，更超乎前代。

乾隆帝御极之初，便以"稽古右文"作标榜，"即诏中外搜访遗书，并令儒臣校勘十三经、二十一史……复开馆纂修《纲目》三编、《通鉴辑览》及《三通》诸书"①。乾隆三十七年（1772年）正月初四，乾隆帝下诏："今内府藏书，插架不为不富。然古今来，著作之手无虑数千百家，或逸在名山，未登柱史，正宜及时采集，汇送京师，以彰千古同文之盛。其令直省督抚、学政等通饬所属，加意购访。"②安徽学政朱筠借此机会上书，奏请搜访校录书籍，其中特别提出择取《永乐大典》中"古书完者若干部，分别缮写，各自为书"。经过讨论后，军机大臣议定了实施办法。次年二月，乾隆帝派军机大臣为总裁官，校办《永乐大典》，并命与《图书集成》"互为校核"；又谕："将来办理成编时，著名《四库全书》"③。至此，《四库全书》正式开馆，纂修工作全面展开。至乾隆四十六年（1781年）底，第一部《四库全书》告成，历时长达九年。以后又陆续分抄几部，至乾隆五十二年续抄全部完成。七部《四库全书》分藏于紫禁城内文渊阁、圆明园文源阁、盛京（今沈阳）文溯阁、承德避暑山庄文津阁、扬州文汇阁、镇江文宗阁和杭州文澜阁，副本存于京师翰林院。随即又对全书进行检查、重校，撤改和补充了一些书籍。至乾隆五十七年（1792年）完成。全书

①②③《钦定四库全书总目》（整理本）卷首一，《圣谕》，1、2页，北京：中华书局，1997。

按经、史、子、集四部分类编纂，每大部又分若干类，共收图书三千五百零三种，七万九千三百三十七卷，三万六千三百零四册（各部因抄写时间不一，其间又因撤毁、补入，故卷数不同。此据国家图书馆所藏文津阁本），包罗宏大，丰富浩瀚，为我国古代文化的总汇，历史上卷帙最大的一部丛书。参加编纂工作的三百六十余人，集中了大批当时的名流学者，其中贡献突出的有于敏中、金简、纪昀、陆锡熊、戴震、邵晋涵、翁方纲、程晋芳、周永年、任大椿等。

在《四库全书》编纂过程中，武英殿陆续刊刻了《四库全书》珍本秘籍一百三十八种，为《武英殿聚珍版丛书》。鉴于《四库全书》卷帙浩繁，检阅不便，乾隆帝又命"于《全书》中撷其菁华，缮为《荟要》，其篇式一如《全书》之例"。乾隆四十四年（1779年）《四库全书荟要》告成，约收书四百七十三种，一万九千九百三十一卷。又有《四库全书总目》二百卷，对收入全书的各类图书和未著录而存其目的六千七八百种书籍一一做出评介，为我国古代最重要的目录专著。

明清两代在政府主持干预下进行的古籍整理纂修工作，对我国文化遗产的保存具有重大的意义。首先，"旁搜博采"是各种类书、丛书最为突出的特点，其来源几乎穷尽了明清以前所有官方和民间流传的典籍。这些近乎百科全书式的类书、丛书保存了大量珍贵的文化典籍。如《永乐大典》，在辑录各种古籍时，完全根据原书，整部、整篇、整段地收入，一字不改，使许多古籍特别是宋元以前的珍本得以保存下来。《古今图书集成》亦类似，在辑录时往往把原书完整地抄录下来，因此，在《永乐大典》遭受损失后，《古今图书集成》成为现有类书中搜罗最广、规模最大的一部。

其次，严密的分类体例为后世的图书纂修工作提供了借鉴。《永乐大典》的编纂体例是"用韵以统字，因字以系事"。依明代《洪武正韵》的韵目，按韵分列单字。《古今图书集成》在编纂体例上较《永乐大典》有了相当大的改进。全书分六汇编，三十二典，六千一百零九部，每部先列"汇考"，次列"总证"，有图表、列传、艺文、选句、纪丰、杂录、外篇等项目，无者存缺。《四库全书》采用的是我国古籍传统的四部（经、史、子、集）分类法，于各部中又分若干类，经部分为十类，史部分为十五类，子部分为十四类，集部分五类，计四十四类。传统的四部分类法，在《四库全书》编纂中达到相当严密和完善的程度。

另外，《永乐大典》、《古今图书集成》、《四库全书》是在明清两代最高统治者主持并直接干预下编纂而成的，一方面依靠政权力量保障了编纂如此巨型类书、丛书所需庞大的人力物力，非安定强盛的朝代无法企及；另一方面，这样的编修工作也成为明清统治者推行文化专制的重要工具，而以《四库全书》的编纂最具代表性。

《四库全书》的辑录原则是："今所采录，惟离经畔道、颠倒是非者，掊击必严；怀诈挟私、荧惑视听者，屏斥必力。"① 这表明对背离所谓纲常名教的书籍要竭力剪除。王充是我国古代杰出的思想家，他的《论衡》中《问孔》、《判孟》等篇具有强烈的战斗精神，《四库全书总目》的提要尽管不得不承认《论衡》"订伪砭俗，中理者多"，却攻击王充"与圣贤相轧，可谓悖矣"。《四库全书》编纂者标榜名教，而菲薄俚辞杂作，在去取之间，表现出其"卫道之气太重"。

乾隆帝还利用《四库全书》的编纂对全国书籍做了一次大规模的检查，查禁、销毁、删改了许多所谓"悖逆违碍"书籍。乾隆三十九年（1774年）上谕即提出，"应将可备采择之书开单送馆，其或字义触碍者，亦当分别查出奏明，或封固进呈，请旨销毁，或在外焚弃，将书名奏闻，方为实力办理"；并说："明季末造，野史甚多，其间毁誉任意，传闻异词，必有抵触本朝之语。正当及此一番查办，尽行销毁，杜遏邪言，以正人心而厚风俗，断不宜置之不办。"② 在乾隆帝的严令催促下，各地官吏着力查办禁书。至乾隆五十八年（1793年），在长达十九年的禁毁书活动中，计禁毁书籍达三千一百余种，十五万部以上③。由禁毁书籍还引起几十起文字狱，如屈大均诗文集内有"悖逆"语，销毁其书，刨毁其墓；范起鹗家藏《顾亭林集》被捕；等等。此外，书籍中出现的胡、夷、狄、虏、"斥金"、"斥元"等民族色彩浓厚，以及与正统伦理道德违碍的文字，都遭到抽毁、删改。大批书籍被禁毁和篡改，使中国文化典籍遭受巨大的损失。

---

① 《钦定四库全书总目》（整理本）卷首三，《凡例》，33 页，北京：中华书局，1997。
② 《东华录》乾隆三十九年八月。
③ 黄爱平：《四库全书纂修研究》，76 页，北京：中国人民大学出版社，1989。

第二章
启蒙思想的出现与
反对专制主义文化的萌发

　　明清时期，以程朱理学为代表的专制主义文化居主流地位。但由于其僵化、保守及空疏，不能经世致用，阳明后学泰州学派及李贽等对传统思想进行了突破与反叛，学术思想界则掀起了声势浩大的实学思潮，流风所及遍海内。明清之际的众多学人更从明亡的惨痛中深究其因，开始掀起了具民主色彩的对专制制度的猛烈批判，显示出进步的时代趋向。

一、泰州学派的兴起与李贽的异端思想

　　王学在明正德年间形成体系后，很快盛行。到嘉靖时，王学衍出流派的分野，其泰州学派的传人偏离了王学正轨，引发了新的哲学、社会思想的出现。

王门后学对明代晚期社会生活造成较大影响的，是以王艮为代表的泰州学派；使王学发生变态的，也正是泰州学派。黄宗羲对此有所述论，他指出："阳明先生之学，有泰州（王艮）、龙溪（王畿）而风行天下，亦因泰州、龙溪而渐失其传。泰州、龙溪时时不满其师说，益启瞿昙之秘而归之师，盖跻阳明而为禅矣。然龙溪之后，力量无过于龙溪者，又得江右为之救正，故不至十分决裂。泰州之后，其人多能赤手以搏龙蛇，传至颜山农、何心隐一派，遂复非名教之所能羁络矣。"① 阳明心学，作为与宋、元、明三代官方哲学——程朱理学相抗衡的一种思潮，虽然并未超出传统思想和伦理道德的藩篱，而是将其臻于完善、系统，也是为君主制统治的"长治久安"服务的，但在当时确乎具有某种冲决藩篱、突破旧教条的意味和影响力。而泰州学派将这一层意味充分发挥，逐渐背离了儒家名教和王学正统，对其提出某些尖锐的批评和嘲讽，从而形成一种"非名教之所能羁络"的"异端"思想。

　　泰州学派的创始人王艮（1483—1541），字汝止，号心斋，出生于泰州安丰场（今江苏东台）一个世代灶户的家庭。因家境贫寒，他只读了几年乡塾。其后当过灶丁，又去经商。但他有志于学，潜心阅读儒家经典，逢人求教，不拘泥于儒家经典的释义和朱熹的章句之学，而是"以经证悟，以悟释经"，充分发挥自己的创造性。正德十五年（1520年），王艮从师于王守仁，学习八年，接受了其"致良知"的心学理论。嘉靖七年（1528年）王守仁死后，王艮开始"自立门户"讲学，自此开创了泰州学派。王艮为学虽深受其师"致良知"说的影响，但也存在明显的分歧。他"时时不满其师说"，发挥自己的独立见解，提出"百姓日用即道"的主张，这成为其主要思想。

　　本来，"百姓日用即道"的思想在《周易》中已有所表述。王守仁也曾说"日用间何莫非天理流行"，认为"天理"（实指纲常名教）体现在人们的日常生活之中。王艮袭用这个古老的哲学命题，又注入某些平民的社会要求。他说："圣人之道，无异于百姓日用。凡有异者，皆谓之异端。"在王艮看来，百姓日用即是判断是否符合圣人之道和是非曲直的标准，而凡与"百姓日用"相异者，即为"异端"。这在当时可谓是大胆的离经叛道的言论。他又说："百姓

---

　　①《泰州学案序》，见黄宗羲：《明儒学案》卷三二，北京：中华书局，1985。

日用条理处，即是圣人之条理处。"① 在这里，王艮打破了圣人与百姓之间古已有之的壁垒，视"愚夫愚妇"生来就是圣人，流露出对于下层人民的同情之心。这吸引了更多来自各阶层的追随者，也为阐发其独到的义理、启蒙发愚奠定了理论基础。泰州学派将王阳明心学中"人皆可为圣人"这层意蕴大加扩展，把程朱理学玄渺的"天理"还原到百姓日常生活之中，这一切，都使泰州学派具有与传统理学相抗衡的平民色彩。

王艮另一富于积极性的思想是"安身立本"的主张，它直接针对理学禁欲主义的实质。他在"安身立本"的思想基础上，提出要首先满足人们最基本的物质需求，以维护个人利益和安全为出发点，认为"饥寒切身而欲民之不为非，亦不可得也"②。到了颜钧、何心隐，则明确宣扬有欲论。何心隐说："孔孟之言无欲，非濂溪之言无欲也。欲惟寡则心存，而心不能以无欲也。欲鱼欲熊掌，欲也；舍鱼而取熊掌，欲之寡也。欲生欲义，欲也；舍生而取义，欲之寡也。欲仁非欲乎？得仁而不贪，非寡欲乎？从心所欲，非欲乎？欲不逾矩，非寡欲乎？"③ 所谓"寡欲"，旨在节制个人欲求，勿使过度，强调君主圣贤都应寡欲，要与"百姓同欲"，而不可"无欲"。这显然是孟子"与民同欲"思想的继承。他肯定了人们物质欲望的合理性，从而驳斥了宋代理学家的"存天理，灭人欲"论。何心隐敢于冲破伦理纲常的束缚，当时有人指责他说，"人伦有五，公舍其四，而独置身于师友贤圣之间"④。其实正反映了所蕴含的一种要求平等的呼声，这在当时是具有积极意义的。

泰州后学中，有被称为"异端之尤"的李贽。李贽（1527—1602），号卓吾（又称笃吾），又号宏甫，别号温陵居士，福建泉州晋江人，出身于航海经商世家。嘉靖三十一年（1552年）考中举人，历任县教谕、南京国子监博士、礼部司务和云南姚安知府等职。万历八年（1580年），李贽辞去姚安知府，寄居湖北黄安友人耿定理家。后来，又先后移居麻城维摩庵、龙湖之佛院，潜心著书和讲学，《藏书》、《焚书》等就是在这期间编著完成的。万历三十年

---

① 王艮：《语录》，见《明儒王心斋先生全集》卷一，1912 年版。
② 王艮：《王道论》，见《明儒王心斋先生全集》卷四。
③ 黄宗羲：《泰州学案序》，见黄宗羲《明儒学案》卷三二，北京：中华书局，1985。
④ 李贽：《何心隐论》，见《焚书》卷三，89 页，北京：中华书局，1961。

（1602年），因遭人弹劾陷害，在通州被捕入狱，自刎而死。

李贽一生博览群书，学术颇杂，儒、释、道兼容并蓄，并以自我之所悟而融贯之，继承和发展了泰州学派的思想。他生性倔强，自称"平生不爱属人管"，"余唯以不受管束之故，受尽磨难，一生坎坷，将大地为墨，难尽写也"①。这正是他思想矛盾和人生悲剧的写照。

同中国古代许多思想家一样，李贽也继承了以"道"为核心的哲学思想，而他对于"道"有与众不同的理解。李贽所谓的"道"是人自身的道，这个"道"不仅在世间，还蕴含于每个人的心中。道是人的本性，即自我需要，其表现不外乎日常生活。他说："穿衣吃饭，即是人伦物理；除却穿衣吃饭，无伦物矣。"② 这一认识与王艮的"日用之道"思想一脉相承，首要之点是解决人民的物质生活问题。李贽强调"道"的世俗特性，体现了他关心人民生活，并以此作为衡量和评价统治者的一条重要标准。"凡世间一切治生产业等事，皆其所共好而共习，共知而共言者，是真迩言也"③。可见，他把泰州学派的物欲合理观又加以发挥，宣扬百姓的物欲价值。

李贽把传统儒教中的"道"降格为百姓日用之道，即人们的"自然之性"，而且无圣人与愚夫愚妇的差别，进而引申出人无贵贱的平等观。他提倡男女平等、君民平等，表达了他对等级规范、礼法的无情批判，以及追求人人平等的观点，具有明显的反传统倾向，这无疑是一种认识上的超越。

李贽继承了王学的"良知"说，并将其充分发展，推向极致，提出"童心"说，即"绝假纯真，最初一忘之本心也"④。他认为童心是人生之初最为纯真无瑕的本质，与虚伪假饰相对立，应当是道德理念的最高境界，也成为他一生追求的目标。他倡言真诚而痛讥虚伪，重视人格独立，宣扬人性自然，提出"物之不齐，物之情也"的个性理论。因而李贽在现实生活中也身体力行其信仰，不断揭露那些"阳为道学，阴为富贵，被服儒雅，行若狗彘"⑤ 的假道学、伪君子的丑恶面目。他痛恨虚伪的道德说教，讲求实际的利益，认为私心

---

① 李贽：《豫约·感慨平生》，见《焚书》卷四，188页，北京：中华书局，1961。
② 李贽：《答邓石阳》，见《焚书》卷一，4页，北京：中华书局，1961。
③ 李贽：《答邓明府》，见《焚书》卷一，36页，北京：中华书局，1961。
④ 李贽：《童心说》，见《焚书》卷三，97页，北京：中华书局，1961。
⑤ 李贽：《三教归儒说》，见《续焚书》卷二，78页，北京：中华书局，1959。

是人的本心，趋利避害是人的本能。对私心采取宽容的态度，专攻假道学，以倡导人性之真，无疑有利于人性的张扬和社会发展，带有鲜明的个性解放和自由发展的特征。

李贽强调"即心即佛，人人是佛"，而反对以孔子的是非作为判断是非的标准。他说："夫天生一人，自有一人之用，不待取给于孔子而后足也。若必待取足于孔子，则千古以前无孔子，终不得为人乎？"[①] 他还大胆指出，儒家经典所说的，不是"万世之至论"，"《六经》、《语》、《孟》，乃道学之口实，假人之渊薮也"[②]。这就打破了宋明道学家以儒家正统和圣人正脉自居的垄断地位，对统治者标榜的作为政治及道德评判标准的儒家经典的权威性予以否定，体现了摆脱正统礼教束缚，反对思想文化专制的叛逆精神。李贽撰写的《藏书》中，对历史人物给予了新的评价，提出许多惊世骇俗的见解，如称秦始皇为"千古一帝"，称陈胜为"古所未有"的"匹夫首倡"等。

泰州学派在明中叶以后得到广泛传播。据不完全统计，自王艮至五传弟子共四百八十七人，"上自师保公卿，中及疆吏司道牧令，下逮士庶樵陶农吏，几无辈无之"[③]。泰州学派对个性自由的追求、倡导社会平等、肯定人的物质需求等，都具有积极的思想启蒙作用和反对专制主义的精神，反映了平民的思想要求，表现了"掀翻天地"、"赤手以搏龙蛇"的勇敢无畏的气派。然而，泰州学派也有其突出的消极面。一些人宣扬"明哲保身"、"安身立本"，要求人们从日常生活中贯彻正统伦理道德，这表明当时的市民阶层并未进入真正的觉醒阶段。同时，王艮等人力主为学"以悟性为宗"，要人们不见不闻，不思不虑，只须"于眉睫间有察"，便可顿悟"天机"。这就进一步把王学引向禅化。其流弊便是晚明士子喜清谈，崇尚面壁禅坐，加剧了士大夫阶层的腐败。由于过分强调人的私欲，又带来物欲恣肆、人欲横流的负面效应。

---

① 李贽：《答耿中丞》，见《焚书》卷一，16 页，北京：中华书局，1961。
② 李贽：《童心说》，见《焚书》卷三，99 页，北京：中华书局，1961。
③ 袁承业：《明儒王心斋先生弟子师承表序》，见《明儒王心斋先生全集》，1912。

二、实学思潮与文化反思

"实学"，就其概念而言可分为广义和狭义。前者以传统儒学所倡"修身齐家治国平天下"为人生奋斗和学术研究的终极目的，把追求"内圣外王"作为最高境界，是相对于佛教"诸法皆空"、老子"以无为本"思想而言的。狭义方面则认为宋代理学家朱熹具体使用了"实学"这一概念，在他的《中庸章句》中有一段评论："始言一理，中散为万事，末复合为一理……其味无穷，皆实学也。"① 其义被程朱学派加以发扬，就是要人们实实在在地去体认和力行纲常礼教，以达到为统治阶级服务的"实用之学"。从其产生的源头看，实学的最初含义并不同于明清时期的实学思潮，甚至完全对立，但强调"经世致用"的精神是一贯的，只不过这个"用"随着时代发展的要求和其倡导者的利益取向不同而有所差异。

（一）早期的实学思想与文化反思

明中叶以后，理学日益僵化，越来越陷入困境，难以解决其理论自身的矛盾和挽救统治阶级的危机。于是，一种有别于理学的新学风开始崛起，对程朱理学进行批评和反思，它就是提倡学术为治世服务的实学思想及其逐渐形成的风格迥异的诸学派。而薛瑄及其河东学派，则首开明代实学思潮之先河。

薛瑄是明初理学家，经历了明王朝由盛转衰的转折，面对局势急剧衰败的严酷现实，他开始对程朱理学进行反思，认为国势的颓败在于"人心不正"，而理学又存在"理本体"与"心本体"的内在矛盾，难以克服也难以起到"正人心"的效用。于是他主张以"正人心"特别是"正君心"来匡救时弊，重振国威。同时，他又强调"为学最要务实"②，主张"读圣贤之书，句句字字有的实用处，方为实学；若徒取以为口耳文词之资，非实学也"③。也就是说，读书应当明理务实，不能浮游于语言文字之间。他否认朱熹"知先行后"说，

---

① 朱熹：《中庸章句》，见《四书章句集注》，17 页，北京：中华书局，1983。
② 薛瑄：《薛文清公全集》，《读书杂录》卷三。
③ 薛瑄：《薛文清公全集》，《读书续录》卷三。

认为知与行相联系又相促进，不可偏废一方。薛瑄所说的"实学"虽然仍是"依朱子精思熟读、循序渐进之法"，但他强调道德践行，知行统一，"潜心体认而力行之"①。针对明代程朱理学空疏的学风，强调"求实理，务实用"。薛瑄的思想给程朱理学打开一个缺口，其学说也被称为"践履笃实之学"，开明代"实学"思潮之先河。

在明代的心学流派中也有讲实学的，如陈献章曾说："文章、功业、气节，果皆自吾涵养中来。三者实学也。"② 文章指立言，功业指立功，气节指立德，这是古人所称之"三不朽"，陈献章把它看作为学之实旨。

薛瑄之后，明代中期实学思潮的兴起，可以罗钦顺和王廷相为代表。罗钦顺（1465—1547），字允升，号整庵，江西泰和人，孝宗弘治六年（1493年）进士，历官至南京吏部尚书。王廷相（1474—1544），字子衡，号浚川，河南仪封（今兰考县）人，弘治十五年（1502年）进士，官至南京兵部尚书。他们既反对程朱理学的"理本论"、"理先气后"说，同时也驳斥阳明心学的"心本论"、"心外无理"说，认为"理只是气之理"，"理在气中"。在认识论上，他们反对"知先行后"或"现成良知"的先验论，提倡"知行兼举"的认识过程。罗钦顺主张"经世宰物"。王廷相则强调"行"即实践的重要性，认为"惟实学可以经世"，批驳脱离实际、空谈心性的流弊。罗、王重新倡导"气"一元论的哲学观点，在当时代表了学术思想的一种新趋向，即从抽象、空洞的义理心性之学向具体的现实的实证观念的转变。

明万历中期兴起的东林学派，也是倡导实学的一支重要力量。东林学派的主要代表人物是顾宪成、高攀龙，他们都是南直隶无锡（今江苏无锡）人，中过进士，做过官。万历三十二年（1604年），顾宪成、高攀龙等在无锡重修东林书院，聚众讲学。他们在讲学中评议时政，把探讨学术思想与关心国家大事结合起来。"风声、雨声、读书声，声声入耳；家事、国事、天下事，事事关心"这副著名的对联，就是东林学派倡导实学、关注国家安危的真实写照。

东林学派在理论倾向上基本是宗程朱而诋陆王，但在一定程度上又突破了程朱理学的藩篱，并赋予其更为合理的内涵。他们批评王学末流弃儒入禅的

---

① 薛瑄：《薛文清公全集》，《读书杂录》卷十。
② 陈献章：《白沙子》卷三。

"空言之弊"，力辟王阳明的"无善无恶心之体"之说，以倡明儒道为要旨。顾宪成认为："以考亭（朱学）为宗，其弊也拘"；"以姚江（王学）为宗，其弊也荡"①。他们认为，儒学之道博大精深，推而广之，则上可干王政，下能励风俗，使社会政治秩序趋于稳定。

东林学派尊崇儒家经典，但又不专重书义。他们每会，"或绅绎往古，或参酌古今，或讲究典故，或询访人物"，把学术交流和社会现实联系起来。他们讲求经世致用，反对空谈心性，倡导"有用之学"和"实行"。高攀龙曾强调："学问必须躬行实践方有益"②；"学问不贵空谈，而贵在实行也"③。他所说的"有用之学"，是要关乎百姓的日用，"学问通不得百姓日用，便不是学问"④，是要能"治国平天下"。

东林学派提出重视农业，振兴工商，士、农、工、商皆本的新思想。他们反对矿监税使的掠夺，提倡"惠商恤民"。这种进步的经济意识，与嘉靖、万历以来江南经济繁荣、新的经济因素出现和市民意识的觉醒不无关系，与他们的政治要求相统一。

东林学派的理论归宿虽然仍是为维护和巩固明朝的根本利益，但他们从治国安民的愿望出发，要求打破传统观念对人们思想的禁锢，反对学术上的门户之见，试图在程朱、陆王学派间加以调和，以达到"救世"目的。这种尝试为以后黄宗羲等人对宋明理学的清算和总结开启了端倪。当然，因当时的历史条件所限，东林学派的思想和行为仍很难跳出程朱、陆王的框架。总的来说，其学术成就不高，其经世的主张也集中于对当时一些具体决策的得失和当权人物的评议上。尽管如此，他们倡导的"有用之学"，对晚明社会思想、风尚的变化，还是起到不可忽视的作用。

（二）明清之际"实学"的兴盛

晚明江南经济的繁荣与各种新经济因素的出现是"实学"产生的基础，而明末清初的西学东渐又加快了它的发展，并掀起明清之际对科学精神的弘扬。

---

① 顾宪成：《小心斋札记》卷三。
②④ 高攀龙：《东林会语》，见《高子遗书》卷五。
③ 《东林论学语下》，见《东林书院志》卷六。

明清之际实学的代表人物有顾炎武、黄宗羲、王夫之、颜元等启蒙思想家。他们本着"天下兴亡，匹夫有责"的历史责任感，对明中期兴起的实学思潮，从复兴儒学经世传统的高度予以肯定，对经学赋予新的内容。

黄宗羲（1610—1695），字太冲，号南雷，世称梨洲先生，浙江余姚人。他师承于刘宗周，而刘宗周虽试图综合朱、王，但毕竟更多地倾向于王守仁，这对黄宗羲不无影响。他在《明儒学案》等著作中对王学给予较高评价，但惩于亡国之痛，也抨击王学末流的弊端。黄宗羲从发展社会经济文化的需要出发，对明末空谈性理的腐朽学风进行了严厉批判。他说："儒者之学，经纬天地，而后世乃以语录为究竟，仅附答问一二条于伊洛门下，便厕儒者之列，假其名以欺世。治财赋者则目为聚敛，开阃扦边者则目为粗材，读书作文者则目为玩物丧志，留心政事者则目为俗吏，徒以'生民立命、天地立心、万世开太平'之阔论，钤束天下。一旦有大夫之忧，当报国之日，则蒙然张口，如坐云雾，世道以是潦倒泥腐，遂使尚论者以为立功建业别是法门，而非儒者之所与也。"[1] 在黄宗羲看来，儒者之学，本质上是经世致用之学，只是儒学末流，空谈性理，挂上几条程朱语录，假儒者之名以欺世，排斥经世实学。他进一步从"窒息人才"的科举制来批判空谈性理的流弊："举业盛而圣学亡。举业之士亦知其非圣学也，第以仕宦之途寄迹焉尔！而世之庸妄者，遂执其成说，以裁量古今之学术。有一语不与之相合者，愕眙而视曰，'此离经也，此背训也'，于是六经之传注，历代之治乱，人物之臧否，莫不各有一定之说。此一定之说者，皆肤论瞽言，未尝深求其故，取证于心，其书数卷可尽也，其学终朝可毕也。"[2] 科举制度造成思想僵化，同时也造成中国科学技术走向落后，因此黄宗羲着眼于农业、手工业、军事发展的需要，特别主张研究"绝学"，即自然科学技术。他说："绝学者，如历算、乐律、测望、占候、火器、水利之类是也。郡县上之于朝，政府考其果有发明，使之待诏；否则罢归。"[3] 这与他反对以"工商为末"、主张工商"皆本"，是一脉相通的。他一反王学末流的空疏，注重于史学研究，强调明经通史，致力于明代文献的整理，其代表作

---

① 黄宗羲：《赠编修弁玉吴君墓志铭》，见《南雷文定后集》卷三。
② 黄宗羲：《恽仲升文集序》，见《南雷文案》。
③ 黄宗羲：《明夷待访录·取士下》，19页，北京：古籍出版社，1955。

有《明儒学案》、《宋元学案》（生前未完成，后经其子黄百家、私淑全祖望续修成书）。他创立了浙东学派，其学脉传于乾嘉以至晚清，以史学、经学成就显著，得其传者主要有万斯同、全祖望、章学诚等。

顾炎武（1613—1682）对宋明理学尤其是阳明心学的批评，较之黄宗羲更为有力。他一生为学以"当务之急"为念，讲求"经世致用"。所著《日知录》和《天下郡国利病书》，"综贯百家，上下千载，详考其得失之故，而断之于心，笔之于书，朝章国典，民风土俗，元元本本，无不洞悉。其术足以匡时，其言足以救世"①。在顾炎武看来，"神州荡覆，宗社丘墟"，正是空谈性理的"玄言"的结果，所谓"永嘉之亡，太清之乱，岂非谈空空核玄玄者有以致之哉"②。他说："刘、石乱华，本于清谈之流祸，人人知之。孰知今日之清谈，有甚于前代者。昔之清谈谈老庄，今之清谈谈孔孟……以明心见性之空言，代修己治人之实学，股肱惰而万事荒，爪牙亡而四国乱，神州荡覆，宗社丘墟。"③ 他认为明末士人这种空论良知心性的劣习，王守仁是负有责任的，"以一人而易天下，其流风至于有百余年之久者，古有之矣：王夷甫之清谈，王介甫之新说。其在于今，则王伯安之'良知'是也"④。顾炎武把明朝覆亡归因于宋明理学，特别是阳明心学，指斥王学末流"束书不观，游谈无根"的流弊，提出"经学即理学"的实学路向，要人们"务本原之学"。他重申孔子"博学于文"的为学主张，指出："凡文之不关于《六经》之指，当世之务者，一切不为。"⑤ 可见顾炎武所说的"文"是关乎"当世之务"，"有益于天下"的。这种以"经世致用"为特征的实学思想，在当时起到转移学术风气的作用。

与黄宗羲、顾炎武并称清初三大师的为王夫之。王夫之（1619—1692），字而农，号薑斋，人称船山先生，湖南衡阳人。他从哲学上驳斥了王守仁的"心即理"、"致良知"和"知行合一"说，朱熹的"理生气"、"知先行后"说的谬误，肯定"理即气之理"，"气外更无虚托孤立之理"，认为知中"亦有

---

① 潘耒：《日知录序》，见《日知录集释》上册，上海古籍出版社，1985。
② 顾炎武：《翰音登于天》，见《日知录集释》卷一，上海古籍出版社，1985。
③ 顾炎武：《夫子之言性与天道》，见《日知录集释》卷七，上海古籍出版社，1985。
④ 顾炎武：《朱子晚年定论》，见《日知录集释》卷一八，上海古籍出版社，1985。
⑤ 顾炎武：《与人书三》，见《顾亭林诗文集》，91 页，北京：中华书局，1983。

行"，行中"亦有知"。① 他揭露了心学"阳儒阴释"的本质，指出："姚江王氏阳儒阴释，诬圣之邪说，其究也为刑戮之民，为阉贼之党，皆争附焉，而以充其'无善无恶、圆融事理'之狂妄。"② 又说："王氏之徒……废实学，崇空虚，蔑规模，恣狂荡，以无善无恶尽心意知之用，而趋入于无忌惮之域。"③ 王夫之批评王学"废实学，崇空虚"，是为了"尽废古今虚妙之说而返之实"，强调"实"字的实学思想。

在清初，言功利、倡实学的颜李学派别树一帜。颜李学派的创始人颜元（1635—1704），字浑然，号习斋，直隶博野（今属河北省）人。他提倡"实学"，注重"富民教民"，批评理学家的无补于国，其中所谓有节操者不过是"无事袖手谈心性，临危一死报君王"，于经邦治国毫无助益。在教育上，他批判宋明书院"向言语文字上着力"的空谈义理的书本教育，而主张"实文"、"实行"、"实用"、"实体"并行。他晚年主持过漳南书院，所设"艺能"科，包括水学、火学、工学、象数等自然科学技术课程，这在中国教育史上为创新之举。颜元的弟子李塨传其学，扩大了影响，因此世称颜李学派。

正因为鉴于理学与心学末流给社会带来的危害，黄、顾、王、颜等人掀起的这股实学思潮不同于朱、王等人。后者是要把封建道德纲常落到实处，而前者提倡实学的根本宗旨是"经世致用"，即要从空谈心性的道德形而上学的桎梏中解放出来，代之以讲究事功、深明世务的实用学问。明清之际提倡实学的思想家们进行的广泛而又深入的文化反思，使他们成为时代精神的代言人。但是，由于阶级和历史的局限，他们不能进一步拓宽视野，"经世"传统使他们的理论摸索在摒弃了人性与天道的论究之后，为了探求与国计民生有关的实学，自然而然地趋向于以经学代替理学的道路。即使如王夫之这样对宋明理学乃至经学进行了系统而深入的批判总结的杰出思想家，也走上了"六经责我开生面"的学术路线。而顾炎武所提倡的"治经"的为学方法，成为对"经学"的考据之学的滥觞，是经世致用的实学思潮走向其反面的极好注脚，其实学宗旨遭到阉割而为统治者所利用。实学思潮的发展有着复杂的多层次的涵义，在

---

① 王夫之：《读四书大全说》，660页，172页，北京：中华书局，1975。
② 王夫之：《张子正蒙注·序论》。
③ 王夫之：《礼记章句》卷四二。

不同的历史阶段表现出不同的特点。又因实学倡导者自身禀赋、观点的差异而带有个性化特征，其历史作用和时代意义是颇为不同的。

三、山雨欲来：明清之际对专制主义的猛烈批判

晚明时期，社会经济形势的变化及中西文化的碰撞与互动，使得这一时期的学术思想呈现空前活跃的局面。名家辈出，新说迭起，学派纷呈，拓展了人们的视野，起到了思想启蒙的作用。作为皇朝正统思想的儒家礼教，也受到空前的质疑和挑战。及至清初，黄宗羲、顾炎武、王夫之、方以智、唐甄、颜元等一大批中国早期启蒙思潮的代表人物，摇旗呐喊，将理论批判的锋芒直指君主专制制度及其精神支柱——儒家政治伦理学说，倡导"法治"，提出"平等"、"自由"的观念，并对民主政体有了粗浅的朦胧意识，具有强烈的批判精神。

明清之际的启蒙思想是与当时的社会发展的历史大背景相呼应的。它既是明末农民大起义的一种折射，又是明末新社会经济因素的反映。明末李自成、张献忠领导的农民起义，把朱明皇朝打得落花流水，皇权威严扫地，神圣的"君权神授"观念一时陷于崩溃局面，剧烈地动摇着人们的传统观念，大大解放了当时先进知识分子的思想。同时，随着明中叶以来江浙等地商品经济的繁荣发展，已经出现了种种新的社会经济因素，使这些先进知识分子能够敏锐地觉察到君主制度业已"天崩地坼"，日暮途穷，从而憧憬一种不同于传统的社会政治。而明清皇朝的递嬗，满族贵族入主中原，清初统治者残酷的民族压迫和阶级压迫，使得传统文化的传承者——知识分子深刻痛切地思考：明朝为什么会覆亡？中国应向何处去？于是，一批杰出的启蒙思想家，开始对中国君主专制制度进行解剖、分析、研究、否定，在政治上对其进行空前激烈的批判，并在批判的基础上构想种种改良的政体。

戳穿中国君主制度的政治思想核心——"君权神授"的外衣，指出至高无上的君主即为"独夫"、"民贼"的本质，这是中国早期启蒙思想的"民主性精华"所在，黄宗羲的《明夷待访录》、唐甄的《潜书》就是具有这种批判精神的杰出代表作。顾炎武、王夫之、颜元等人，都是这一时期宣扬进步思想的

明末思想家黄宗羲与其著作《明夷待访录》

李贽像

《焚书》书影

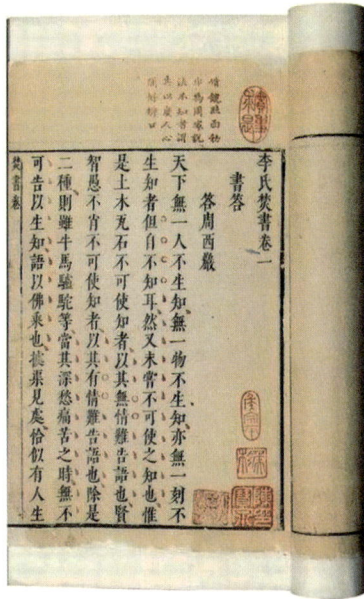

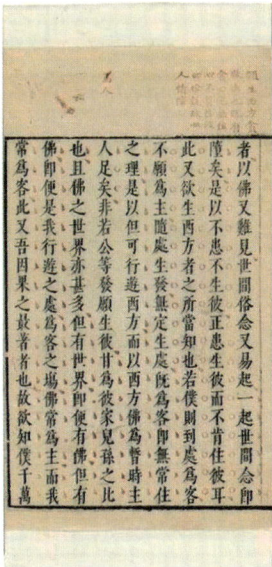

李贽著《藏书》书影。是书通篇「藏书」二字及辑者李贽均以墨涂去，可见清代禁此书之严

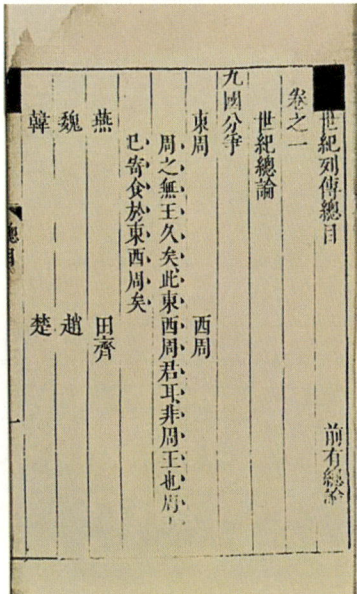

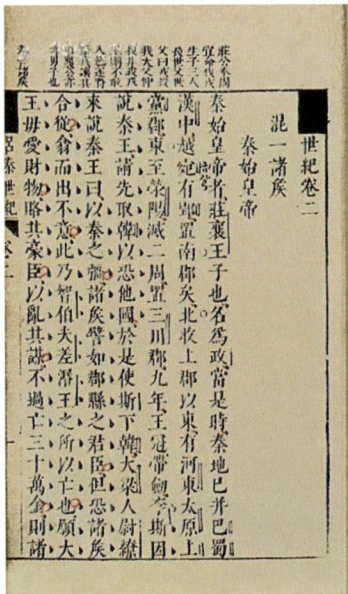

明末清初思想家顾炎武

泰州学派纪念馆

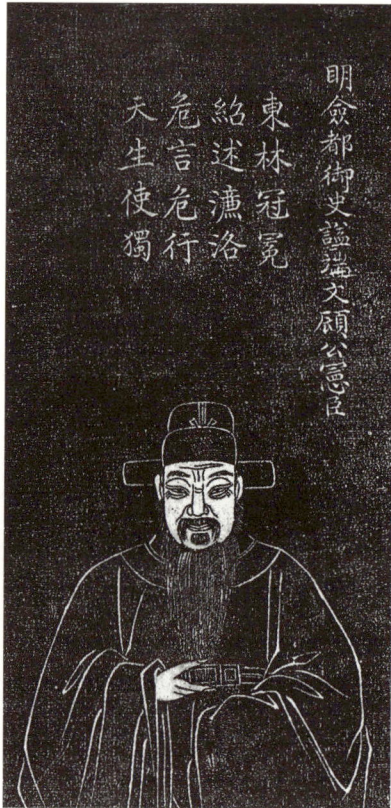

明佥都御史谥端文顾公宪成

东林冠冕
绍述濂洛
危言危行
天生使独

顾宪成

先锋。

黄宗羲"有鉴于明季秕政"，从古代思想宝库里寻觅出民本思想，又加以改造，向极端尊君论发起猛烈进攻。

首先，他针对"天下受命于天子"、臣民必须"顺上之为"等尊君论的基本观点，尖锐提出"天下"与"君"孰主孰客的问题：

> 古者以天下为主，君为客，凡君之所毕世而经营者，为天下也。今也以君为主，天下为客，凡天下之无地而得安宁者，为君也。①

黄宗羲树立了一个"天下为主，君为客"的古代理想社会，用来对照"以君为主，天下为客"的今世政治制度之弊端。当然，这类命题并非黄氏首创，它与《左传》的民为"神之主"，《孟子》的"民贵君轻"、"政得其民"的思想有着联系，仍是以古鉴今。然而，在极端君主专制笼罩下的明清之际，这种大胆的论点和犀利的论证方式，确乎是惊世骇俗的。

从"天下为主，君为客"的总论点出发，黄宗羲还把批判的锋芒直指"君权神授"论。他认为天子与庶民同贵贱，天子不过是众人中才德超群者，是人民拥戴出来为之兴利除弊的人，若无才无德，则不配做天子。出此他提出："贵不在朝廷也，贱不在草莽也"，天子若无德，则不如草野贤人；进而引申："天子之位，惟有德者乃能居之"。② 这种思想已含有明显的破除"身份"、"世袭"观念，具有深刻的进步意义。

黄宗羲一反传统尊君论对君主专制制度的美化而犀利指出，当今至高无上的君主实际上不过是一个"独夫"。他在《明夷待访录·原君》中说："今也天下之人怨恶其君，视之如寇雠，名之为独夫，固其所也。"黄宗羲指斥专制君主为"视天下为莫大之产业，传之子孙，受享无穷"。因此，君主不仅用血腥手段争夺天下，还用血腥手段统治天下："是以其未得之也，屠毒天下之肝脑，离散天下之子女，以博我一人之产业……其既得之也，敲剥天下之骨髓，离散天下之子女，以奉我一人之淫乐"。他尖锐地指出："为天下之大害者，君而已矣。"③这在当时来说，是很有胆识的。

君主专制从"君权神授"论和世袭等级制出发，全然泯灭了臣民的独立人

---

① ③ 黄宗羲：《明夷待访录·原君》，2 页，北京：古籍出版社，1955。
② 黄宗羲：《明夷待访录·原法》，6 页，北京：古籍出版社，1955。

格，把君主的权力推至极限，而臣民唯有服从君命的义务，无丝毫人格可言。黄宗羲认为这种君臣关系是极不合理的。他指出，君和臣都是为天下办事的人，臣子出仕是"为天下，非为君也；为万民，非为一姓也。吾以天下万民起见，非其道，即君以形声强我，未之敢从也"①。黄宗羲的这一君臣观继承并发扬了晏婴、孟轲等先秦民本思想的传统，将君臣关系纳入"天下"的总前提下，提出"天下之治乱，不在一姓之兴亡，而在万民之忧乐"②。接着进一步阐发合理的君臣关系为："夫治天下犹曳大木然，前者唱邪，后者唱许。君与臣，共曳木之人也。"③他把君臣关系比喻为共同拖木头的人，彼此的关系是相与唱和，共同协力。

黄宗羲还指出，君臣关系应当是师友关系，而不是主奴关系。他讥讽"今之世"的大臣们，惟君之命是听，把自己降低到宦官、宫妾的地位，"君有无形无声之嗜欲，吾从而视之听之，此宦官、宫妾之心也"④。如此论述君臣关系，确乎让人耳目一新。溯其渊源，仍能从《左传》、《孟子》中找到根据。《左传》中记载的子产、晏婴一类贤臣，《孟子》中记载的孟轲，在处理君臣关系时，都是以师傅的身份与之辩难并加以教诲。黄宗羲在新的历史条件下，明确提出君臣关系是师友关系，较之先秦民本思想又有所发展，蕴含着争取人格平等的因素，对施行"君为臣纲"的绝对尊君观念的明清之际而言，有振聋发聩的意义。

黄宗羲社会批判的锋芒还指向了君主专制制度的法制，提出"三代以下无法"的命题。这并不是说三代以下无法律条规，而是揭露历代封建王朝的"法"都是"一家之法，而非天下之法"，是"唯恐其祚命之不长也，子孙之不能有也，思患于未然以为之法"⑤。黄宗羲在否定"一家之法"的前提下，向往建立一种"未尝为一己而立"的"公法"，来保护民众"各得自私"、"各得自利"。这种以"天下之法"取代"一家之法"的法治思想，显然超越了孟轲"听政于国人"一类的观念，直逼近代法治观的边缘。

黄宗羲还强烈抗议君主专制制度的压制舆论。他承接了明末东林党人的"讽议朝政，裁量人物"的"清议"传统，主张把学校作为"清议"的重要场

①②③④　黄宗羲：《明夷待访录·原臣》，4 页，北京：古籍出版社，1955。
⑤　黄宗羲：《明夷待访录·原法》，6 页，北京：古籍出版社，1955。

所，反对由皇家操纵舆论，指出："天子之所是未必是，天子之所非未必非，天子亦遂不敢自为非是而公其非是于学校。"① 黄宗羲心目中的学校，已成为"公其非是"的论坛，连君王的指令也可以任加品评，以学校监督朝政。这一思想具有超越君主专制制度轨范，接近近代政治的意味，闪烁着民主启蒙思想的光辉。

针对"存天理，灭人欲"的程朱理学，黄宗羲针锋相对地提出了"人各得自私，人各得自利"的主张，把满足个人利益看作人们的普遍权利。但是，君主专制却"使天下之人不敢自私，不敢自利"，"为人君者……以为天下利害之权皆出于我，我以天下之利尽归于己，以天下之害尽归于人，亦无不可……视天下为莫大之产业，传之子孙，受享无穷"②。

顾炎武对《明夷待访录》甚为称赞。他在致黄宗羲的信中称是书使"自主之敝可以复起，而三代之盛可以徐还"。他说："炎武以管见为《日知录》一书，窃自幸其中所论，同乎先生者十之六七。"③

《明夷待访录》承袭了先秦民本思想，黄宗羲对此是直言不讳的。他在《原君》中强调"孟子之言，圣人之言也"，"至废孟子而不亡，非导源于小儒乎"。《明夷待访录》尽管含有近代思想的萌芽因素，但思想前导仍可以追溯到久远的往古。黄宗羲在锻冶已有颇具启蒙意味的思想时，显然是从古代哲人的朴素民主思想中得到启示。但这种借古是在新的历史条件下的一种反思和开拓，具有理性的思辨和近代政治意味，大大解放了人们的思想。

与黄宗羲一样尖锐批评君主专制的唐甄（1630—1704），字铸万，号圃亭，四川达州人。他通过对"君日益尊，臣日益卑"的君主集权过程的分析，指出："治天下者惟君，乱天下惟君……海内百亿万之生民，握于一人之手，抚之则安居，置之则死亡"④。这就必然形成"自尊则无臣，无臣则无民，无民则为独夫"⑤。专制制度下的君权，是荼毒天下之民夺来的，根本不是什么

① 黄宗羲：《明夷待访录·学校》，10页，北京：古籍出版社，1955。
② 黄宗羲：《明夷待访录·原君》，2页，北京：古籍出版社，1955。
③ 顾炎武：《顾宁人书》，见《明夷待访录》，北京：古籍出版社，1955。
④ 唐甄：《潜书·鲜君》，北京：古籍出版社，1955。
⑤ 唐甄：《潜书·任相》，北京：古籍出版社，1955。

"君权神授"，"天子之尊，非天帝大神也，皆人也"①。他进而指出，"自秦以来，凡为帝王者皆贼也"②。帝王之所以被指为贼，是由于他们在争夺天下时杀天下人而尽夺其布帛财物，"覆天下之军，屠天下之城，以取天下，是食天下之肉以为一人养也"，故"大将杀人，非大将杀之，天子实杀之……官吏杀人，非官吏杀之，天子实杀之。杀人者众手，实天子为之大手"③。等到天下安定，人民已死十之五六，郊野的暴骨未收，孑遗的哭声未绝，而帝王们又利用夺来的权力，对人民敲骨吸髓地剥削，"服衮冕，乘法驾，坐前殿，受朝贺"，而且还"高宫室，广苑囿，以贵其妻妾，以肥其子孙"④。在唐甄看来，自周、秦以来两千多年的历史，是一部帝王们争夺权力、暴政虐民的历史。唐甄发出的控诉，是历史真实的写照："杀一人而取其匹布斗粟，犹谓之贼；杀天下之人而尽有其布粟之富，乃反不谓之贼乎？"⑤专制帝王们遵循的正是这种强盗逻辑。

顾炎武、王夫之等人也对君主专制进行了批判。顾炎武明确区分国家和"天下"两个理念，他说："有亡国，有亡天下。亡国与亡天下奚辨？曰：易姓改号，谓之亡国；仁义充塞而至于率兽食人，人将相食，谓之亡天下……是故知保天下，然后知保其国。保国者，其君其臣肉食者谋之；保天下者，匹夫之贱与有责焉耳矣。"⑥后世学者把顾炎武这一观点归纳为"天下兴亡，匹夫有责"，成为中华民族爱国主义传统的一个组成部分。王夫之提出与之相似的观点："一姓之兴亡，私也；而生民之生死，公也。"⑦他强烈呼吁"公天下"，反对"以一人疑天下"，"以天下私一人"⑧。他还提出和黄宗羲"原君"相近的思想，认为如果君主肆私欲，害民生，则君主"可征，可举"。

黄宗羲、顾炎武、王夫之、唐甄等人的反君主专制的思想，同当时新经济因素的脆弱一样，无法完全跳出宗法君主制思想的窠臼。而且由于中国君主制度特有的顽固性，以清算宋明理学为契机的早期启蒙思潮并未得到健康成长，

① 唐甄：《潜书·抑尊》，北京：古籍出版社，1955。
②③⑤ 唐甄：《潜书·室语》，北京：古籍出版社，1955。
④ 唐甄：《潜书·止杀》，北京：古籍出版社，1955。
⑥ 顾炎武：《正始》，《日知录集释》卷一三，上海古籍出版社，1985。
⑦ 王夫之：《读通鉴论》卷一七。
⑧ 王夫之：《黄书·宰制》，17页，北京：古籍出版社，1956。

而只是短暂的辉煌。这种反君主专制主义的文化批判精神，虽然在清初专制政治的重压下被压抑，甚至像《焚书》、《藏书》、《明夷待访录》、《潜书》这些书或书名一样，或被禁毁，不能公之于世，只能"藏之名山，传之后人"，但其所揭示的思想，已隐约地昭示出一个新的社会即将来临。

明清之际批判专制主义的启蒙思想随着清朝统治的稳固与高压而渐趋消弭。清初，朝廷一方面全力恢复程朱理学的官方地位，并屡征博学鸿儒入仕，兴科举搜罗人才为其服务；一方面大力屠戮反清势力和民众，又屡兴文字狱，钳制敢于反抗清廷、敢于质疑程朱理学合法性、正统性的广大士人。经过清初近百年的软硬兼施，专制皇权高压下的清代实现了皇朝一统，程朱理学一统。明清之际思想文化活跃、大力抨击专制制度的气象消沉了，代之而起的是士人惧谈国事，埋首穷经于故纸堆中的考据之风。中国社会与中国文化思想陷入万马齐喑时期。

虽然如此，清代学者仍对维护君主专制制度的"存天理，灭人欲"的禁欲主义进行了冲击和批判，其中以戴震最具代表性。与程朱理学家鼓吹的"天理"不同，戴震主张情、欲说。什么是"天理"？他认为："理也者，情之不爽失也，未有情不得而理得者也。"[①] 又说："天下必无舍生养之道而得存者，凡事为皆有于欲，无欲则无为矣；有欲而后有为，有为而归于至当不可易之谓理；无欲无为又焉有理！"[②] 无情无欲也就根本不存在理学家的所谓"理"，理与情、欲不能分离，理在情、欲之中，实际上也就是在人的日常生活之中。戴震明确指出："人伦日用，圣人以通天下之情，遂天下之欲，权之而分理不爽，是谓理。"[③] 因此，"圣人治天下，体民之情，遂民之欲，而王道备"[④]。

戴震的情、欲，与宋以来理学家的"存天理，灭人欲"是根本对立的。他以此为基点，对理学家进行了尖锐的批评。戴震揭穿了理学家的"辨理欲"，是把百姓日常生活中的"饥寒愁怨、饮食男女、常情隐曲之感"都视为罪恶的"人欲"，抹杀人的正常的生活要求，"其所谓'存理'，空有理之名，究不过绝情欲之感耳"。[⑤] 戴震尖锐地批评理学家是"以理杀人"。他说："尊者以理责

---

①②③④ 戴震：《孟子字义疏证》，见《戴震集》，265 页，328 页，323 页，275 页，上海古籍出版社，1980。

⑤ 戴震：《孟子字义疏证》，见《戴震集》，327～328 页，上海古籍出版社，1980。

卑，长者以理责幼，贵者以理责贱，虽失，谓之顺；卑者、幼者、贱者以理争之，虽得，谓之逆……上以理责其下，而在下之罪，人人不胜指数。人死于法，犹有怜之者；死于理，其谁怜之?"① 他还说："圣人之道，使天下无不达之情，求遂其欲而天下治。后儒不知情之至于纤微无憾，是谓理。而其所谓理者，同于酷吏之所谓法。酷吏以法杀人，后儒以理杀人，浸浸乎舍法而论理死矣，更无可救矣!"② 程朱理学是清政府的官方哲学，是维护清朝专制统治的思想工具。雍正、乾隆年间，文化专制严酷，文字狱盛行，戴震敢于如此尖锐地抨击理学家"以理杀人"，可谓是黑暗王国中放出的奇光异彩。戴震的《孟子字义疏证》以其反理学而受到排斥、指责。如道光年间方东树的《汉学商兑》，即肆力抨击《孟子字义疏证》，指责其"厉禁言'理'"，"自是宗旨祖述，邪诐大肆"。晚清宋恕感慨说："东原自言：'一生著述之大，为《孟子字义疏证》，所以正人心也。'居之号宗戴学者，乃外此书而尊其考据小品，东原有灵能无痛恨!"③ 但是，戴震的后学如焦循、凌廷堪、阮元等，受其影响，继承其反理学思想，由训诂考据而及于义理。焦循认为："东原生平所著书，惟《孟子字义疏证》三卷、《原善》三卷，最为精善，知其讲求于是者，故临殁时徒来于心。则其所谓义理之学，可以养心者，即东原自得之义理，非讲学家《西铭》、《太极》之义理也。"④ 凌廷堪精研《礼经》，著《礼经释例》。他受戴震批评理学家的"理"的影响，提出"以礼代理"，认为圣人言礼不言理，"礼之外，别无所谓学也"⑤。阮元著《性命古训》、《论语论仁论》、《孟子论仁论》，由"训诂以明义理"。他很赞赏凌廷堪的"以礼代理"，也认为"理必出于礼"。

———————————

① 戴震：《孟子字义疏证》，见《戴震集》，275 页，上海古籍出版社，1980。
② 戴震：《与某书》，见《戴震集》，188 页，上海古籍出版社，1980。
③ 宋恕：《六字课斋津谈》，见《宋恕集》上册，89 页，北京：中华书局，1993。
④ 焦循：《申戴》，见《雕菰楼集》卷七。
⑤ 凌廷堪：《重复礼上》，见《校礼堂文集》，27 页，北京：中华书局，1998。

第三章

中西文化的冲突与融会

  明末清初，以欧洲天主教耶稣会传教士为媒介翻开了中西文化交流史上的重要一页。西方耶稣会传教士来华，不仅是传播宗教，而且为殖民者的侵略服务，但是他们也带来了西方文化；与此同时，中国文化也传入欧洲，对欧洲社会文化产生了影响。西方文化在中国的传播，引发了中西文化的碰撞与融会。

一、西方文化的传入

（一）耶稣会传教士来华

  耶稣会来华传教有一个复杂的政治背景。当时欧洲的教会在文艺复兴的鼓舞下，试图追随欧洲商人的足迹向东方开展传教运动。欧洲的天主教在 16 世纪初马丁·路德（Martin Luther）的宗教改革中失去了许多信仰的领地。罗马教廷便希望通过它属下的教派寻找新的传教区，欲复兴旧教，并因此创立耶稣会，励志自新，以与新教抗衡。耶稣会的组织与训练甚为严格，所订规章，多为矫正中古教会制度颓废而设。凡为会中修士者，必须先忏悔其生平过错，并受两年祈祷及苦行的训练，誓言甘受贫苦，严守贞洁，谨从教规。其后再受大学教育五年，再从事于教会中多种服务五六年，二十八至三十岁时，又受神学之训练四年至六年。此后方成为正式教士，分派各地传教。同时耶稣会士独重学问，诸如天文、历法、地理、数学以及伦理、哲学、方技、制造等等，无不力求学习。这也成为耶稣会士日后在中国传教受挫的情况下仍不畏艰难力求开拓传教事业的原因。

1541 年 4 月 7 日，耶稣会创办人之一弗朗西斯·沙勿略（Francis Xavier，1506—1552）启程从里斯本到东方传教。他于 1552 年 8 月的最后一周登上离广州仅 30 海里的上川岛，终因明朝海禁而滞留在那里，同年 12 月于该岛去世。沙勿略虽没能踏上中国大陆一步，却象征性地为基督教来华传教开辟了一条通道。1577 年（明万历五年），意大利耶稣会士范礼安（Alessandro Valignano）到达澳门，他被称为“耶稣会赴华工作的决策人”。1579 年 7 月，意大利耶稣会士罗明坚（Michelle Ruggieri）到达澳门。1582 年，在两广总督陈瑞的许可下，罗明坚带另一名耶稣会士巴范济（Francesco Pasio）到广东肇庆居住。不久，又返回澳门。

利玛窦（Matteo Ricci）是罗马天主教在中国传教的真正奠基人。利玛窦生于 1552 年 10 月 6 日，出生于意大利马切拉塔（Macerata）一个贵族家庭。他在十六岁时被父亲送往罗马学习法律，很快就加入耶稣会。在著名数学家克里斯托弗·克拉维斯（Christopher Clavius）指导下，利玛窦学习了哲学和数学。这位数学家是开普勒（J. kepler）和伽利略（Galileo Galilei）的朋友。1578 年，利玛窦被派往印度，在那里呆了四年，直到被重新确定为赴中国传教的人选。1582 年 8 月 7 日，利玛窦到达澳门，与罗明坚一道学习汉语。1583 年，他与罗明坚到肇庆，在两广总督郭应聘批准的一块土地上，建造了中国内地第一座天主教教堂。明神宗万历二十四年（1596 年），利玛窦就任耶稣会中国传教团监督。万历二十八年十二月二十一日（1601 年 1 月 24 日），利玛窦抵达北京，向万历皇帝进赠礼物，并上奏疏。万历皇帝收下各种礼物，召见利玛窦，待之以上宾之礼。后又经礼部官员周旋，终于准许利玛窦在宣武门内东首择第而居。以后，利玛窦在京城度过了他一生的最后十年，试图对明朝宫廷产生影响，直至万历三十八年闰三月十九日（1610年5月11日）病逝。利玛窦死后，万历皇帝在北京阜城门外赐地予以厚葬。

中国文明有完备的体系和鲜明的个性，任何外来意识形态（包括宗教）要想在中国站住脚，并扩大影响，都绝非易事。16世纪50～70年代，沙勿略等耶稣会士来中国传教，均遭失败，利玛窦在中国的活动也屡屡受挫。在中国的耶稣会士为调解基督教与中国文化遇到了巨大的困难。将欧洲的基督教在中国重新定位是一种文化转换，要求传教士本人首先要实现文化及思想观念的转换。这绝不是一项轻松的任务。利玛窦清楚地认识到，为了能使基督福音在中国顺利传播，传教士必须放弃他们欧洲人的种族优越和文化优越的态度，传教士本人要成为"中国人"。在中国留居的二十多年间，利玛窦逐渐摸索到行之有效的文化调解和传教策略，简单说来就是"由上至下，学术前导，合儒辟佛"。

利玛窦相信使中国统治阶级皈依基督教是使整个国家基督教化的关键。在他之前的沙勿略就有过类似的设想，认为在东方国家传教应从上层着手。利玛窦的前驱者罗明坚1580年（万历八年）到中国南方，就极力与两广总督、肇庆府知府等明朝官僚交结，向他们赠献日晷、羽翎、自鸣钟、三棱玻璃镜等"方物"，从而取得进入肇庆的许可。面对中国的众多人口和它的专制政府，耶稣会传教士把对上层传教作为主要工作。

初抵肇庆，利玛窦并没有急于向中国官员传教布道，而是采取迂回的手法，在客厅展出能代表当时欧洲文明的许多东西，让官员们参观。如手抱婴儿的圣母玛利亚油画像、各种精制的钟表、印工巧妙的画册，而最为震撼人心的展品，是一张西文的世界地图。中国人过去所见到的地图，都是将中国绘在世界的正中央。为了迎合中国人的心理，利玛窦客厅悬挂的这幅地图，有意把中国画在世界的中央，而且中国以外还有许多大国，这使参观的中国士人既惊讶，又开阔了眼界。

为了真正进入中国社会，耶稣会士们确实下了一番功夫。他们"习华言，易华服，读儒书，从儒教，以博中国人之信用，其教始能推行"①。如利玛窦的意大利姓名是玛泰奥·利奇（Matteo Ricci），但为了带上中国姓名的韵味，他自称姓"利"名"玛窦"。在服饰方面，利玛窦等人初入华时，着和尚袈裟，到南京以后，听从士人的建议，改服儒士长衫，以优游于士大夫群中。为了借助中国传统的语言文字和思想宣传天主教义，利玛窦从在澳门开始，便潜心于钻研中国典籍，"至于六经、子、史等编，无不尽畅其意义"。他在《上明神宗疏》中自称"颇知中国古先圣人之学，于凡经籍亦略诵记，粗得其旨"②。加之利玛窦每到一地，即对当地社会、政治、地理、经济、文化及官吏的政治态度做一番调查，因而对中国的政坛格局以至于民间的风俗习惯均有所了解。他"对于下层社会，则以浅易演说，讲明基督教之福音；对于士人社会，则用流畅醇雅之汉文，从科学上立论，渐次说及基督教之精神，使之自然感化"③。就当时的情况看，利玛窦的活动确实引起了社会上层人士的广泛兴趣。许多名儒、高官、王公、总督争先恐后拜会利玛窦，或者在利玛窦来访时热情款待。著名思想家李贽给友人的信中谈及利玛窦，说他"住南海、肇庆几二十载，凡我国书籍无不读"④。利玛窦可以称得上是西方"汉学家"之先驱，并开始用中文著书立说，以扩大基督教的影响。

利玛窦与中国上层人士打交道，不仅靠他对中国文化的理解，也靠他拥有的西方科学知识。他发现中国人似乎对他从欧洲带来的那些机械装置比他的外国宗教更感兴趣，这也是他吸引士人注意并赢得尊敬的本钱，有效地帮助他在中国立足。而这一策略一直贯穿了明清两代西方传教活动的始终。

耶稣会传教士在中国的传教活动，从利玛窦开始的近二百年中，有着可考者约七十人。除利玛窦外，主要有艾儒略（Giulio Aleni）、金尼阁（Nicolas Trigault）、邓玉函（Jean Terrenz）、汤若望（Johann Adam. Schall von Bell）、南怀仁（Ferdinand Verbiest）等。

---

①② 柳诒徵：《中国文化史》下册，661页，北京：中国大百科全书出版社，1983。

③ 稻叶君山：《清朝全史》，转引自柳诒徵：《中国文化史》下册，662页，北京：中国大百科全书出版社，1983。

④ 李贽：《续焚书·与友人书》，36页，北京：中华书局，1959年。

（二）西方科技的传入①

出于在中国传教的需要，西方耶稣会传教士也传播欧洲的自然科学知识，对中西文化交流起了重要作用。其中在天文历法、数学、地图学等方面影响较大。

1. 天文学

西方天文学由利玛窦首先传入。他介绍了有关日食和月食的原理，七曜与地球体积的比较，西方所测知的恒量及天文仪器的制造等。其著作主要有《浑盖通宪图说》、《乾坤体义》等。

明代历法使用大统历、回回历推算，久有误差，于日食尤为明显。崇祯二年（1629 年）改用西法，设历局。徐光启被委任主持修改历法，李之藻辅助。聘请耶稣会士龙华民（Nicolo Longobardi）、邓玉函、罗雅各（Giacomo Rho）、汤若望等译书测算，参与修历工作。当时精通中西历法的人员和传教士合作编译了一大批书籍，由徐光启主持编制。徐光启于崇祯六年（1633 年）去世后，由李天经续成，编为一百三十七卷，名为《崇祯历书》。《崇祯历书》采用丹麦天文学家第谷（Tycho Brahe）的宇宙体系，介于哥白尼（N. Copernicus）的日心体系和托勒密（Ptolemaeus）的地心体系之间，认为地球是宇宙的中心。书中介绍了哥白尼、第谷、伽利略和开普勒等人的天文数据和科学成果，引入地球经度、纬度概念以及有关的测定和计算方法等。书中明确指出七曜和地球距离不等，提供了七曜距地的具体数值，提出蒙气差的改正数值，在推算技术上引进几何学、三角学方法，采用一套与中古天文学度量测度不同的制度。这些都比中国传统历法进步。

顺治元年（1644 年），被清政府任命为钦天监监正的耶稣会士汤若望（德国人，1582 年来华），把《崇祯历书》删为一百零三卷，改称《西洋新法历书》，上呈清政府，被赐名《时宪历》，予以颁行通用。汤若望还撰有《西洋测历法》、《历法西传》、《新历晓惑》、《新法表异》等。在《历法西传》中，汤若望从天文学的角度肯定了伽利略在天文观测上取得的伟大成就，对中国引进和

---

① 本部分参考方豪：《中西交通史》下册，长沙：岳麓书社，1987。

仿制也做出了贡献。

康熙时任钦天监监正的南怀仁（比利时人，1659 年来华），在传播西方近代历法知识方面，也有较大贡献。他主持设计、监造了六件大型铜仪——黄道经纬仪、赤道经纬仪、纪限仪、天体仪、地平经仪和地平纬仪等。这些仪器于康熙十三年（1674 年）安置在北京观象台。南怀仁还著有《灵台仪象志》，详细介绍它们的制造、安装、使用方法，并绘图说明使用这些仪器测得的各种记录。他还在汤若望编译的历书和二百年历表的基础上，推算出之后二千年内的天文数据，编为《康熙永年历法》三十二卷，为以后的天文观测提供重要参考资料。

乾隆时，德国耶稣会士戴进贤在钦天监任职。他与葡萄牙耶稣会士徐懋德用新的数学方法推测日食，修日躔、月离二表，又增补表解图说。乾隆七年（1742 年）编成《历象考成后编》十卷，输入法国天文学家噶西尼的理论，内含有关椭圆的数学知识以及牛顿计算地球与日月距离的方法，使中国数学增加了一些新的内容。他还讲授 17 世纪德国天文学家开普勒发现行星运转椭圆轨道的理论。乾隆十五年（1750 年），他修改《灵台仪象志》，重新测算量表，编成《仪象考成》三十卷。此书以英国《佛兰斯梯德星表》为底本，经实测编成，不仅使星表的精确度提高，星数增加，而且对《灵台仪象志》中的星名系统、归属星座、星号等做了大量调整，由此形成的星名系统使中国传统星象开始向国际通用星象口径过渡。

18 世纪中叶，法国传教士蒋友仁刊印《坤舆全图》，附有《坤舆图说》。书中介绍了哥白尼的日心说，阐明太阳与地球运转的关系，论述了地球运动的原理。当时英国制造的演示哥白尼学说的天文仪器也传入中国。一架七政仪，一架浑天合七政仪。它们的引进推动了蒋友仁对日心说的介绍。

2. 数学

从西方传入的有关数学知识的第一部著作是利玛窦与徐光启合译的欧几里得的《几何原本》（前六卷），这对于欧洲天文学、数学基础的几何学的了解和研究，是一个有益的开端。利玛窦与李之藻合作翻译的《同文算指》，是介绍西方笔算的第一部著作。该书主要依据克拉维斯的《实用算术概论》和程大位的《算法统宗》，中西算术在书中第一次汇合。全书十卷，分前编二卷，通编八卷，附有别编，原书前编第十章未译。前编主要论整数和分数的四则运算。通编内容有比例、比例分配、盈不足问题、级数、多元一次方程组、开方、带从开平方。又收录了《算法统宗》的难题和《勾股义》、《测量法义》等。此书介绍了西方算术笔算法，比中国传统的珠算、筹算更为简便。利玛窦与徐光启合译《测量法义》是一部测量学著作，《比例规解》则介绍了伽利略发明的比例规。利玛窦与李之藻合译的几何学论著《圜容较义》则专论圆的内接外接。

介绍三角学和球面三角学的专门著作，有邓玉函《大测》二卷、《割圆八线表》六卷，罗雅各《测量全义》十卷。《大测》主要依据托勒密的《数学大全》编成。《割圆八线表》是有度有分的五位小数三角函数表，是对英国数学家耐普尔在1614年完成的对数的最早介绍。《测量全义》介绍的平面三角学和球面三角学，在数学中开辟了新的研究领域。该书卷五介绍了阿基米得三大定律，使之初次传入中国；卷六介绍了圆锥曲线和多面体，椭圆面积和椭圆旋转体积及多面体；增补了古代中国的数学内容，对清代数学的进一步发展有所裨益。

清初，波兰传教士穆尼阁把近代数学先驱之一的英国数学家耐普尔发明的对数介绍到中国，并介绍了对数解球面三角形的方法。他去世后，根据他所传授的知识，他的学生薛凤祚编成《历学会通》，分正集、考验部、致用部。其中数学著作有《比例对数表》一卷，《比例四线新表》一卷，《三角算法》一卷，所列对数都是小数六位。《三角算法》进一步介绍了平面三角和球面三角，球面三角除《崇祯历书》中的正弦、余弦定理外，还有半角公式、半弧公式、弧式比例式。

康熙帝喜欢天文、数学等自然科学，曾让法国传教士白晋、张诚讲授数学。张诚翻译了大量数学著作，根据法国人巴蒂的《应用几何》译为《几何原本》七卷，附《算法原本》一卷。接着，张诚又译出《算法纂要总纲》、《借根方算法节要》、《勾股相求之法》、《测量高远仪器用法》、《比例规解》、《八线表根》等。

康熙五十二年（1713年），康熙帝命梅瑴成与明安图、陈厚耀、何国宗等人负责，在白晋、张诚等人数学译稿基础之上，历时三十一年，编成《数理精蕴》五十三卷，连同《历象考成》四十二卷，《律吕正义》五卷，合称《律历渊源》一百卷。

《数理精蕴》是西方数学传入中国后的集大成之作。上编五卷，"立纲明体"。第二、三、四卷为《几何原本》；第五卷收录《算法原本》，讨论自然数的性质，是小学算术的理论基础。下编四十卷，"分条致用"。卷一至卷三十为实用算术；卷三十一至卷三十六为《借根方比例》，介绍当时传入中国的代数学知识；卷三十八为《对数比例》，详细介绍英国数学家耐普尔在1614年发明的对数，并介绍了对数制作的三种方法；卷三十九、四十是《比例规解》。又表八卷，为《八线表》、《对数表》、《对数阐微表》、《八线对数表》。书中还介绍了西洋计算尺，是我国最早关于计算尺的介绍。这本书成为清时国人研究西方数学的重要书籍，曾产生重大影响。

法国传教士杜德美于康熙四十年（1701年）来华，传入割圆九术，讲授正弦、正矢和圆周率的级数展开式，著《周径密率》一卷、《求正弦、正矢捷法》一卷。

3. 地理学

世界地图是由利玛窦带入中国的，尤以明万历三十年（1602年）绘制并用汉文注释的《坤舆万国全图》最为完善。地图附有自撰图解，介绍了地球为圆形、地球大小、西方经纬制度法、五大洲三大洋的地理位置、五带的划分法等地理学知识。图中的许多译名，如亚洲、欧洲、大西洋、地中海、罗马、古巴、加拿大及南极、北极、赤道等，一直沿用至今。图中中国部分比较精详，广泛吸取各种中国舆图的特长。南怀仁和蒋友仁也各绘有《坤舆全图》。南怀仁的图中增绘了澳洲。

利玛窦的《乾坤体义》，中卷涉及自然地理。意大利传教士艾儒略到中国后，才传入较系统的世界地理著作，介绍世界各国情况。明天启三年（1623年）刊印的艾儒略翻译增订的《职方外纪》五卷，介绍诸大洲各国风土民情、山川形势、气候、名胜，是中文译著中第一部丰富系统的世界之地理专著。作为传教士的作品，书中贯穿了宗教神学观点，宣扬世上万物都是上帝这个"造物主"所恩赐的。艾儒略还著有《西方问答》二卷，分条介绍西方风土、西洋海陆通路、物产风俗。南怀仁为说明《坤舆全图》，再著《坤舆图说》二卷。上卷总述自然地理，下卷分四大洲叙说，最后是四海总说。上卷大致根据利玛窦的著述，下卷多采自《职方外纪》。

18世纪初，在康熙帝亲自主持下聘用西方传教士完成了全国地图的测绘。这不仅在中国，在世界测绘史上也是前所未有的壮举。这项工作由法国传教士白晋、雷孝思和杜德美等人带领，采用西方经纬图法、三角测量法和梯形投影法，先从长城、直隶一带测起，在全国各地设六百四十一处测量点，经过由传教士和中国人共同组成的测量队的工作，经十年终于绘成具有相当水平的《皇舆全览图》。这在世界科技史上具有非常重要的意义，它以地球形体来定长度的方法在世界上是最早的，比西欧各国要早一百年。

雍正帝继承了康熙帝用西方传教士测绘地图的事业，编绘了十排《皇舆图》。该图除了标列我国东北、蒙古、新疆、西藏及内地十五省的地形、政治和军事情况外，还绘有西伯利亚、帕米尔以西地中海以东的中亚地区的山川和居民等地理情况。这在沙俄不断向亚洲扩张的时候，对于了解和处理西北边疆的军事、外交、外贸和交通等问题，有重大的现实意义。

乾隆时继续康雍时的测绘工作，乾隆二十六年（1761年）完成《西域图志》。后来又由蒋友仁总编，制成以亚洲大陆为主，分成两半球的中外大地图，称《乾隆内府舆地图》。该图关内各省地名大致和康雍时地图相仿，而在西部却大有增加。范围北抵北冰洋，南至印度洋，西到红海、波罗的海和地中海，是一幅名副其实的完备的亚洲大陆地图。

4. 火器制造

明代中叶开始，明军在与葡萄牙侵略军的战斗中，夺得一部分火铳和炮（称佛郎机）。当时一些官员认识到这些新式火器的先进之处，于是由明政府批准，开始仿制。明末，为抵抗满族的攻势，明政府几次购募葡萄牙炮、火器，并努力自铸西式火炮。这时，满族军中已能仿造"红衣大将军炮"。康熙为了平定三藩叛乱，授命南怀仁督造西洋新式大炮，大小共一百二十门。后又造三百二十门，并铸神威炮二百四十门。这种新式火炮更加坚固，威力更大。

关于西方火器制造技术的著作，主要有汤若望的《火攻挈要》和南怀仁的《神威图说》。《火攻挈要》又名《则克录》，分上、中、下三卷。上卷介绍制造火器的方法，列举铳、弹、铳车、狼机、鸟枪、火箭、喷筒、火罐、地雷的制造等；中卷说明火药的制造和各铳的试放、装置和运用法等；下卷是火攻秘要，介绍守城、海战、炮战原则。《神威图说》主要叙述铳炮的原理，并附有图解。

5. 物理学和机械制造术

西方的机械制造、物理学知识也从明代开始传入中国。意大利人熊三拔所著《泰西水法》是第一部介绍西洋农田水利技术的专著，共六卷，论述龙尾车、恒升车、水库及药炉等器械，并附图说明，主要介绍了取水蓄水的方法和器具。

系统地介绍西方机械工程学的著作最早的是邓玉函的《远西奇器图说录最》三卷，简称《奇器图说》。所录奇器，依切、便、精三原则选择。凡切于民生日用，国家工作，便于成器，工费非巨，精于同类器物、非繁非重者，录入书中。卷一讲解物理学基本原理，如重、重心、重容、比例等问题。卷二讲机械学基本知识，如天平、杠杆、滑轮、斜面等。卷三讲各种奇器的具体制作方法。

6. 医药学和生物学

西方医学传入中国，初期大都是传教士宣教时附带论及，专著则以邓玉函的《泰西人身说概》二卷为早，这是最早传入的解剖生理学论著。书末附有熊三拔的《药露说》一卷，介绍西药，并有蒸馏及制造药炉等仪器的图说，是最早讲解西药制造技术的专著。此外，《泰西水法》卷四《药露》和艾儒略的《西方问答》，都有部分篇章涉及西药制法。清初药物学专著《本草补》，由墨西哥传教士石铎琭传入。书仅一卷，内容分为石类、水类、木类、草类、兽类、虫类等。

康熙帝患疟疾，由传教士洪若翰用金鸡纳霜治愈后，西医、西药受到重视。后来，精于外科又善于制药的法国罗德先，为康熙帝治好了心悸症和上唇瘤，对西医在中国的传播也起到积极作用。

清初，白晋和巴多明曾合译《人体血液循环和但尼斯的发明》，有抄本流传于北京。康熙帝曾命法国传教士巴多明将法国人皮理的《人体解剖学》译成满文，后又译成汉文，但未能面世，只藏于宫内。

西方生物学知识最早见于中文著作的是译自西班牙的《自然法的修正和改进》，称《无极天主正教真传实录》。书中第一至第三章宣扬天主教义，第四章

利玛窦像

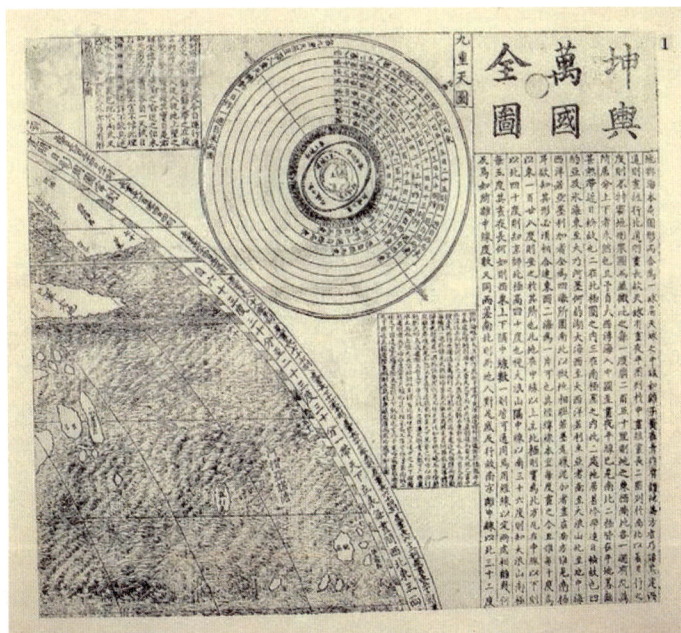

利玛窦《坤舆万国全图》

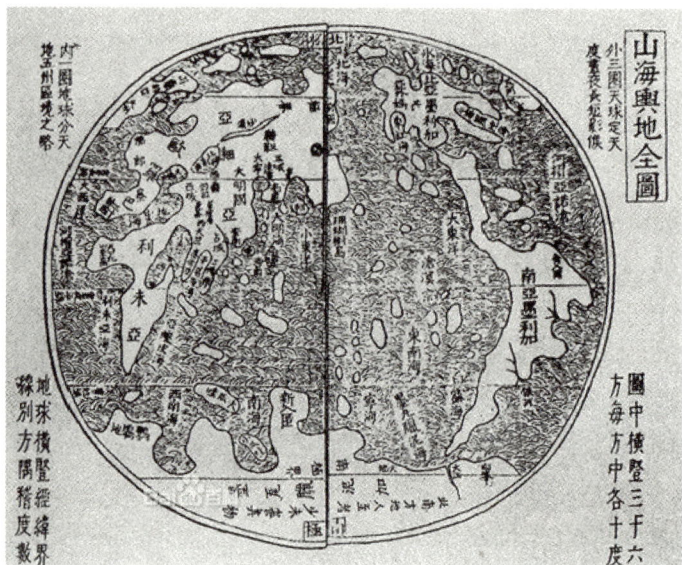

利玛窦编制的《山海舆地全图》

利玛窦（左起）与汤若望、南怀仁画像

汤若望像

北京宣武门教堂

南怀仁像

南怀仁《坤舆图说·贵州全省苗图写本》

88

论地理，第五章述世界万物之事实，第六章谈各地草木的类别，第七章论各地禽兽，第八章论世间禽兽的饮食，第九章论世间禽兽的用药。

另外，传教士卜弥格、巴多明、汤执中、韩国英等注重采集植物标本，并分类研究，取得一定成绩。

7. 音乐

明末，西洋音乐和乐器传入中国。罗明坚、利玛窦到中国，都随身带有乐器。利玛窦曾进呈西洋铁弦琴给明万历帝。宗教音乐和管弦乐器也流入内地。清代宫廷中曾组织了一个小型西乐团。

清代西洋乐理，特别的是五线谱传入。康熙帝对西洋音乐颇有兴趣，曾命德理格向皇三子、十五子、十六子讲授西洋乐理。康熙五十二年（1713 年），康熙帝诏令编纂《律吕正义》五卷。前四卷是"御纂"，主要对中国古代的音乐理论加以整理。第五卷即《律吕正义续编》，由徐日昇、德理格合编，专门论述西洋乐理，并附有插图，系统地介绍了西洋乐理。书中所述乐理，一是乐音谐和，一是曲调编排。该书在实际演练上有所裨益，是一部把乐理与实用较好地结合在一起的西洋音乐著作。

8. 建筑

16、17 世纪在中国出现的西式建筑，大都由基督教会出资兴建，澳门、北京、杭州等地都有。澳门的民居多采用西式；北京宣武门内教堂，原由汤若望按中国式建筑建造，后徐日昇、闵明我改建成西式；杭州天主堂，由意大利耶稣会士卫匡国兴建。另外，西式建筑也在广州、扬州、安庆等地成为民间建筑式样。

清代所建西式建筑中最宏大的是长春园中的欧式建筑。乾隆十二年（1747年），长春园开始兴建欧式宫殿，由意大利人郎世宁设计，法国人王致诚、蒋友仁协助建造。他们的合作，使园内的欧式建筑成为意大利和法国巴洛克建筑的混合体。

二、中学西传及影响

文化的交流与影响历来都是双向互动的。自 16 世纪以来，来华传教的天主教耶稣会士便辗转于欧亚之间，不经意间成为东西方文化交流的桥梁。西方的科学技术令中国的士大夫惊叹不已，被视为神秘之国的中国文化亦引起了欧洲人的好奇。

欧洲人最早知道有中国，大概是在先秦之时，然而其印象极为模糊。西汉之际，中、欧间的交通往来逐渐增加，但欧洲人对中国的地理知识了解仍甚少。唐宋间，中国与阿拉伯的交通颇为繁盛。在阿拉伯地理学家的著述中，多次谈到有关中国的情况，借此欧洲对中国的情况有了初步的了解。及至元代，蒙古势力进入欧洲，罗马教廷数遣教士东来和林、大都等地。而意大利的商人也继之东来，居留中国内地。这些人回国后，多有纪行问世，马可·波罗便是其中颇有影响的一位，这对于欧洲人了解中国起到了积极的作用。然而，中国学术文化真正传入欧洲的开端者，则是明末清初的耶稣会传教士。为了顺利开展他们的传教事业，耶稣会士学习和研究了中国语言文字，又因为礼仪之争辩，迫使他们又要对儒家思想有所通晓，于是开始用多种文字翻译儒家经典。此外，在宫廷中供职的教士又与明、清官员接纳往来，遂又通习满、蒙文字，这便为他们传播中国文化做了基本的准备。17、18世纪，西方传教士翻译或著述有关中国历史、地理等书籍，其可考者颇多，流行于欧洲各地。18世纪前后，欧洲正处于浪漫主义时代，古代中国卓越的创建，引起他们的惊叹与倾慕，并成为他们梦寐以求的幸福生活的象征。于是，一股"中国热"源起于意大利，并很快风行西欧各国。

西方传教士来华后，开始攻读中国典籍，这虽然可视为中学西传之前奏，但影响不是很大。经籍西渐，必须依赖于翻译。而利玛窦深通中国典籍，"于六经、子、史等编，无不尽畅其意义"。据载，万历二十一年（1593年），利玛窦曾将《四书》译成拉丁文，寄回本国。此外，又通过著作、书信，向欧洲人谈及中国的政治、经济、文化状况和风土人情。传教士为学习汉语，渐而编制字典一类书籍，较早有利玛窦和罗明坚合编的《葡汉字典》。利玛窦晚年，曾根据平常的日记写成回忆录。他死后，由耶稣会士金尼阁于万历四十二年（1614年）带回罗马，经增修，并从意大利文译为拉丁文，次年印行，名为《基督教远入中国史》，后改称《利玛窦札记》（或日记、笔记等），其中广泛介绍了中国的政治、经济、文化、风俗。此书出版后，在欧洲引起轰动。"它重新打开了通往中国的门户", "打开了中国与欧洲关系的新纪元"。①

在早期来华耶稣会士编制的中西文字典中，值得提起的，是金尼阁的《西儒耳目资》。该书明天启六年（1626 年）刊于杭州。书共三卷，分别为译引首谱、列音韵谱、各列边正谱，为汉字拉丁化注音，以帮助中国人学习西洋文字，且利于吸引人们加入天主教。

天启六年，金尼阁将《五经》译为拉丁文，并在杭州刊印。此外，郭纳爵等二人合译的《大学》和《论语》的第一部分，名为《中国的智慧》，殷铎泽于康熙元年（1662 年）编刻于江西建昌。康熙六年（1667 年）、八年（1669年），殷铎泽又分别在广州和印度果阿出版几位耶稣会士翻译、修订的《中庸》，称为《中国的政治道德学说》。这些书都是拉丁文本。当时欧洲盛行拉丁文，因此以拉丁文翻译的中国经典，便很容易被传播。康熙以降，来华传教的耶稣会教士逐渐以法国人居多。法国国王路易十四希望促成东西方之间的文化沟通，对于传教士在学术交流方面的贡献大加奖励并协助。于是，这之后对中国典籍的翻译介绍法国人居于首位。据统计，18 世纪在华耶稣会士翻译中国典籍刊印的为三十七种，其中法国人翻译的占三十五种，内容包括经书、子书、史书和诗文词曲等，相当广泛。此外，这些传教士还撰写了为数颇多的关于中国的作品，如对经书的研究、有关中国古史的撰述等。②

在耶稣会士的译介下，18 世纪，中国文化大规模传入欧洲。中国的绘画、建筑、戏剧、诗歌、陶瓷、丝绸及典章文物，风靡于西欧和南欧，被称作"罗柯柯艺术"、"启明时代"、"感情主义时代"。莱布尼兹，沃尔弗，伏尔泰，歌德，法国的百科全书派，以及以魁奈为首的重农学派，都在不同程度上受到中国文化的影响。而这批欧洲文化巨人所了解的中国文化，主要是 17 至 18 世纪来华耶稣会士译介的，因而来华传教士们的工作在"中学西渐"的历史上也是有贡献的。

18 世纪，欧洲掀起了启蒙运动，主张尊重理性，尊重自由，反对封建专制主义和教会的神权统治。这场运动的思想渊源，是同耶稣会士将中国文化西

---

① 《利玛窦札记·英译者序言》，29、31 页，北京：中华书局，1983。

② 参见张国刚：《明清传教士与欧洲汉学》，167～169 页，北京：中国社会科学出版社，2001。

传欧洲分不开的。

在欧洲启蒙运动中，法国启蒙思想家受耶稣会士西传的中国文化的影响甚为明显，其中尤以伏尔泰为突出。伏尔泰被称为"中国热学者"。他十岁时进入耶稣会大路易学院就读，就从神父那里得到有关中国的最初知识。成年后，伏尔泰会见过二十多位游历过中国的人，并自认读过所有谈论中国的著作。他曾读过金尼阁、祈尔歇和李明诸神父的著作，尤其是阅读过杜赫德神父主编的《耶稣会士书简集》和四卷本巨著《中华帝国全志》，还读过耶稣会士译的《大学》、《中庸》等儒家经书。通过这些访谈和阅读，伏尔泰不仅对中国有更多的了解，而且成为"中国热"。在他的著作中，从一开始就把中国视为"世界上最明智和最开化的文明民族"，并一直坚持这个观点。

伏尔泰在所接受的中国文化中，对孔子和儒学尤为崇拜。他认为："儒教又一次令人赞叹不已了。它没有任何迷信，没有任何荒诞的传奇，也没有任何蔑视理与性的教条。"伏尔泰在他的小礼拜堂中供有孔子的画像。他称赞孔子"从来不冒充先知，绝不自称是受启示者，从不传授一种新宗教，绝不求助或依赖于权威，从不吹捧他于其统治下生活的皇帝"，并在孔子画像下写下了一首著名的四行诗：

> 他是唯一有益理智的表现者，
>
> 从未使世界迷惑，而是照亮了方向。
>
> 他仅以圣贤而从未以先知的口吻讲话，
>
> 但大家认为他是圣贤，甚至在全国也如此。

伏尔泰对孔子和儒学的了解是有限的，也不完全准确，但他从中吸收了养分，并成为他提倡理性主义、人文主义的思想渊源之一。伏尔泰所受中国文化人文精神的影响，也表现在他据耶稣会士马若瑟所译纪君祥元杂剧《赵氏孤儿》改编的《中国孤儿》剧作中。在这部剧本中，伏尔泰加入了"孔夫子的五伦"，故该剧又名《孔子之道五幕》。显然，作者的用意在赞扬人文主义伦理道德，弘扬理性与智慧。伏尔泰不仅赞扬中国的道德，而且仰慕中国的政治制度和法律等，认为这是欧洲的楷模①。

----

① 参见［法］安田朴著、耿昇译：《中国文化西传欧洲史》第2卷，第2、3编，北京：商务印书馆，2000。

在 18 世纪法国的思想界，受中国文化影响的，主要还有孟德斯鸠，百科全书派的霍尔巴赫、狄德罗，重农学派的魁奈等。和伏尔泰一样，孟德斯鸠有关中国的知识，主要也是从耶稣会士译作中得到的，如杜赫德主编的《耶稣会士书简集》和《中华帝国全志》、柏应理的《中国贤哲孔子》等。孟德斯鸠不像伏尔泰那样对中国文化倾心崇拜。在其名著《论法的精神》一书中，他对中国文化多所指摘。尽管如此，孟德斯鸠并不完全贬斥中国文化，而是有所批评，有所肯定，如他很"看重中国的礼治之术和孔子的道德教义。他认为孔圣人的道德作为中国人的特别教义比起佛教来长处明显，当他针对中国文化的缺点提出救治之方时，称风俗之敝可用礼治之术补救，奢侈之敝可以用勤俭的政策来补救，专制之敝可以用孔子的教义来补救"[1]。

百科全书派的领袖霍尔巴赫也受《耶稣会士书简集》等有关介绍中国情况的书籍的影响，他称赞在当时只有中国能做到政治与道德相结合。百科全书派另一代表人物狄德罗，也是一位中国热的学者。他阅读了耶稣会传教士所译的中国经典及其他有关介绍中国的书籍，从中接受了中国文化的影响。他称赞孔子培养君王们精通治国术，"将治国术局限在了解和获得一个君王所必需的品质、自我克制、善于组织其内阁和宫廷以及培养全家的艺术诸方面"[2]。

法国的重农学派也深受中国文化的影响，不遗余力地提倡"中国化"。重农学派的思想领袖魁奈和伏尔泰一样尊崇孔子，被他的信徒们称为"欧洲的孔夫子"。他依据《耶稣会士书简集》、《中华帝国全志》等撰写了《论中国的专制主义》，认为中国政治是"合法的专制主义"。重农学派主张以"自然秩序"、"自然法则"为根本，以自然法代替上帝的功能。魁奈的"合法的专制主义"并不是为专制政治做辩护，其重点在"法律"而不在"专制"。他认为中国的古圣先贤所谓的"天命"、"道"，就是"自然法则"，而不是教会所信奉的上帝所制定的"自然法则"。在重农学派看来，世界上只有中国人才为实施"自然秩序"或"天命"而立法，因此，欧洲人只有奉中国人为楷模，才能改造他们的社会。重农学派对于农业极其重视，他们的重农思想，无疑也是受到中国是

---

① 张国刚：《明清传教士与中国汉学》，124 页，北京：中国社会科学出版社，2001。
② [法] 安田朴著、耿昇译：《中国文化西传欧洲史》，789 页，北京：商务印书馆，2000。

一个完全依靠农业收成及以农业为本的礼仪民族的说法的启示，并从中借鉴来的。[①]

除法国外，德国思想界也明显受中国文化的影响。如莱布尼茨就是其中最具代表性的。与法国启蒙思想家伏尔泰等人一样，莱布尼茨对中国文化的了解，主要也是来自于耶稣会传教士。他读过利玛窦、龙华民、利安当等耶稣会士有关中国的一些著作，而受闵明我、白晋的影响尤多，跟他们通信探讨中国问题，并与他们有过短暂的会晤，在这过程中，莱布尼茨表现出对中国文化的浓厚兴趣。他于1697年用拉丁文编辑出版的《中国近事》（或译为《中国的最新消息》），收录了在华耶稣会士关于当时中国以及中国与俄国之间关系的报告和信函，并为之作序。在这篇序言中，莱布尼茨热情地赞扬了中国人的道德、哲学。他指出："然而谁人过去曾经想到，地球上还存在着这么一个民族，它比我们这个自以为在所有方面都教养有素的民族更加具有道德修养？自从我认识中国人之后，便在他们身上发现了这点。如果说我们在手工技能上与之相比不分上下，而在思辨科学方面要略胜一筹的话，那么在实践哲学方面，即在生活与人类实际方面的伦理以及治国学说方面，我们实在是相形见绌了。承认这点几乎令我感到惭愧。人们无法用语言来描绘，中国人为使自己内部尽量少产生麻烦，对公共安全以及共同生活的准则考虑得何等的周到，较之其他国民的法规要优越许多。"[②] 莱布尼茨在与白晋的通信中得到了不少有关中国的知识，其中明显的是关于《易经》的八卦。白晋在致莱布尼茨的信中，认为莱布尼茨创造的二进位制数学，即"所有的数字都可以用0和1来写"，与《易经》的六十四卦"完全相同"。随后，莱布尼茨在《关于二进位算术补充说明》的短文中，介绍了他的二进制与《易经》的卦之间的某些相同之处。他还"提出了建立中国人和欧洲人观念上的某些相同处和普遍性的两个基础：第一个是关于数的，第二个是关于语言文学的"[③]。莱布尼茨在去世前完成的《论中国人的

---

① ［法］安田朴著、耿昇译：《中国文化西传欧洲史》，770～782页，北京：商务印书馆，2000。

② ［德］夏瑞春编、陈爱政等译：《德国思想家论中国》，4～5页，南京：江苏人民出版社，1995。

③ ［美］孟德卫著、张学智译：《莱布尼茨和儒学》，56～57、15页，南京：江苏人民出版社，1998。

自然神学》一书，是对中国哲学的重要论述。他认为，中国人的观念是自发产生的，把中国人的观念和对上帝的崇拜说成同"铭刻在我心中"的自然律完全一致，把儒家的"天命"、"天理"等同于西方人的"理性之光"。① 莱布尼茨所以极力把基督教的上帝和中国儒家的"理"比附在一起，是同他企图创造一种全球性的统一宗教组织的设想分不开的。

莱布尼茨的学生沃尔弗（C. Wolf）是哲学家、数学家，德国启蒙运动的重要代表之一。沃尔弗深受其师的影响，热爱中国文化，对中国的道德、哲学很是赞扬，认为"中国人的哲学基础同我个人的哲学基础是完全一致的"②。他通过演讲和著作，在欧洲传播中国文化。

三、中西文化的冲突

明末清初中西文化的冲突，具体表现为儒、释、道及传统的风俗习惯与基督教的冲突。从明嘉靖年间基督教再次传入中国至清雍正年间的禁教，二百多年里冲突不断发生。基督教文化与中国文化的冲突不仅限于宗教信仰，还涉及价值观、伦理观以及政治等问题。在这期间，主要冲突有"南京教案"、"康熙三年教案"和"礼仪之争"三次。

（一）南京教案

明万历四十四年（1616 年），南京发生了自耶稣会士来华传教后的第一次教案。

耶稣会士来到中国以后，在利玛窦领导下，虽然传教活动开展得较为顺利，但由于布教与当地居民的信仰、习俗的矛盾，在广东、江西等一些地方抗教事件时有发生。利玛窦去世后，龙华民任教团监督，改变了利玛窦循序渐进、谨慎从事的做法，大肆进行传教活动，使教会势力迅速扩展，信教的人数

①［美］孟德卫著、张学智译：《莱布尼茨和儒学》，56～57、15 页，南京：江苏人民出版社，1998。

②［德］夏瑞春编、陈爱政等译：《德国思想家论中国》，45 页，南京：江苏人民出版社，1995。

大为增加。这引起了一些士大夫、佛教人士等的严重不安。万历四十四年（1616年）五月，南京礼部侍郎沈㴤向万历帝上《参远夷疏》，抨击天主教，指责传教士"其说浸淫人心，即士大夫亦有信向之者"，"妄为星官之言，士人亦堕其云雾"等。他要求皇上"敕下礼、兵二部，合将为首者，依律究遣，具疏立限驱逐"。沈㴤攻击耶稣会传教士言论，遭到时任左春坊左赞善兼翰林院检讨徐光启的批驳。徐光启在《辨学章疏》中说明沈㴤奏疏"所言风闻之说，臣在昔日亦曾闻之，亦曾疑之矣。伺察数岁，臣实有心窥其情实，后来洞悉底里，乃始深信不疑"。他认为传教士对于历法，"最真最确，不止踪迹心事，一无可疑，实皆圣贤之徒也。且其道甚正，其守甚严，其学甚博，其识甚精，其心甚真，其见甚定，在彼国中亦皆千人之英，万人之杰。所以数万里东来者，盖彼国教人，皆务修身以事上主，闻中国圣贤之教，亦皆修身事天，理相符合，是以辛苦艰难，履危蹈险，来相印证，欲使人人为善，以称上天爱人之意。其说以昭事上帝为宗本，以保救身灵为切要，以忠孝慈爱为工夫，以迁善改过入门，以忏悔涤除为进修，以升天真福为作善之荣赏，以地狱永殃为作恶之苦报，一切戒训规条悉皆天理人情之至"①。接着，徐光启还提出三条"试验之法"和三条"处置之法"。徐光启对耶稣会士及其历法等的评价自有不符实际的溢美之辞，但对反驳沈㴤的"风闻之说"则是有力的。万历帝读了此奏疏后，批了"知道了"，此事也就不了了之。

沈㴤目的没有达到，并不甘心，接着，第二次上疏——《再参远夷疏》，指控在南京的耶稣会传教士王丰肃"悬设胡像、诳诱愚民"、徒众集会、占据王地等"阴谋不轨"的罪行。疏上后，万历帝仍不予理会。于是沈㴤交结礼部尚书兼东阁大学士方从哲，先行逮捕了王丰肃、谢务禄、钟明礼及教徒二十余人，使耶稣会在南京的教务陷入停顿。

沈㴤在南京逮捕传教士后，于是年十二月上了第三道奏疏，再次指控天主教阴谋不轨。在方从哲、宦官魏忠贤的活动下，万历帝传出谕旨，称传教士"立教惑众，蓄谋叵测"，着将南京的传教士王丰肃、谢务禄和北京的庞迪我、熊三拔等一同押解出境。根据押送传教士出境的谕旨，王丰肃、庞迪我、熊三

---

① 《徐光启集》下册，436、431～432 页，上海古籍出版社，1984。

拔等四人一同返回澳门。

万历四十五年（1617 年），沈潅罢官回杭州，南京教案暂时平息。几年后，万历帝病故，熹宗继位，魏忠贤擅权，方从哲乘机起用沈潅为礼部尚书兼东阁大学士。沈潅于是再次向天主教发难，指控它是与白莲教同类的邪教，并指使南京的官员逮捕教徒。其后，沈潅为首辅叶向高所排斥，被革职回籍，南京教案终于平息。

（二）康熙三年教案

明末南京教案平息，清初顺治年间天主教的传教也得到较大的发展，但反教活动实际上并没有停止。明末徐昌治编了一部《圣朝破邪集》，即是鼓吹扫除天主教的异端邪说，以卫护儒学正统。康熙三年（1664 年），终于又一次发生了震动世人的教案。

康熙三年的教案，是由安徽歙县人杨光先发难的。还在顺治十六年（1659 年），杨光先就已撰写了《辟邪论》、《拒西集》、《摘谬十论》、《中星说》等抨击天主教和西洋历法的文章。第二年，他便两次上疏朝廷，反对传教士汤若望所制的新历法。但这两次上疏都因礼部未准，没能达到目的。康熙三年七月，杨光先上《请诛邪教状》，再次发起对汤若望等人的抨击，指控汤若望"借历法以藏身金门，窥伺朝廷机密"，"谋为不轨"；"且于《时宪历》面敢书'依西洋新法'五字，暗窃正朔之权，以尊西洋。明白示天下，以大清奉西洋之正朔，毁灭我国圣教，惟有天教独尊"[1]。其时康熙帝年少，鳌拜等四大臣辅政，主张遵祖制旧章，排斥传教士，于是杨光先的奏参获准。九月，礼部和吏部传讯汤若望、南怀仁等四名传教士和李祖白等钦天监官员。四年三月，审讯结束，判决汤若望"凌迟处死"，李祖白等五名汉人钦天监官员斩立决。判决后，恰逢京师发生地震，"合都惶惧"，有着迷信思想的王公大臣们以为上天示警。而孝庄太皇太后对判处汤若望等人死刑甚为不满，"命速行释放"。在这种情势下，鳌拜等人不得不下令释放汤若望等传教士，但仍将李祖白等五人处死，了结此案。汤若望、南怀仁等四名传教士可居住京师，不能传教，其他从外地传

---

① 杨光先：《不得已》，6 页，合肥：黄山书社，2000。

讯到京师的二十五名传教士则驱逐出境。

教案了结后，鳌拜集团任命杨光先为钦天监正。杨光先极力排斥原精通西法的官员，废除新法，复用大统历。嗣因大统历误差多，又拟用钦天监副吴明炫的回回历。康熙帝命南怀仁、杨光先、吴明炫等实测，结果吴明炫所推算历法差错仍多。八年（1669 年），康熙帝起用南怀仁任钦天监正，废除大统历、回回历，复用西洋新法。杨光先被革职回籍，病死于途。随后，汤若望冤案得到平反，被扣押在广州的二十余名传教士获释，查封的教堂发还，被拆毁的赔补维修。教案平息。

杨光先掀起的这场教案，除牵强附会地指控汤若望等传教士居心叵测，图谋不轨，关系社稷安危的政治问题外，主要是关于历法和天主教的争论，反映了中西文化的冲突。在历法方面，杨光先对汤若望在《时宪历》面上印了皇帝传批的"依西洋新法"甚为恼火，他从传统的"正朔"出发，认为这是"暗窃正朔之权，以尊西洋。明白示天下，以大清奉西洋之正朔"，这意味着大清归顺于西洋，自是不可容忍。在历法的具体推算上，杨光先对汤若望背弃中国前贤所奉行的一贯原则甚为恼怒，宁可维护已被证实误差甚多的大统历，而不愿接受准确的西洋新法。这些表明保守、僵化的思想导致他盲目排斥吸收外国有益的东西。需要指出的是，这不是杨光先的个人悲剧，而是反映了当时一部分保守士大夫的思想、心态。至于有关天主教的争论，则有所不同。杨光先崇奉儒学，维护伦理纲常，不满于天主教排斥中国人对祖先、偶像的崇拜和悖于中国的人伦，对于耶稣会传教士利用儒学经典的语词、思想附会天主教教义尤为反感，以此认为天主教是卑鄙荒谬的邪教，明显有着偏见。他对天主教教义的批驳，则不应都视为保守排外，胡搅蛮缠，而是有其合理性。如，他反对天主教所宣扬的天主主宰天地万物，否认天地人、天堂地狱等所有一切都是天主造的，指出天是由"二气之所结撰而成，非有所造而成者也"，根本不存在造天地万物的"天主"；"天堂地狱"说是荒谬的，"天堂地狱，释氏以神道设教，劝怵愚夫愚妇，非真有天堂地狱也。作善降之百祥，作不善降之百殃，百祥百殃，即现世之天堂地狱"[①]；等等。杨光先以儒家的理气说来否定天主教的造

---

① 杨光先：《不得已》，17、19 页，合肥：黄山书社，2000。

物主"天主"，立论虽不尽科学，但他强调人的现实世界，否认"天主"——神的存在和主宰，反对宣扬宗教迷信，无疑是具有理性、人文色彩的。因为天主教是西方传来的，就不允许人们的批评、反对，并以之作为划分进步、保守的依据，这是不妥的。

（三）礼仪之争

所谓"礼仪之争"，是关于天主教在中国传教，其教徒是否可以尊崇孔子、祭拜祖先等礼仪问题。这本是天主教会内部不同意见的争论，后来发展为康熙帝与罗马教皇的争论，终于导致禁教。

明代入华传教的耶稣会士利玛窦，为了在中国传播天主教，采取适应中国国情和文化的策略，不仅自己学习儒家的《四书》、《五经》，"以天主教合儒"，将天主教教义和儒家经典中的某些概念、词汇相比附，而且认为中国人的"敬孔"、"祭祖"不是宗教仪式，不是迷信，与奉教并不矛盾。他的主张和做法，为中国的士大夫和平民所接受，因此，传教得以开展。

对于利玛窦在华传教的主张和做法，耶稣会内部不是都赞同的。利玛窦逝世后，任耶稣会中国省区负责人的龙华民就反对允许中国教徒敬孔、祭祖。除耶稣会内部关于"礼仪问题"的争论外，入华的天主教多明我会、方济各会会士对于耶稣会士认同敬孔、祭祖也很不满意，于是发生了一场延续近一个世纪的"礼仪之争"。清顺治三年（1646 年），多明我会士黎玉范向罗马教皇英诺森十世指控耶稣会士在华传教的作为，教皇接受其意见，发布通谕禁止中国教徒参加敬孔、祭祖的礼仪。为此，耶稣会派卫匡国神父回罗马进行辩解，力图撤销那道通谕。顺治十三年（1656 年），教皇亚历山大七世做出了不同的决定，他在通谕中指出，只要不是迷信活动，中国教徒可以举行尊礼、祭祖的礼仪。教皇前后的两道通谕是互相矛盾的，但圣职部于康熙八年（1669 年）宣布两道通谕"均完全行之有效"，"应该根据具体问题、背景和所提出的疑问中的一切内容而得到遵守"①。这种调和的做法，似乎可以使不同教派停止关于"礼仪问题"的争论，各行其是。事实上并非如此，教派间的利益矛盾和积怨

---

① ［法］安田朴著、耿昇译：《中国文化西传欧洲史》，296 页，北京：商务印书馆，2000。

不会因此而消除。

康熙三十二年（1693年），时任福建教区宗座代牧（后任神父）的巴黎外方传教会传教士严嘉乐（严珰、颜珰，Maigrot），向他管辖下的传教士宣布禁止教徒参加为尊孔、祭祖所举行的礼仪活动，并说卫匡国向教皇亚历山大七世呈奏的有关中国礼仪的阐述有许多不符合事实，教徒们不能遵行。随后，他将所宣布的训谕呈报教皇，请求裁决。康熙四十三年（1704年），克莱芒十一世教皇做出了关于禁止教徒尊孔、祭祖的决定。在此之前，教皇已派铎罗主教来北京传达教廷的决议。

对于严嘉乐宣布的禁令，耶稣会士并不执行。为了争取康熙皇帝的支持，闵明我、张诚等人于康熙三十九年（1700年）向皇帝上书，阐明尊孔是"敬其为人师范"，祭祖是"出于爱亲之义"，"尽孝思之念"。康熙帝对此甚为赞许，在奏折上批示："这所写甚好，有合大道，敬天及事君亲敬师长者，系天下通义，这就是无可改处，钦此。"[1] 显然，耶稣会士允许中国教徒尊孔、祭祖、敬天的做法，得到康熙帝的赞同和支持。因此，当康熙帝了解铎罗来北京的意图是传达罗马教廷有关中国教徒尊孔、祭祖的禁令时，很不满意，他召见了铎罗，警告他不要干涉中国的事情。铎罗到南京后，竟然公布教皇的禁令，并要中国教徒遵行。康熙帝获悉后，遂令将铎罗押送澳门。这场礼仪争论，由天主教内部发展为罗马教皇和中国皇帝间的争论。

罗马教皇坚持其关于"礼仪问题"的禁令，并再次派嘉禄来北京重申其"禁约"。康熙五十九年（1720年），嘉禄到达北京。康熙帝对教皇一再干预中国的事情深感不满，于是多次颁谕训斥，明令"以后不必西洋人在中国行教，禁止可也，免得多事"[2]。雍正帝继位后，对禁止传教士传教更为严厉。

对于"礼仪之争"，不能简单地认为只是礼仪的争论，或中国人士的保守思想排斥西方文化，也不仅仅是宗教内部的问题。它既蕴涵着西方各国之间政治等的斗争，同时关乎干涉中国内政的问题。

---

① 黄伯禄：《正教奉褒》，123页，转引自林仁川等：《明末清初中西文化冲突》，182页，上海：华东师范大学出版社，1999。

② 《康熙与罗马使节关系文书》，第13件，影印本。

第四章
创新与复古并存
的文学和艺术

  明清时期的中国社会孕育着深刻的社会危机，一方面是专制主义的强化达到顶峰，另一方面是与商品经济发展相适应的早期启蒙思潮开始萌发。作为时代反映的文学自然表现出雅与俗、传统与反传统、坚守道统与抒发人性并存对峙的特点，体现出与传统文学不尽相同的发展轨迹与复杂性。这一时期的艺术，诸如书法绘画、音乐戏曲、园林建筑，精品纷呈，显示出中国古典文化走向高度成熟，成就杰出。与时代的变化相联系，明清艺术也多具独抒性灵、贴近人生的特点，显露出绰约的风姿。

一、文学的流变

  由于专制主义空前强化，诗文作为传统文学的主流在明清时期逐渐失去活力。这一时期的诗文虽然作品众多，流派林立，却大都束缚于旧的艺术形式，缺乏新的思想。与之相反，伴随着明中后期商品经济的发展，出现了文学世俗化、市民化浪潮，小说与戏曲迅速发展，并涌现出一批伟大的作家与作品。

（一）明代文学

明朝初年，一些经过元末动乱的作家，为改变元末诗文的纤弱文风，写出了一些反映社会现实、具有社会意义的作品。其中成就最突出的是宋濂、刘基和高启。宋濂（1310—1381）善写传记文，能以简洁生动的文字表现人物；高启（1336—1374）以七言歌行见长，歌行意气飞扬，深沉悲壮；刘基（1311—1375）以寓言体散文名世，其文言简意赅，文笔犀利。

明初，统治者施行政治高压政策，禁锢了文学发展的活力，自由活泼的文风消失殆尽。此时占据文坛的是以杨士奇、杨荣、杨溥为代表的"台阁体"文风。"台阁体"诗文是明初文化专制的产物，其特点是粉饰现实、歌功颂圣，多为酬唱应制之作。由于"三杨"均官居内阁，历事四朝，故对明初文坛影响甚大，数十年间文人士大夫争相模仿，文学成为阿谀奉承、道德说教的工具。明初文坛显得平庸呆板，毫无生机。

"台阁体"在明初文坛延衍几十年，直至明宪宗以后，以李东阳为首的"茶陵诗派"的出现才打破了文坛沉寂的局面。李东阳（1447—1516），湖南茶陵人，曾官居内阁大臣。他因不满于"台阁体"的腐败文风，试图以复古求创新。他论诗附和严羽，宗法杜甫，希望以学习雄浑深厚的唐诗来改变文坛风气。他的诗作平正典雅，声韵优美，令人耳目一新。他以复古求创新的诗歌主张为稍后出现的"前七子"和"后七子"的崇古拟古的创作倾向开了先河。

明初文学成就卓著的反倒是通俗文学创作。《三国演义》与《水浒传》这两部划时代的长篇历史小说，是明代文学的亮丽篇章。《三国演义》是罗贯中（约1330—约1400）博采正史、民间故事、杂剧、平话编写而成的。全书内容"七分实事，三分虚构"，反映了汉末、三国时期复杂的军事斗争和政治斗争，成功塑造了诸葛亮、曹操、关羽、张飞、刘备等众多性格鲜明、脍炙人口的典型人物形象。小说凸显了忠义思想，第一回就标明"宴桃园豪杰三结义"，关羽尤其被塑造成忠义的典型。文中既有千军万马的恢弘场景，也有一人一事的精心描写，充分体现了作者驾驭鸿篇巨制的能力。《三国演义》于民间影响很大，在民间口头语中如"三个臭皮匠，顶个诸葛亮"、"说到曹操，曹操就到"等，就与《三国演义》在民间广为流传分不开。尤其是关羽的形象，更成为民间崇拜的偶像。《水浒传》是作者施耐庵在民间传说及话本、杂剧中的水浒故事的基础上加工创作完成的，是一部以北宋年间宋江农民起义为题材的白话长篇小说，也是我国文学史上第一部从正面角度，集中、全面反映造反起义斗争的文学作品。小说描写了梁山英雄好汉扛起了"替天行道"的大旗，反对统治阶段的压迫，以"造反有理"来反对程朱理学的理欲观。《水浒传》刻画了众多惟妙惟肖的人物形象，作者运用生动细致的白描手法和错综穿插的情节表现完整的历史故事，为之后长篇小说的创作确立了极高的起点。

至明中叶，前后七子发起的文学复古运动从弘治到万历年间持续达百年之久，荡除了"台阁体"派在诗文领域的恶劣影响，使明代文学逐渐摆脱了明初的萎靡气象，走向复苏。

"前七子"以李梦阳（1473—1530）、何景明（1483—1521）为首，包括徐祯卿、边贡、康海、王九思、王廷相。他们提出"文必秦汉，诗必盛唐"的文学主张，以矫"台阁体"之弊。因这七位诗人主要生活在弘治、正德年间，人们又把这一派的诗风称为"弘治体"。明嘉靖年间，以李攀龙（1514—1570）、王世贞（1526—1590）为首，包括谢榛、宗臣、梁有誉、徐中行、吴国伦在内的"后七子"继承"前七子"的复古主张，把明代文学复古运动推向新的高潮。前后七子掀起的文学复古运动打击了"台阁体"，也动摇了明初以来的道统文学观。因明朝开国以来，以程朱理学为官方统治思想，程朱"文道合一"的道统文学观主宰文坛，"台阁体"诗文充满道德说教的气息。前后七子的复古拟古主张，有扭转当时文风之功，但其弊端在于一味复古模拟，没有学到汉、唐文学的真精神。刻意模仿的艺术形式掩盖不住诗文内容的空虚，缺乏个人性灵与创新精神，并不能真正推动文学健康发展，反而为文学的发展带来新的障碍。

在前后七子显赫之时，以王慎中、唐顺之、归有光、茅坤为代表的唐宋派提倡学习唐宋散文，以反对前后七子的复古拟古主张。其中，以归有光

（1507—1571）的成就最大。从表面看，唐宋派只是以主张学习唐宋古文来反对前后七子学习秦汉古文，没有摆脱复古的束缚，但他们的真正目的在于主张文章要学习唐宋散文的真精神，要直写胸臆，提倡平易自然的文风。不过，由于唐宋派只着眼于散文，较少涉及诗歌，加上以复古反复古的文学主张，使他们不可能取代前后七子在文坛上的地位。

真正给复古派以沉重打击的，是明代后期以三袁为代表的公安派。公安派的文学主张直接渊源于晚明思想家李贽的"童心说"。李贽以"真心"释"童心"，即指由人的本性所引发出来的不经掩饰的真实情感。李贽提倡抒发真实情感的真文学，认为"天下之至文，未有不出于童心焉者也"①。反对复古模拟，反对伪道学。李贽的好友焦竑指出："诗非他，人计生灵之所寄也。苟其感不至，则情不深；情不深，则无以惊心而动魄，垂世而行远。"② 为扫清复古文学主张奠定了理论基础。

公安派的代表人物是万历年间的袁宗道（1560—1600）、袁宏道（1568—1610）、袁中道（1570—1627）三兄弟，因他们是湖北公安人，故称"公安派"。他们力反复古模拟。袁宏道从文学应随时代发展而发展的角度，批驳了复古派崇古非今的理论："夫古有古之时，今有今之时，袭古人语言之迹，而冒以为古，是处严冬而袭夏之葛者也。"③ 在力反盲目模拟的同时，他们提出了"独抒性灵，不拘格套"④ 的文学主张。公安派作家创作出不少优秀诗篇。其作品具有清新活泼、平易近人的文风，打破了复古派一统明代文坛的局面。可惜他们太过于追求闲情逸致的抒写，他们的作品由于忽视社会现实而流于空疏，其末流更是滑向浮躁轻率。当此时，有竟陵派兴起以补其不足。

竟陵派的代表人物是湖北竟陵（今湖北沔阳）人钟惺（1574—1624）与谭元春（1586—1637）。与公安派一样，他们也力反复古模拟，主张抒发性灵。但他们对公安派苍白空虚、脱离现实的诗风多有驳斥，在一定程度上弥补了公安派的弊端。他们的不足在于试图以"幽深孤峭"的文学风格来反对公安派文

① 李贽：《童心说》，见《焚书》，98 页，北京：中华书局，1961。
② 焦竑：《雅娱阁集序》，见《澹园集》上册，155 页，北京：中华书局，1999。
③ 袁宏道：《雪清阁集序》，见《袁宏道集笺校》中册，709 页，上海古籍出版社，1981。
④ 袁宏道：《叙小修诗》，见《袁宏道集笺校》上册，187 页，上海古籍出版社，1981。

风的平易近人，在诗文中用怪字、僻字，押险韵，使诗句似通非通，堕入了冷涩险僻的境地。

继公安派与竟陵派呼唤抒发性灵的余绪，晚明产生了大量小品文。晚明小品文形式活泼，举凡日记、序跋、游记等文体都可以包容，文笔清新自然，叙事抒情，信笔直书，给人以耳目一新的感觉，对后世散文的发展产生了深远的影响。晚明较有影响的小品文作家有张岱、王思任、祁彪佳等，其中以张岱（1597—约1679）最为有名。他的小品文题材广泛，凡风景名胜、世情风月、戏曲技艺，乃至古董器玩，无所不记，反映了明末社会现实的某些侧面。其代表作《陶庵梦忆》、《西湖梦寻》等文章，语言清新，形象生动，简洁有力，以诗为文，具有相当的美学价值。

小说、戏曲等通俗文学在晚明也取得了重大成就，创作十分繁荣。通俗文学在晚明迅速发展的原因有二：一是程朱理学受到王艮的泰州学派、李贽的反正统思想的冲击而削弱，人的本性在一定程度上得以肯定；二是由于晚明城市经济的发展，为植根于市民阶层的小说、戏曲的繁荣提供了深厚的土壤。产生于这一时期的优秀通俗文学作品有：长篇小说《金瓶梅》，神魔小说《西游记》，短篇小说集"三言"、"二拍"，戏曲《牡丹亭》等。

《金瓶梅》是中国文学史上第一部以社会现实与家庭日常生活为题材创作的长篇小说，开世情小说先河。该书约成书于明万历年间，署名兰陵笑笑生。《金瓶梅》共一百多回，其书名缘自书中主人公西门庆的妻妾潘金莲、李瓶儿、春梅三人的名字。全书以《水浒传》中潘金莲与西门庆的故事为引子，叙写了集富商、官僚、恶霸于一身的西门庆的家庭生活，并以西门庆的家庭生活为中心展现了广阔的社会现实，揭露了明代上层社会的世情与丑态。鲁迅对该书的评价一语中的：《金瓶梅》"专以写市井间淫夫荡妇……缘西门庆故称世家，为缙绅，不惟交通权贵，即士类亦与周旋，著此一家，即骂尽诸色"[1]。《金瓶梅》作为自然主义作品，书中存在大量露骨的性爱描写，这一方面流露出作者对放纵生活的欣赏，反映出晚明士大夫思想的局限，另一方面也是对程朱理学禁欲主义的极大反叛。当然，这种反叛也太"矫枉过正"了。

---

[1] 鲁迅：《中国小说史略》，见《鲁迅全集》第9卷，180页，北京：人民文学出版社，1991。

《西游记》是明末神魔小说的代表作，全书共一百回，是吴承恩（约1500—约1582）在民间流传的唐僧取经故事和有关话本、杂剧的基础上创作而成的。《西游记》规模宏大，结构完整。它虽明写神魔，却暗寓对明末社会现实的讥讽。该书从孙悟空出世写起，通过孙悟空大闹天宫的故事，曲折表现出作者对当时社会现实秩序的不满，然后又转写孙悟空护唐僧西天取经，一路降妖伏魔，用幻想的方式来反映社会现实的矛盾，以魔幻的情节影射现实生活，寄托了人民战胜社会邪恶势力与自然力的美好理想。全书以孙悟空"归正"结束，宣扬佛法的威力，反映了作者的思想局限。

"三言"与"二拍"是晚明著名的白话短篇小说集。

"三言"是冯梦龙（1574—1646）编撰的短篇小说集《喻世明言》、《警世通言》、《醒世恒言》的合称，是作者在广泛收集宋元话本和明代拟话本的基础上改编创作而成的。"三言"共收小说一百二十篇，内容广泛，涉及社会各个阶层，其中有许多篇章描写了市井普通人物的风俗生活。按主题划分，这些作品可分为以下几类：一是反映民间爱情的小说，表现了妇女对自由爱情的追求，如《卖油郎独占花魁》就是一篇描写烟花女子与卖油郎的纯真爱情的动人故事；二是反映妇女悲惨命运的作品，如《杜十娘怒沉百宝箱》叙写了京都名妓杜十娘的爱情悲剧；三是反映社会黑暗的小说，如《灌园叟晚逢仙女》写了一个市井细民无端受到官吏欺压的故事；四是反映人间真诚友谊的小说，如《俞伯牙摔琴谢知音》等。

"二拍"是凌濛初（1580—1644）创作与编订的短篇小说集《初刻拍案惊奇》、《二刻拍案惊奇》的合称。"二拍"的创作完全受"三言"的影响，与"三言"不同的是，"二拍"中的大部分作品是作者自己创作，反映商人与市民社会生活的作品与内容占了更大的分量。

戏剧演出活动和剧本创作，在晚明很兴盛，流行的有昆山腔（现称昆剧）、海盐腔、弋阳腔、青阳腔等。在剧本创作方面，除历史、传说题材外，也有现实题材。在现实题材的剧本中，有一些是反映当时的政治斗争的。著名的如被称为王世贞或其门生创作的《鸣凤记》，描写嘉靖年间夏言、杨继盛、邹应龙等官员与严嵩父子等奸佞斗争，终于取得胜利的故事，表现了不畏权臣、不怕牺牲的精神。其后，反严嵩父子的剧作继续出现，李玉的《一捧雪》就是其中流传久远的一种。李玉是明末清初的剧作家，在他的诸多剧作中，以《万民安》和《清忠谱》最具代表性。《万民安》是写机户织工葛成率领苏州市民反抗捐税加派斗争的故事。所写为实事。事情发生于万历二十九年（1601 年），苏州市民为反对增加税收，起而包围税监衙门，杀死税监侍从。事发后，朝廷命捕"乱民"，葛成（又名贤）赴官府承担一切，被判入狱，十余年后释放。清初，苏州市民在虎丘立"吴将军葛贤墓"碑，以为纪念。《清忠谱》是写天启六年（1626 年）苏州发生的又一起市民运动。宦官魏忠贤派其党徒到苏州逮捕反对他的官员周顺昌。市民聚集起来挽救周顺昌，打死打伤官差多人。周顺昌下狱死，市民颜佩韦、马杰、沈扬、杨念如和周顺昌舆隶周文元被杀害。颜佩韦等五人被合葬于虎丘附近，墓碑题曰"五人之墓"。剧本即据此事实而编，塑造了不畏权势、伸张正义的周顺昌的形象，也赞扬了颜佩韦等市民阶层的代表人物。《万民安》和《清忠谱》所表现的市民和市民运动，无论戏剧或其他文艺创作都是全新的，反映了社会的变化和时代的要求。

反映青年男女追求爱情和婚姻自主、反对封建礼教的束缚的剧作，也有重要成就。最具代表性的是汤显祖和他的《牡丹亭》。汤显祖（1550—1616），字义仍，号海若，又号若士，自署清远道人，江西临川人。历官南京礼部主事、浙江遂昌知县。他曾师从泰州学派的罗汝芳，崇敬"异端之尤"李贽，与以禅学反程朱理学的紫柏禅师交往，受到他们的思想影响。汤显祖主张以"情"反"理"，在他与老师张位的对话中有鲜明的表现。"张新建相国（即张位）尝语汤临川云：'以君之辩才，握麈而登皋比，何渠出濂、洛、关、闽下？而逗漏于碧箫红牙队间，将无为青青子衿所笑！'临川曰：'某与吾师终日共讲学，而人不解之。师讲性，某讲情。'张公无以应。"① 他之"讲情"，通过《牡丹亭》的艺术形象体现出来。《牡丹亭》全名是《牡丹亭还魂记》，写的是一段爱情故事，大家闺秀杜丽娘梦中与书生柳梦梅相爱，醒后感伤而死。多年后，柳梦梅与杜丽娘游魂相见，两人相爱如故，使杜丽娘感而复生，终与有情人结成眷属。这部浪漫主义的戏剧作品，表现了强烈的反对封建礼教、追求个性解放和自由爱情的时代精神，成为不朽的名著，至今戏剧舞台上仍在演出。汤显祖的

---

① 陈继儒：《批点牡丹亭·题词》。

剧作还有《紫钗记》（《紫箫记》的改本）、《邯郸记》、《南柯记》，与《牡丹亭》合称"临川四梦"或"玉茗堂四梦"。他不仅是中国文化史上的巨人，也是世界文化史上的巨人。

当时通过写男女爱情来抨击不合理的社会现实、歌颂追求自由幸福生活的剧作，除《牡丹亭》外，有影响的还有高濂的《玉簪记》、周朝俊的《红梅记》等。《玉簪记》写女道士陈妙常与书生潘必正为追求爱情，敢于冲破封建清规戒律的束缚。《红梅记》描写南宋权臣贾似道的侍妾李慧娘与秀才裴禹的爱情故事。李慧娘因偶然机会遇到裴禹，动了爱慕之情，即被贾似道杀害。贾似道可以肆其淫威摧残李慧娘的生命，却阻扼不了她对爱情的执着。李慧娘的游魂毅然与裴禹相会，并与贾似道进行斗争，保护了裴禹逃脱贾似道的谋害。剧作表现了李慧娘不畏强暴、追求自由爱情的倔强精神，具有积极意义。

（二）清代文学

这里所论述的清代文学，止于 1840 年鸦片战争前夕。此后的文学，归入本书的"晚清卷"。

清代是中国最后一个王朝，中国古典文学在这一时期走入集大成阶段。诗词、散文、小说、戏剧等都在清代取得了重大成就。

伴随着激烈的民族、阶级矛盾与残酷的杀戮，清初的诗坛反映出朝代更迭时期的特有色彩。清初的诗人大致可以分为两类：一类是甘为遗民，不愿仕清者；二类是以明臣而仕清者。

清初著名的遗民诗人有顾炎武、黄宗羲、王夫之、吴嘉纪、屈大均等人，其中以顾炎武、屈大均为代表。顾炎武为清初著名思想家，在诗歌理论与创作上也较有成就。他反对诗歌创作上的复古模拟，其诗风格苍凉沉郁，近于杜甫。他留下的《亭林诗集》中收录诗歌四百余首，展现了明末政治的黑暗腐败、清兵的残酷杀戮和江南人民的抗清斗争，充满抗清复明的民族精神，故后人又称之为"诗史"。如《赠朱监纪四辅》诗："十年江南事已非，与君辛苦各生归。愁看京口三军溃，痛说扬州七日围。碧血未消今战垒，白头相见旧征衣。东京朱祐年犹少，莫向尊前叹式微。"① 诗中回顾当年参与抗清失败的情景，激励友人不要因此灰心丧气。同为遗民诗人，屈大均（1630—1696）在诗歌创作上与顾炎武现实主义的诗歌风格不同，其诗多以浪漫主义手法表现强烈的爱国激情。屈大均的诗也有揭露贪官污吏的，如《民谣》："白金乃人肉，黄金乃人膏。使君非豺狼，为政何腥臊。"

以明臣而仕清的钱谦益与吴伟业两人虽有失气节，多遭世人指斥，但他们在清初诗坛的影响超过了遗民诗人。钱谦益（1582—1664），字受之，号牧斋，江苏常熟人。万历进士，官至礼部尚书。明亡降清，后辞归。他的诗歌宗法唐宋，又有所创新，力反前后七子的模拟复古，为当时文坛领袖。入清后的诗，多哀思明室，托兴甚深，如《后秋兴之十三》第二首："海角崖山一线斜，从今也不属中华。更无鱼腹捐躯地，况有龙涎泛海槎。望断关河非汉帜，吹残日月是胡笳。嫦娥老大无归处，独倚银轮哭桂花。"② 吴伟业（1609—1672），字骏公，号梅村，江苏太仓人。崇祯进士，官至左庶子。明亡降清，官国子监祭酒。不久，请假还乡，从此不出。他诗学盛唐及其后的白居易，在当时诗坛上负有盛名，称其诗为"梅村体"。吴伟业的诗反映了社会生活诸多方面，既有关系易代兴亡之事，也有反映清朝统治下百姓的苦难生活，以及降清后的自惭悔恨之作。如其名篇《圆圆曲》"恸哭六军俱缟素，冲冠一怒为红颜"，"全家白骨成灰土，一代红妆照汗青"③，抒发了作者对吴三桂的讥愤之情。被称为"绝笔"的《贺新郎·病中有感》，则是"自怨自艾"，"殊多悔恨"："万事催华发。论龚生天年竟夭，高名难没。吾病难将医药治，耿耿胸中热血。待洒向、西风残月。剖却心肝今置地，问华佗解我肠千结。追往恨，倍凄咽。　故人慷慨多奇节。为当年沉吟不断，草间偷活。艾炙眉头瓜喷鼻，今日须难决绝。早患苦、重来千叠。脱屣妻孥非易事，竟一钱不值何须说！人世事，几完缺？"④

以顾炎武为代表的遗民诗人及钱谦益、吴伟业等人的诗作扫除了前后七子

---

① 《顾亭林诗文集》，303 页，北京：中华书局，1983。

② 钱谦益：《牧斋杂著·投笔集（卷下）》，73 页，《钱牧斋全集》（七），上海古籍出版社，2003。

③ 《吴梅村全集》上册，78～79 页，上海古籍出版社，1990。

④ 《吴梅村全集》中册，585 页，上海古籍出版社，1990。

与竟陵派的颓风，开启有清一代诗风重振的新局面。

钱谦益、吴伟业之后，康熙年间在诗坛上卓然成家者，是被称为清代第一诗人的王士禛。王士禛（1634—1711），字贻上，号阮亭，别号渔洋山人，山东新城（今桓台县）人。顺治进士，官至刑部尚书。他首倡"神韵说"，为清代"神韵说"领袖。王氏论诗以神韵为宗，讲求诗歌的风韵神致，以"不著一字，尽得风流"为最高境界。其诗作含蓄，多用烘托笔法，擅长以形象来表现性情，而较少直接抒情表意，给人以神韵天然之感，风格近于王维、孟浩然。"神韵说"对元、明以来的拟古诗风，具有反拨之功。朱彝尊（1629—1709），字锡鬯，号竹垞，浙江秀水（今嘉兴市）人。诗与王士禛齐名，时称"南朱北王"。他的诗歌重才藻，求典雅，不及王士禛，其主要成就在词方面。

词在清初呈中兴之势，朱彝尊、陈维崧、纳兰性德是清初词界三大家。朱彝尊是浙西词派的创始人与领袖。他推崇效法南宋的姜夔与张炎，主张清空醇雅。所辑纂《词综》，选录唐、五代、宋、金、元词六百五十九家，二千二百五十首，为中国古代词学的重要选本。陈维崧（1625—1682），字其年，号迦陵，江苏宜兴人。他效法苏东坡、辛弃疾，是清初豪放派词人的代表，其词倜傥豪迈，才华横溢。因他为江苏宜兴人，宜兴古称阳羡，故世称其词为"阳羡派"。陈维崧今存词集《迦陵集》录词一千八百首，作品数量宏富。纳兰性德（1655—1685），原名成德，字容若，满洲正黄旗人。大学士明珠之子，康熙帝一等侍卫。他的词作虽未形成一个派别，但以婉丽清凄的词风在清初词坛独树一帜，其风格神似南唐李煜。纳兰性德在世时，即出现"家家争唱《饮水词》"的局面，朝鲜人更曾惊叹"谁料晓风残月后，而今重见柳屯田"①。

明遗民作家是清初散文创作中的重要群体，著名者如顾炎武、黄宗羲、王夫之。他们都以提倡经世致用之文闻名。与顾、黄、王同时，清初文坛上有号称为散文三大家的魏禧（1624—1681）、汪琬（1624—1691）、侯方域（1618—1654）。他们三人继承明代唐宋派散文传统，反对模拟，讲求文章的独创性。他们在传记散文上均有所成就，如魏禧的《大铁椎传》、侯方域的《李姬传》、汪琬的《江天一传》，都是散文名篇。

---

① 徐釚：《词苑丛谈》卷五。

清初的小说与戏剧创作也取得了相当成就，著名作品有《聊斋志异》、《长生殿》、《桃花扇》。

蒲松龄（1640—1715），字留仙，号柳泉，山东淄川（今淄博市淄川区）人。他热衷科举功名，但很不顺利，以秀才终老。他以游幕、坐馆为生，一生穷困潦倒，胸中积压了愤懑。蒲松龄创作的《聊斋志异》是我国古代成就最高的文言短篇小说集。作者通过谈狐说鬼的形式，描写众多人与花妖狐魅恋爱的故事，以幻想的形式表现了对美好爱情的向往，部分作品揭露了当时政治的黑暗与官吏的罪恶，有些作品则深刻展现了科举制度的弊端。《聊斋志异》最显著的艺术特征是将花妖狐魅与幽冥世界等非现实的事物人格化、社会化，一方面借以曲折影射社会现实，另一方面又充分利用这些非现实形象所提供的超现实的力量，鲜明地表达作者的爱憎与理想。

《长生殿》是清初著名戏曲家洪昇创作的传奇剧本。洪昇（1645—1704），字昉思，号稗畦，浙江钱塘（今杭州市）人。一生困顿潦倒，积十余年之精力，写成《长生殿》，随即演出而引起轰动。据称："一时朱门绮席，酒社歌楼，非此曲不奏，缠头为之增价。"① 不幸的是，第二年（康熙二十八年，1689 年）以"国丧"期间演唱《长生殿》的罪名，洪昇被革去监生，他的朋友侍读学士朱典、赞善赵执信、台湾知府翁世庸等多人，也牵连此案被革职。《长生殿》剧本上半部写唐明皇李隆基宠幸杨贵妃，任杨兄国忠为相，政治腐败。安禄山乘机作乱，进攻长安，唐明皇仓皇出逃。行至马嵬坡时，将士愤慨，杀死杨国忠，迫杨贵妃自缢。后半部写唐明皇对杨贵妃的怀念。《长生殿》真正的艺术魅力在于把唐明皇、杨贵妃之间的爱情故事写得如泣如诉，使李、杨二人的感情纠葛在一定程度上超越了帝妃的局限，从而具有了普通男女爱情悲剧的性质。剧本不仅写杨、李的爱情，还揭露、抨击封建统治者的争斗和骄奢淫逸及给平民百姓带来的痛苦和灾难。

《桃花扇》是清初著名戏曲家孔尚任创作的传奇剧本，是一部写南明王朝兴亡的历史剧。孔尚任（1648—1718），字聘之，号东塘，自称云亭山人，山东曲阜人。康熙二十四年（1685 年），康熙帝到曲阜祭孔，孔尚任因讲《论

---

① 徐麟：《长生殿序》。

语》受褒奖，被任命为国子监博士。后任户部主事、员外郎。他不眷恋于仕途，而执意完成其"惩创人心"的《桃花扇》。经过长期苦心经营，"凡三易稿"，终于康熙三十八年（1699年）成书。遂即受到普遍重视，王公荐绅借抄剧本，而"长安之演《桃花扇》者，岁无虚日"，连康熙帝也急于索看剧本。但第二年即因文祸被罢官，或疑与《桃花扇》有关。《桃花扇》"借离合之情，写兴亡之感"。作品中明末复社名士侯方域与秦淮名妓李香君的爱情故事只是贯串情节发展的线索，作者所着意抒发的是南明一代的兴亡之感。"白骨青灰长艾萧，桃花扇底送南朝。不因重做兴亡梦，儿女浓情何处消。"这就使《桃花扇》高于一般的爱情剧而能引发人们深沉的思考与感慨。

至清中叶，由于康熙、雍正两代的平稳发展，社会趋于繁荣安定。明清易代的痛苦已成为历史的记忆，文学艺术的发展也相对走向繁荣。

活跃于清中叶诗坛的主要有"格调说"、"肌理说"、"性灵说"等流派。

"格调说"的倡导者为乾隆年间的沈德潜。沈德潜（1673—1769），字确士，号归愚，江南长洲（今江苏苏州市）人。他认为诗歌创作在形式上要注重格律声调，内容上要"温柔敦厚，怨而无怒"，要合于统治秩序。其作品多歌功颂德，少有反映现实之作。沈氏以诗论与选本著名。他编纂的《古诗源》与《唐诗别裁》两个选本对研究古典诗歌很有价值。

"性灵说"的倡导者为乾隆年间的袁枚。袁枚（1716—1798），字子才，号简斋，浙江钱塘（今杭州市）人。乾隆进士，曾官溧水等县知县，三十三岁即辞官，于南京小仓山筑随园，从事诗文写作，世称随园先生。其诗文"家弦户诵"，"为世所共推"。袁枚的"性灵说"继承晚明公安派抒写性灵的理论，但有其自己的思想体系。他批评程朱理学鼓吹的"存天理，灭人欲"，认为情、欲不可抑制。"使众人无情欲，则人类久绝而天下不必治；使圣人无情欲，则漠不相关，而亦不肯治天下。"① 袁枚也批评汉学考据，认为"宋学有弊，汉学更有弊。宋偏于形而上者，故心性之说近玄虚；汉偏于形而下者，故笺注之说多附会"②。这成为他的"性灵说"的思想基础。他主张诗写性情，指出：

---

① 袁枚：《清说》，《小仓山房文集》卷二二。
② 袁枚：《答惠定宇书》，《小仓山房文集》卷一八。

"诗人者，不失其赤子之心者也。"① 他反对沈德潜的"格调说"，是较彻底的反拟古主义、反形式主义者。当时，与袁枚同倡性灵的诗人还有蒋士铨与赵翼，因他们三人均为南方人，故合称为"江右三大家"。

"肌理说"的倡导者为乾隆、嘉庆时期的翁方纲。翁方纲（1733—1818），字正三，号覃溪，大兴（今北京市）人。翁氏所谓"肌理"，就是学问。他认为以学问入诗，就像肌肤纹理一样可使诗歌内容朴实，形式雅丽。他对沈德潜的"格调说"、袁枚的"性灵说"、王士禛的"神韵说"均持反对态度，认为作诗不在守格调、抒性灵或求神韵，而应以学问考据为作诗的根本。其结果是在诗中堆砌学问考据，使诗歌变成了枯燥无味的"学问诗"。

清中叶诗坛，除以上三派诗人外，独树一帜的还有郑燮与黄景仁。郑燮（1693—1765），字克柔，号板桥，江苏兴化人。乾隆进士，曾任范县知县。他性狷介不羁，不阿时俗，后辞官居扬州。他不仅精于书画，也工于诗歌，被称为"三绝"。道光时诗人张维屏评论说，郑燮的"三绝之中有三真：曰真气，曰真意，曰真趣"。正是有个"真"字，他的诗歌特点是不避俚俗，以白描取胜，多有抨击苛政时弊之作，如《逃荒行》、《悍吏》等。郑燮写的"家书"也很有名。他的"家书"表示了对农民的重视，认为"天地间第一等人只有农夫，而士为四民之末"，"使天下无农夫，举世皆饿死矣"，而"我辈读书人，一捧书本，便想中举、中进士、做官，如何攫取金钱，造大房屋，置多田产"。② 黄景仁（1749—1783），字仲则，江苏武进人，是一位富有才华的薄命诗人，三十五岁即因生计所迫贫病而死。他的诗歌多以诗人自己潦倒贫困的生活实情为内容。读他的诗歌，可感受到诗人强烈勃动的个性。黄景仁的《对月咏怀》中有"读书击剑好身手，野性束缚难为堪"的诗句，反映出作者在逆境中的自信与对自由的呼唤。这样的诗句出现在考据学风行的乾隆时期，实给人耳目一新之感。

清代中叶词坛，出现了以常州人张惠言（1761—1802）为代表的常州词派。常州词派逐渐取代了浙西词派在词坛上的统治地位。

浙西词派自清初朱彝尊创立后，以其空灵清疏的风格，一扫明词的浮靡猥

---

① 袁枚：《随园诗话》，上册，74 页，北京：人民文学出版社，1982。
② 郑燮：《范县署中寄舍弟墨第四书》，《郑板桥文集》，11 页，成都：巴蜀书社，1997。

杂，影响及于清中叶，在康、雍、乾三代居于词坛统治地位。其弊在取材范围较窄，意境上过于追求清空优雅，缺乏充实的现实社会内容，故在乾隆后期走向颓势。嘉庆时，张惠言不满于浙西派末流的轻弱纤碎，以风雅之旨相号召，扭转了清代中叶词坛风气，其影响延及近代，占据词坛一百余年。张惠言论词强调运用托物寄意的比兴手法，抒写身世之感与君国之忧，以提高词的立意格调与社会意义。具体到创作实践上，常州派词人的创作成就并不很高。

清中叶，散文领域最著名的流派是桐城派。桐城派始于方苞，经由刘大櫆和姚鼐等人发展，逐渐形成了完整的文论体系，至乾隆姚鼐时，蔚然成派。因他们三人都是安徽桐城人，故称为"桐城派"。

桐城派论文讲究"义法"，即要求文章内容与形式的统一；主张文章用词"雅洁"，即要求文字雅洁、通畅。方苞（1668—1749），字凤九，号灵皋，又号望溪。他首标"义法"，作为文章纲领。"义"指文章的思想内容，儒家经书就是"义"的源泉。"法"指表达思想内容的形式技巧，包括谨严完整的篇章结构、清真雅正的语言。"义"与"法"的关系是："义以为经，而法纬之，然后为成体之文。"① 方苞的散文写得简练雅洁、通达明畅，开创了清代古文的新面貌。刘大櫆发展了方苞的"义法"说，并进一步探求文学艺术规律。刘大櫆（1698—1780），字耕南，一字才甫，号海峰。他着重探讨了"神气"、"音节"、"字句"的关系，认为文章的内在气势与风格特征要通过具体的音节、字句去把握和表现，这对古代散文艺术理论是一个新发展。

乾隆年间的姚鼐是桐城派集大成者。姚鼐（1732—1815），字姬传，室名惜抱轩，世称惜抱先生。他在方苞、刘大櫆文论的基础上，提出义理、考证、文章三者合一的观点，即要把文章的观点、材料和表现技巧有机结合起来，在一定程度上揭示了散文创作的规律。姚氏一生著述甚丰，其代表作《登泰山记》是脍炙人口的散文名篇。他编选的七十五卷《古文辞类纂》，在宣传扩大桐城派的文学理论思想方面影响很大。姚鼐晚年以讲学为业，弟子颇多，其中以管同、梅曾亮、方东树、姚莹（一说为刘开）最为著名，世称"姚门四弟子"。

---

① 方苞：《又书货殖传后》，见《方望溪文集》，29页，北京：中国书店，1991。

受桐城派影响，阳湖派作为桐城支流形成于乾隆后期和嘉庆年间。此派以阳湖（今江苏常州）人恽敬（1757—1817）、张惠言为代表。阳湖派虽师承桐城派，但不似桐城派只局限于儒家经典，而是主张兼学诸子百家，并主张兼取骈、散两体之长，以救桐城古文的单薄。但此派人数较少，优秀作品不多，故影响不大。

在桐城古文极盛时，骈文创作也呈"中兴"气象，涌现出了李兆洛、汪中、洪亮吉、阮元等骈文作家，先后出版了多种骈文选本、总集。古文、骈文的关系，是时人关注的问题。骈文经衰落之后在清中叶又颇流行，自有其原因，不排斥有骈文家试图以骈文与桐城古文相抗衡，与古文家争夺文坛正统地位的意味。但也有一些古文家主张骈文与古文"相杂迭用"，融会骈散，认为"骈中无散，则气壅而难疏；散中无骈，则辞孤而易瘠。两者但可相成，不能偏废"①。曾师事姚鼐受古文法、阳湖文派的李兆洛（1769—1841），于道光元年刊行所编选的《骈体文钞》，就体现了这一宗旨。当时最著名的骈文作家汪中（1745—1794）被称为"清代骈文第一手"，其骈文格调高雅，余味悠长。他的代表作《哀盐船文》状写扬州江面某次盐船失火场面，文笔生动，惊心动魄。

清中叶的小说领域，产生了《儒林外史》与《红楼梦》两部长篇巨著。吴敬梓（1701—1754），字敬轩，晚年自号文木老人，安徽全椒人。他创作的《儒林外史》是我国古代讽刺文学的典范性作品，全书由许多彼此独立的故事勾连而成，并无一中心人物做主干。作者通过对众多腐儒形象的勾画，深刻揭露了科举制度的弊端，抨击程朱理学的"以理杀人"，开创了小说直接讽刺、评价现实社会生活的范例。正如鲁迅所说："迨吴敬梓《儒林外史》出……说部中乃始有足称讽刺之书。"②

《红楼梦》的作者曹雪芹（1715—1763 或 1764），名霑，字芹圃，号雪芹，又号梦阮，自署芹溪居士。先世是汉人，但很早隶籍于满洲正白旗包衣佐领，为皇室家奴。他的家庭从曾祖曹玺开始，一直到他的父亲，三代四人世袭江宁

---

① 刘开：《刘孟涂集·骈体文》，卷二。道光六年姚氏檗山草堂刊本。
② 鲁迅：《中国小说史略》，见《鲁迅全集》，第 9 卷，220 页，北京：人民文学出版社，1991。

织造，为皇帝办理织造用品等。祖父曹寅任江宁织造时，广交江南文士，自己也写诗、词、戏曲，主持刻印《全唐诗》、《佩文韵府》等书。康熙帝六次南巡，曹寅赶上迎接四次，皆以江宁织造署为行宫。雍正帝时，以织造款项亏空为名，下令削职、抄家。曹家从此家业凋零。曹雪芹正是经历了曹家由盛而衰的过程，他也从富贵豪华的生活变为"举家食粥酒常赊"。曹雪芹创作《红楼梦》就是在贫困的生活中进行的，"字字看来皆是血，十年辛苦不寻常"。曹雪芹生前和身后的一段时间，前八十回《红楼梦》即以抄本的形式在社会上流传，八十回之后的文稿不幸散失。现在流行的一百二十回本，一般认为后四十回是高鹗所续。《红楼梦》以贾、史、王、薛四大家族为背景，以贾宝玉、林黛玉的爱情悲剧为主要线索，展现了贾家宁、荣两府由盛转衰的过程，并在这一转变过程中，写出贾宝玉、林黛玉等许多人物的悲剧命运，反映了具有一定觉醒意识的青年男女在专制体制与旧式家庭遏制下的历史宿命。全书成功地塑造了贾宝玉、林黛玉、薛宝钗、王熙凤等众多栩栩如生的人物形象。概括地、典型地、真实地反映了我国 18 世纪中期的社会生活，尤其是贵族阶层生活的穷奢极欲、道德沦丧，封建统治者及其意识形态的丑恶，曲折地反映了那一时代必然崩溃、没落的历史趋势，达到了我国古典小说中现实主义艺术的最高峰。

嘉庆年间李汝珍（约 1763—约 1830）创作的《镜花缘》，是清中叶继《红楼梦》之后一部较优秀的长篇小说。这部作品通过对幻想的海外世界的描写，暴露和讽刺了现实社会中的黑暗，寄托了作者具有民主思想因素的"乌托邦"式的社会理想。该书最吸引人的地方是描写了众多富有才情的女子，颂扬了女性的才能，表现了作者对妇女社会地位的肯定。

嘉庆、道光年间的著名思想家与文学家龚自珍，以其富有激情与想象力的文学作品开始打破传统文学的沉寂局面，其诗文中表现出的反专制、反压抑、渴求个性自由解放的思想，首开近代文学先声。

二、艺术的繁盛

明清两代作为中国古典艺术集大成的发展时期，在戏曲、绘画、书法、音乐、建筑等艺术领域，名家辈出，精品纷呈，充分展示了中国古典艺术的杰出成就。

（一）戏曲艺术

明清是中国戏曲发展的黄金时期，戏曲创作名家辈出，各种声腔、剧种在戏曲舞台争奇斗妍。

1. 杂剧的衰落与南戏的发展

明代初年，由于皇族、士大夫阶层对北曲的偏好，以北曲为音乐基础的杂剧演出依然活跃，但这也使它日益走上宫廷化道路。这一时期的杂剧多是宣扬忠孝节义的教化戏、历史戏或空洞无物的神仙戏。

以北曲为音乐基础的杂剧经过元明两代一百多年的发展，形成了较严格的戏曲体制。但从元末开始，一些富有创新精神的剧作家试图打破南北曲界限，拉开了杂剧体制改革的序幕。明初剧作家大量学习和引进南戏的经验，使明杂剧表现出与元杂剧不同的特点。元杂剧通常是采用北曲联套，每本四折一楔子，一人主唱；明杂剧则曲调不限，南北曲合套，主唱不限。故明杂剧又被称为南杂剧，以与严格意义上的北杂剧相区别。杂剧艺术家的改革努力并未能改变杂剧衰落的命运，明中叶以后，随着南戏大盛，杂剧被逐渐挤出了戏曲舞台。

杂剧虽然被挤出了表演舞台，其剧本创作在明清两代却不绝如缕。至清代，杂剧基本上成了一种供文人士大夫抒情言怀的文学体裁。明清两代的杂剧代表作品主要有：王九思的《杜子美沽酒游春》，康海的《中山狼》，徐渭的《四声猿》，杨潮观的《发仓》、《二郎神》，洪昇的《四婵娟》等。

在杂剧走向衰落的同时，南戏却在不断发展。南戏自宋代产生以后，一直在民间流传。作为一种朴素的民间戏剧形式，它在音乐曲调、剧本结构等方面并无严格的规范。正是这种特点使南戏具有了很强的适应性，使其易于兼收并蓄，广为传播。加之明初朱元璋爱好南曲，一些有身份地位的文人也加入南戏的创作队伍，促使南戏在全国广泛流传。在这一过程中，南戏广泛吸取杂剧的长处，从而形成了一种以南曲为主，又在一定程度上吸收北曲成分的新戏曲剧本——明传奇，其影响及于明清两代。

在南戏基础上发展起来的明传奇具有以下特点：一是在剧本结构上，根据剧情发展的层次段落，分为若干出，即相当于现在的"幕"，出数不限，少则二三十出，多则五六十出，这较不分出的宋、元南戏是一种进步。二是一本传奇往往分为上下两卷，上卷结束的一出叫"小收煞"，下卷结束的一出叫"大收煞"。三是在音乐结构上大量引入北曲，刚健粗放的北曲与柔婉妩媚的南曲交替使用，便于充分发挥南北曲各自的声情优势，能更丰富地表现戏情与人物性格。四是在戏曲角色上，明传奇由南戏七角色增为末、生、小生、外、旦、贴、老旦、净、副净、丑共十角色。

明清两代传奇作品创作盛极一时。明传奇的代表作主要有：李开先的《宝剑记》，梁辰鱼的《浣纱记》，沈璟的《属玉堂传奇》十七种，高濂的《玉簪记》，汤显祖的"临川四梦"，即《牡丹亭》、《紫钗记》、《南柯记》、《邯郸记》四种。清代传奇的杰出作品是孔尚任的《桃花扇》与洪昇的《长生殿》。

2. 昆弋争胜

南戏在流播过程中，广为吸收各地的音乐与语言，从而逐渐形成风格各异的地方声腔。在明嘉靖以前就已经形成了弋阳腔、余姚腔、海盐腔、昆山腔四大声腔并存的局面。这四大声腔的剧本都采用传奇体制，不同声腔所用剧本大体可通。

弋阳腔产生于江西，余姚、海盐两腔出于浙江，昆山腔出于苏州。其中，余姚与弋阳两腔以通俗易懂著称，合乎大众欣赏趣味，而海盐与昆山两腔以柔静细腻著称，深得文人士大夫喜爱。明成化至嘉靖年间，是四大声腔并存兴盛阶段。嘉靖后，余姚腔与海盐腔逐渐衰落，弋阳与昆山两腔则更加兴盛，出现了昆弋争胜的局面。

弋阳腔采用以鼓击节，一唱众和的演唱方式，适合高台演出，在民间深受欢迎。弋阳腔在流播过程中，为迎合当地人的品味，随时随地吸取各地民间歌曲、土腔土调。这种入乡随俗的地方化过程，既使弋阳腔保持了旺盛的生命力，也促使弋阳腔在嘉靖、万历时期逐步演化成几种地方声腔，在江西北部发展为乐平腔，入皖变为徽州腔、青阳腔、石台腔、太平腔、四平腔，入浙变为义乌腔，流传到北京变为京腔。由声腔变种之多可以看出当时弋阳腔的盛状。

在弋阳腔分化演变的同时，昆山腔也发生了重大变化。嘉靖、隆庆年间，以魏良辅为代表的一批戏曲音乐家集南北曲之大成，对昆山腔进行了全面而成功的改革。在曲调上，魏氏引入北曲严于格律的长处；在唱法上，讲究字正腔圆，转喉押调，曲情理趣；在音乐伴奏上，一改南戏诸腔清讴干唱的传统，采用箫管、弦索、鼓板在内的完备伴奏。经过这样一番"水磨"加工改革，昆山腔开始步入大雅之堂，得到文人士大夫的青睐，走上了与弋阳腔完全不同的发展道路。将改革后的昆山腔搬上戏曲舞台的，是隆庆时的梁辰鱼（约1521—约1594）。他按照昆山新腔的格律，写成了昆曲传奇《浣纱记》，使昆山腔在戏曲舞台很快兴盛开来。从明隆庆年间至清乾隆中叶，是昆山腔创作与演出的全盛时期，它不仅得到文人士大夫的宠爱，还被朝廷列为"官腔"。正因为如此，这一时期的传奇作品，昆山腔传奇几乎是独占鳌头。像上面提到的《宝剑记》、《浣纱记》、"临川四梦"、《属玉堂传奇》十七种、《长生殿》、《桃花扇》等，都是昆山腔传奇。

3. 花雅之争

清代戏曲有"花"、"雅"之分。雅部专指昆山腔。昆腔以外的地方剧种如弋阳腔、秦腔、梆子腔、二黄腔等，均被称为"花部"或"乱弹"。

在明清两朝兴盛达四百年之久的昆曲，在后期愈来愈偏重曲词的欣赏，忽视作品的社会现实内容，形式主义日趋严重，到清中叶时已呈颓势。与此同时，被称为"花部"的地方剧种却纷纷崛起。戏曲舞台上出现了诸腔竞演、花雅争胜的局面。

北京是当时诸腔荟萃的地方，也就自然成为花雅之争的大舞台。

清初的花雅之争表现为京腔与昆山腔的抗衡。京腔是弋阳腔传入北京后的流变，来自民间的京腔在这次抗衡中逐渐取得优势，至乾隆时京腔六大班扬名京城，昆曲独霸京师戏曲舞台的局面被打破。但随着京腔走入宫中，与昆曲并列为御用声腔，京腔逐渐失去通俗性特点而趋于典雅，使它在戏曲舞台上的影响日趋减弱，观众也越来越少。

继京腔与昆曲争胜后，秦腔又入京与昆曲抗衡。康雍乾时的秦腔即山陕梆子腔，以硬木梆子击节为特点。乾隆四十四年，秦腔艺术家魏长生（1744—1802）进京献艺，以《滚楼》一剧名动京师，大有压倒京腔、昆腔之势。由于清廷采用崇雅抑花的政策，勒令秦腔艺人改归昆、弋两班，秦腔在京师暂时沉寂下去。

花雅争胜的第三回合发生在徽班与昆、弋两班之间。乾隆五十五年，为庆祝乾隆皇帝八十寿辰，各地组织戏班入京庆贺，兴起于安庆、活跃于扬州的三庆、四喜、和春、春台"四大徽班"陆续进京演出。徽班唱腔以二黄调为主，昆腔、花部兼演，诸腔并奏，集众所长，较单一声腔的昆腔、京腔更符合观众多样化的欣赏要求。至嘉庆、道光时，徽班几乎占据了北京城所有的戏曲舞台，使花、雅之争最终以"花部"告胜结束。

当徽班在京城极盛时，汉调艺人入京搭徽班唱戏，开始了徽、汉合流的进程。徽班以徽调中的二黄和汉调中的西皮为基础，并不断吸收京腔、昆腔、秦腔等诸腔杂调，逐渐熔铸起以皮黄调为主的京剧。京剧到清末时发展成流行全国的剧种，成为中华戏曲艺术中的瑰宝。

（二）绘画艺术

明代的绘画大体可以分为宫廷画、文人画两类。明代前期以宫廷画为主，至明中叶，宫廷画式微，文人画全面占领画坛。清初画坛向两极分化，呈现出正统文人画派与野逸派双峰对峙、并向发展的局面。

1. 明代绘画

明初严格的思想控制，使文化艺术的发展受到很大限制。在这一时期占据画坛主流的是宫廷画。

明代初年，皇室网罗了大批画家入宫作画，宫廷画盛极一时。这部分画家与他们的绘画被称为"院画家"和"院体画"。似与明朝在政治上采宋制而摒元制偶合，明代宫廷画主要继承两宋画院严谨细密的画风。林良（约1416—约1480）与吕纪（1477—?）是明代宫廷绘画成就最高的两位画家，两人均以画花鸟著称。林良的代表作是《灌木集禽图》，吕纪的代表作是《桂菊山禽图》。

明初画坛上最有影响的是以戴进为首的"浙江画派"，因浙派画风与宫廷画相近，画史上称之为"院体浙派"。戴进（1388—1462）兼融两宋名家之长，形成了严谨而不失挺健豪放的独特风格。他尤工于山水画，代表作有《风雨归舟图》、《春山积翠图》等。继戴进而起的浙派盟主为吴伟（1459—1508），其

清人绘《怡红夜宴图》
表现《红楼梦》第六十三回中诸位
姐妹为宝玉过生日的情节

甘肃东大寺《西游记》壁画（局部）

甘肃东大寺《西游记》壁画（局部）

三打祝家庄

清代版画《三打祝家庄》
取材于《水浒传》

122

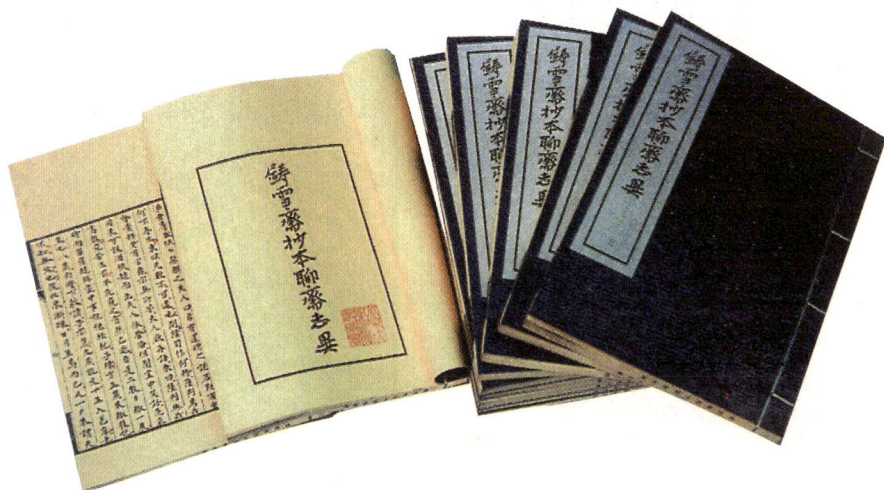

铸雪斋抄本《聊斋志异》书影

明刻『三言』、『二拍』之一
《喻世明言》插图

123

乾隆甲戌脂砚斋重评《石头记》书影

陈洪绶绘《西厢记》插图

徐渭 《墨葡萄图》

125

郑板桥绘《兰竹图》

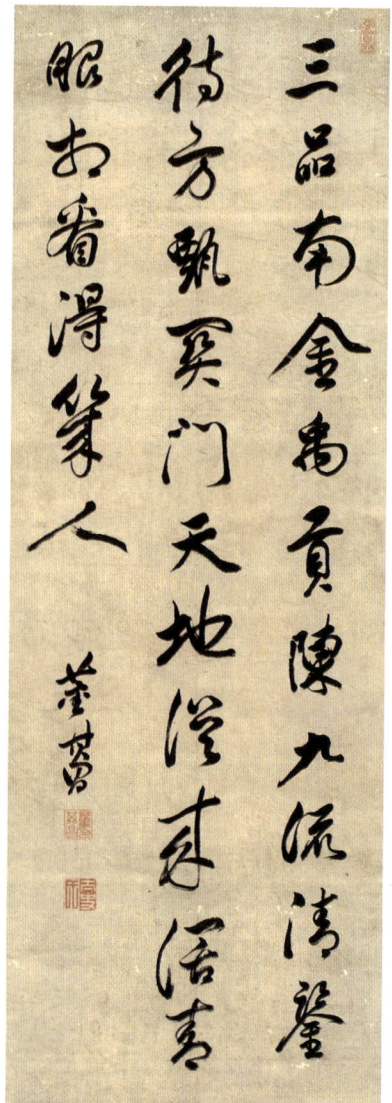

董其昌书法立轴

126

《同光十三绝》

郝兰田　张二奎　梅巧玲　刘赶三　余紫云　程长庚　徐小香　时小福　杨鸣玉　卢胜奎　朱莲芬　谭鑫培　杨月楼
[行路训子][一棒雪][雁门关][探亲家][彩楼配][群英会][群英会][桑园会][思志诚][战北原][玉簪记][恶虎村][四郎探母]
康　氏　莫　成　萧太后　乡下妈妈　王宝钏　鲁　肃　周　瑜　罗　敷　闵天亮　诸葛亮　陈妙常　黄天霸　杨延辉

127

乾清宫

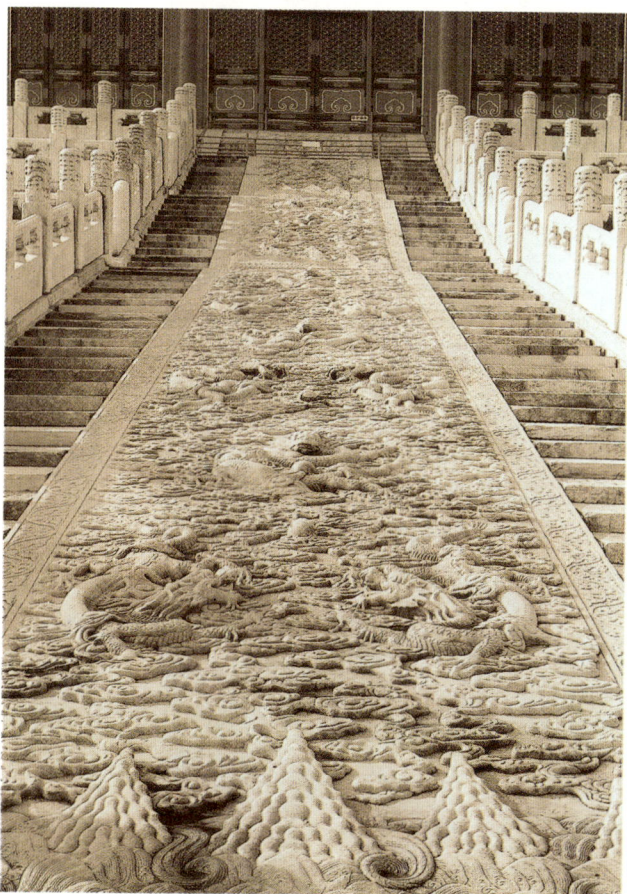

紫禁城保和殿后的云龙阶石

画风较戴进更为放纵，笔墨豪爽劲健。

至明中叶，宫廷画派与浙江画派式微，代之而起的是文人画派，其中以"吴门画派"为代表。

"吴门画派"崛起于苏州。明中叶时的苏州，经济繁荣，具有深厚底蕴的地方文化再次兴盛起来。当时的苏州聚集了不少名人雅士。但由于明中叶政治险恶，苏州地区的在野士大夫、文人学士只好以清高自居，寄情山水，用书画寄托悠闲清致而又萧疏冷寂的情致。在这样的条件下应运而生的"吴门画派"，自然打上了时代的烙印与吴中的地方特色。

"吴门画派"属于文人画派，他们善于用笔墨创作表现文人生活题材的山水画，开拓了元、明以来山水画的新境界。此派对明中后期的绘画影响甚大，沈周、文徵明、唐寅、仇英是此派四大名家，画史上称之为"吴门四家"。

沈周（1427—1509），字启南，号石田，晚号白石翁，长洲（今江苏苏州市）人。终身未仕，一生寄兴于诗画。其早年作品用笔细密，后期作品则改为写意风格，粗笔雄风，多描画园林景物或江南名胜风景，典型表达了传统文人退隐自居，寄情怀于山水的特点。他的水墨写意花鸟画，笔墨尚朴，风格淡逸，对明代写意花鸟画的风格有重大创新。他的传世作有《溪山暮雪图》、《风雨孤帆图》、《杏花图》等。其门人有文徵明、唐寅等人。

文徵明（1470—1559），原名壁，字徵明，后改字徵仲，长洲（今江苏苏州市）人。一度入京做官，随即返乡闲居。他的山水画有翩翩文雅之趣，多以幽雅深静的自然境界寄托萧疏幽淡的情致。文氏花卉画的成就不亚于山水画，他善作水仙兰花、古木竹石。他的画作达五千余件，其中如《古木寒泉图》、《洞庭西山图》、《漪兰竹石图》等为世人珍藏。

唐寅（1470—1523），字伯虎，晚号六如居士，江苏吴县人。弘治年间，考中江南乡试第一名举人。此后绝意功名，寄兴山水，致力于绘画。他的画博采众长，自成一家，兼擅工笔、写意，于山水、人物、花鸟俱有成就，传世名作有《簪花仕女图》、《落霞孤鹜图》、《山路松声图》等。

仇英（约1501—约1551），字实父，号十洲，居苏州。他曾为油漆工匠，喜爱绘画，得师友指点，成为名家。仇英擅人物、山水，尤以仕女画见长，风格萧疏雅逸。传世作品有《竹院逢僧图》、《莲溪渔隐图》等。

明代后期的画坛仍是文人画的天下，但派系繁杂，风格各异，山水画、花鸟画、人物画各科均有不小成就。

在花鸟画方面，陈淳与徐渭并称"白阳、青藤"（陈淳号白阳山人，徐渭号青藤），被誉为水墨大写意花鸟画派的开创者。陈淳（1483—1544）最突出的贡献是进一步发挥了水墨的功能，他善于运用草书"飞白"的笔势，水晕墨章的墨彩，来表现花卉疏斜、纷杂的情致态势，使笔墨水分在艺术形象的塑造中产生种种意想不到的微妙变化。其传世作品有《松菊图》、《牡丹图》等。徐渭（1521—1593）在花鸟画中不仅注重形式的创新，而且多以豪放的笔墨、酣畅淋漓的墨彩传情表意。因他一生坎坷，为人狂傲不羁，故他在创作花鸟画时多不拘绳墨，狂纵恣肆，并经常在画中题诗题句，借题抒发，以泄心中块垒。他的名作《墨葡萄图》是泼墨写意画的代表作。此作状物不拘形似，淋漓酣畅，气韵飞扬，颗颗状如泪滴的葡萄掩映在叶中，再配以"半生落魄已成翁，独立书斋啸晚风；笔底明珠无处卖，闲抛闲掷野藤中"的自题诗，画家一生牢骚不得志的心情流露无遗。

在山水画方面，门户派别众多，但以"华亭派"影响最大。"华亭派"的代表人物是董其昌。董其昌（1555—1636），字玄宰，号思白，别号香光居士，松江府上海县（今属上海市）人，后移居华亭县。万历进士，官至礼部尚书。他不仅长于山水，而且在书画理论上颇有创见，文人画在他手中得以进一步发展。其作品多临仿宋代各家画法，但又能脱其窠臼，得其神髓而自成一家。他长于运墨设色，讲究笔情墨韵，注重笔法运用，追求运笔的丰富变化，着力表现水分和空气的感觉。其弊在过于强调仿古，以古拙取胜，实为明清两代画坛复古主义滥觞。其传世名作有《江干三树图》、《秋兴八景图》等。在画论上，他提出著名的"南北宗"说，以南宗为文人画派，为画家正统，崇南贬北，排斥工笔画，树立起文人画在绘画史上的主导地位。此论虽带偏见，却影响深远。

在人物画方面，著名者有陈洪绶、崔子忠和曾鲸。陈洪绶（1598—1652），字章侯，号老莲，浙江诸暨人。崇祯时国子监生，授舍人。明亡，削发为僧，改字悔迟。工花鸟山水，尤长人物。他的人物画用笔简括夸张，造型奇古，所绘《水浒人物》，出人意表，甚获赞誉。时人及后人多称赏其画。清人张庚

《国朝画征录》说："洪绶画人物，躯干伟岸，衣纹清圆细劲，兼有公麟、子昂之妙。设色学吴生法，其力量气局，超拢磊落，在仇（英）、唐（寅）之上，盖三百年无此笔墨也。"① 崔子忠（？—1644）的人物画善于以衣纹线条弯曲多变来表现人物，他与陈洪绶并称为"南陈北崔"。曾鲸（1568—1650），字波臣，以肖像画著名。他将中国画传统技法与意大利传教士利玛窦来华输入的西洋画技法有机结合，独创人物写真时重墨骨而后傅彩渲染的"波臣法"。

2. 清代绘画

清初画坛的特点是文人画正统派与野逸派双峰对峙。

正统派指清初备受朝廷青睐的"四王"，即王时敏（1592—1680）、王鉴（1588—1677）、王翚（1632—1717）、王原祁（1642—1715）。他们与吴历（1632—1718）、恽寿平（1633—1690）一起，并称为"清初六大家"。

"四王"受董其昌的影响，主张学画从模拟古人入手，以得古人神髓为最高境界。他们尤其推崇元代黄公望的作品，把明末以来的摹古画风推向一个新的高潮，并因此影响画坛近两百年。"四王"在力倡摹古时，对前人的笔墨技巧、构图程式等做了大量总结性研究，既有利于后人学习传统画法，又是对中国绘画理论的贡献。"四王"中最杰出的画家是王翚。他虽倡言仿古，却不只限于黄公望一家。他曾尽其所能，遍览大江南北的古人名迹，广采众家之长，冶各家技法于一炉，其仿古之作几达以假乱真的程度。他的山水画，功力深厚，笔墨纯熟，被尊为清代传统笔墨之集大成者。其传世名作有《设色万里长江图》、《溪山红树图》等。

吴历以山水画闻名。他的画虽有摹古气息，却重于实景取材。恽寿平则以独创的没骨花卉画著称于世，所画花卉浓淡相映，匀称调和，呼之欲出。其传世名作有《出水芙蓉图》。

在正统派极盛时，野逸派则以其大胆创新、师法自然、强调个性解放的特点在清初画坛另辟蹊径，独树一帜。野逸派的代表为清初"四大名僧"及龚贤。他们或为明朝宗室，或为先朝遗民，故他们又被称为"遗民画家"。特殊的政治背景，使他们的画风与正统派迥异。

---

① 见吴敢辑较：《陈洪绶集》，624 页，杭州：浙江古籍出版社，1994。

"四僧"指石涛（1641—约1718）、石谿（1612—约1692）、八大山人（1626—1705）、弘仁（1610—1663或1664）。四人都是清初第一流的画家，其绘画各具特色。弘仁精写山水，兼画梅花，风格清逸峻雄，尤以擅画黄山著称。石谿用墨沉着，画面多高山巨壑，境界奇僻，气韵苍浑。八大山人即朱耷，他原为明宗室，明亡后，削发为僧。他的山水画多以残山剩水寄托亡国之痛，花鸟画则缘物抒情，以夸张变形、生冷苦涩的形象表达愤世嫉俗之情。传世作品有《山水图轴》、《山水空亭图轴》等。"四僧"中成就最高者为石涛。明亡之时，他尚在幼年，因而他的遗民意识较少。他对当时画坛的摹古之风十分反感，在绘画理论上主张师法自然，反对泥古不化，提出"搜尽奇峰打草稿"、"我自用我法"的主张。在创作实践上，他的山水画多取法造化，技法不拘一格，随境界不同而变化多端。其画不重意境，而重赋予山川以个人情感与人格，这是对中国传统山水画的突破与发展。其传世名作有《山水清音图》等。

　　与"四僧"同时代的著名野逸派画家还有"金陵八大家"，即龚贤、樊圻、高岑、邹喆、吴宏、叶欣、胡慥、谢荪。他们画风殊然，不能称之为派，但因八人均居金陵，故画史以"金陵八大家"相称，其中以龚贤最为著名。龚贤（1618—1689）力反复古，宗师造化，他的山水画多取材于南京一带的实景。为表现江南山川的湿润厚重，他一反流行的疏朗秀润的用笔，独创以浓笔湿笔层层堆积的"积墨法"，较好地表现了江南山水的滋润与生气。

　　清代中叶的画坛继续保持了文人画正统派与野逸派双峰并峙的局面。野逸派以"扬州八怪"为首，正统派则多为宫廷院画家。

　　"扬州八怪"指乾隆年间活跃于江苏扬州画坛的一批风格相近的画家，一般认为是金农（1687—1763）、黄慎（1687—1768后）、郑燮（1693—1765）、李鱓（1686—1762）、李方膺（1695—1754）、汪士慎（1686—约1762）、高翔（1688—1753）、罗聘（1733—1799）等八人，另外被列入"八怪"的画家还有华喦（1682—1756）等人。他们大都身居社会中下层，以卖画为生，与社会广泛接触，画风与正统派多有不同，因此被当时画坛视为"怪物"。

　　"扬州八怪"在艺术上直接承继了清初野逸派水墨写意画的传统，不重陈法，重师造化，贵抒性灵，敢于突破形式主义的束缚，注重艺术个性的张扬。

李鱓以破笔泼墨，豪放泼辣；汪士慎精于画梅，意境幽冷；罗聘的山水花卉，无不精妙，他善于画鬼，曾作《鬼趣图》以讽刺社会黑暗；郑燮工于竹、石、兰，尤精墨竹，风格朗秀，不拘成法；金农的绘画风格古拙，意境别致；黄慎的绘画题材多取于民间，他以粗笔作画，于粗犷中见精练；李方膺擅画梅花，以瘦硬见称；高翔工于山水，题材多取自江淮小景；华嵒的花鸟画简练传神，山水画布局新巧工稳。

作为以卖画谋生的职业画家，"扬州八怪"的绘画体现了艺术世俗化倾向。他们除画梅、兰、竹、菊、山水等外，还多以市民喜闻乐见的平凡事物入画。在艺术领域，他们也力图翻新，以适合市民不断变化的时尚。

在"扬州八怪"推进绘画个性化、贴近市民生活的同时，正统派却日益走入宫廷，成为御用宫廷画家。

清初的正统画派由于得到朝廷的扶植而大盛，至清中叶时，一批正统派画家聚于宫廷画院，并在宫廷画院中占据了山水花鸟画的领袖地位。著名的有唐岱、张宗苍等人。但他们走的基本上是因袭摹古的艺术道路，陈陈相因，成就平平。

宫廷绘画有两点突出成就：一是有许多出于歌功颂德目的而创作的反映皇室生活的作品，为后世留下了珍贵的历史记录；二是在中国绘画中参以西洋画法，出现了一批中西合璧的画家。

早在明神宗万历年间，意大利传教士利玛窦传入了西洋画法，明末的曾鲸就在中国传统人物画中参以西法透视。至清中叶时，由于一大批来自国外的传教士画家供奉于宫廷画院，西洋画法开始大规模传入，产生了参以西洋画法，糅合中西画法的新画派。其中以焦秉贞最负盛名，他是天主教传教士汤若望的学生。他的作品在描绘人物时，以传统工笔重彩为主，在画亭榭楼阁时，又吸取西洋的透视明暗画法，讲求明暗远近，富于真实感。

糅合中西画法的新画派的出现，对中国绘画的发展具有积极意义。焦点透视与明暗画法的输入采用，丰富了中国画的表现手法。

（三）书法艺术

明代书法以帖学为主，以行草见长，注重外在气势。

明代帝王多喜好书法，许多书法家被罗致到宫廷中。明成祖朱棣曾下诏征求四方能书之士，或编入翰林，或授予中书舍人的官职。他喜好王羲之、王献之书法，就精选二十八名中书舍人专学二王书法，让他们精研宫中所藏名帖，由此帖学大盛。帝王的喜好使得有明一代的文人士大夫多注重帖学，以模拟法帖为能事。加之明代科举取士重视书法工整，使得端方拘谨、整齐呆板的"台阁体"书法泛滥一时。种种原因使得明朝书法从总体上看趋于媚俗，缺乏创新精神，但也间有富于创新性的杰出书法家。

明初书法，首推宋克（1327—1387）。他与宋璲、宋广合称为明初"三宋"。宋克精于小楷，能得钟繇、王羲之神髓。其书法的最大特色是以楷书为根底，将今草、章草、行书巧妙糅合，笔势协调飞动，毫无生涩牵强之感，形成了秀美中涵劲骨的独特风格。其著名的自书《书谱》残卷就是这种杂色书法的代表作。

明代中叶，江浙一带的文人多以书画自娱，涌现出一批书法名家，其中以祝允明、文徵明、王宠三人最为有名，人称"有明三子"。

祝允明（1460—1526），因右手六指，故号枝生，世称祝枝山。他与唐寅、文徵明、徐祯卿并称"吴中四才子"。祝氏玩世自放，性格豪迈。其草书如其人，豪放纵逸，神采照人，被称为"明代草书第一"。其小楷学钟、王，工稳精谨，神韵俱足。

文徵明，五十四岁以岁贡生荐试吏部，授翰林院待诏，五十七岁时即乞归退隐。其书法风格高雅清俊，当是他淡泊心境的艺术再现。他兼擅楷、隶、行、草各体，小楷尤为精绝，能得王羲之笔意，法度谨严而不失活跃。垂暮之年，文徵明仍能写小楷而手不颤，字不散。八十二岁时所书小楷《醉翁亭记》，笔韵贯畅，无衰颓气象。

王宠（1494—1533），为唐寅女婿，屡试不第，最后以诸生贡于太学，仅四十岁而卒。他擅长楷、行、草书，尤善行草。他早期小楷学虞世南，草书摹王献之，到晚期逐渐摆脱古人束缚，形成疏拓遒劲的风格，与祝允明的奇崛、文徵明的俊雅相映成趣。

明代中叶前后的陈淳与徐渭在书坛上以标榜贵抒性灵而独树一帜。陈、徐二人在绘画上开创了水墨大写意花鸟画，在书法上则以纵情恣意的草书开启晚明浪漫主义书风。陈淳的草书气势奔放，领明代狂草先声；徐渭的狂草纵横洒落，奔腾泼泻，似在宣泄胸中磊落不平之气。

邢侗、张瑞图、米万钟、董其昌，并称为"晚明四大家"。但邢侗的草书显得偏促，米万钟的行书伤于迟疑，成就明显低于张、董二人。

张瑞图（1570—1644），二十八岁中进士，官至建极殿大学士。崇祯帝即位时，他因为魏忠贤生祠题写碑文一事坐案，后获赎返乡为民。他在师法钟、王的基础上，追随徐渭的浪漫主义书法风格，另辟蹊径，用笔方硬劲健，无媚俗之态，风格奇宕，其作品方折连绵，有波涛奔流不息的气势，自成一格。略后于张瑞图的晚明浪漫派书家还有黄道周、倪元璐等人，黄氏工于章草，倪氏工于行草。

董其昌在"晚明四家"中成就最高。他以秀逸潇洒的风格影响了明末至清代的书法三百年，为中国古代书法史上最后一位开一代风气的宗师。他广泛临学古人，用力甚勤，八十一岁还临帖不辍。他早年先学颜真卿、虞世南，后改学钟繇、王羲之，同时兼取米芾古淡之长，因此他的书法融合了晋、唐、宋、元各家书风，自成一体。其作品笔画圆润劲利、平淡古朴，在章法布势、字间行距上宽绰空阔、疏朗匀称，给人以清疏典雅之感。

清代是中国书法史上的"中兴"时期，各体书法竞相争盛，书家之众，几与唐代比肩。康有为曾说："国朝书法凡有四变：康、雍之世，专仿香光（董其昌）；乾隆之代，竞讲子昂（赵孟𫖯）；率更（欧阳询）贵盛于嘉、道之间；北碑萌芽于咸、同之际。"① 这段话基本上概括了清代书法的发展轨迹。

清初书坛，遗民书家以其奇崛狂怪的风格独树一帜。其中以傅山最为著名。傅山（1607—1684），字青主，别署石道人，山西阳曲人。他有强烈的民族意识，明亡后至死不应清试。其书法篆、隶、楷、草皆工，追求宁拙毋巧，宁丑毋媚，宁支离毋破碎，宁真率毋安排的艺术境界。他以朴厚苍古、大巧若拙、浓黑见雄的书法一改明末柔媚书风。

康乾时期，帖学盛行。董其昌、赵孟𫖯的书法先后独领风骚。原因在于康熙帝崇董而乾隆帝尚赵，皇帝的喜好影响了一代书风。这一时期的文人墨士纷

---

① 康有为：《广艺舟双楫》卷二，《体变》，见《康有为全集》第1册，429页，上海古籍出版社，1987。

纷摹帖，疏淡纤瘦的董体或是圆润丰腴的赵体风靡书坛。这种书风，只求形似而不求神似，最后形成了千人一面、一字万同、规范谨严、黑大圆光的"馆阁体"，窒息了书法艺术的生命。

康熙年间的帖学名家有姜宸英、沈荃、何焯、汪士鋐等人，乾隆时的帖学名家有翁方纲、刘墉、梁同书、王文治等人。清代帖学对书法的贡献，当是三十二卷《三希堂法帖》的汇刻。这部规模宏大的法帖为乾隆皇帝主持汇刻，汇集了从三国至明代法帖艺术的精华，摹刻拓印精良，对保存与传播中国古代书法艺术有重大价值。

在帖学风行一时的同时，清代书法的另外一个趋向是碑学渐兴。碑学的兴起当有以下几个因素：一是雍、乾时期酷烈的"文字狱"迫使知识分子把眼光束缚到经史考证与诠释上，金石文字作为考据工具备受青睐；其二是帖学到清代已渐入末途，日益显得萎靡纤弱。金石文字由于朴学的兴起大批出土，其自然朴茂的风格一扫帖学柔俗积习，为书家展现了一片审美的新天地。他们纷纷沉浸到碑拓中，力求从中探求笔法技艺、风骨神韵，碑学之兴遂成大势。以嘉庆为界，清代碑学大致可分为前后两期，康熙至嘉庆年间的前期碑学书家喜爱秦篆、汉隶，嘉庆至光绪年间的后期碑学家则多崇尚北朝碑刻。这里主要述及前期。

康熙年间，就有一些求创新的书家远离法帖，潜心碑刻，追求更为高古淳朴的字体，成为清代碑学先行者。这一时期的碑学书家多喜好汉碑，师法汉隶，其中以郑簠（1622—1693）为代表。他以行医为业，终身未仕。郑氏工隶书，又精行草，其书法特色是在隶书中参行草笔意，笔画变化多端、流走飞舞，时人称之为"草隶"。他是首开清代碑学先河的书法家。

郑簠以金石书体参以今体的艺术实践对"扬州八怪"启发颇大，他们更加有意识地突破帖学局限，碑帖并行，以碑纠帖，融合秦篆汉隶用笔而各生新意，其中以郑燮、金农为代表。

郑燮，诗书画皆佳，书如其画，别有狂怪意趣。他融隶、篆于行、楷之中，再加入兰竹画法，形成独具风格的书体，显得古朴奇崛，意趣盎然。金农的书法特点是以秃笔重墨，用楷书笔法写隶书，笔画方扁，横画粗，竖画细短，以斜取势，其字如同漆刷刷出，人称"漆书"，笔意多与汉简帛书相合。

碑学大兴是在乾隆下半期以后。这时金石出土日多，为书家提供了更多的研习范本，加之乾嘉考据学派兴起，促成碑学兴盛。其中以嘉庆年间的邓石如最为著名。

邓石如（1743—1805），一生以篆刻书法为业。擅长篆书、隶书，尤以篆书著名。邓氏篆书的独到之处是一改当时书家恪守传统篆书匀整圆婉的格局，在篆书中融入金文、隶书、汉碑的笔法结构，将篆书线条流转的圆角改成略带方折的锐角，用笔坚劲沉着，形成劲利雄强的风格。他的隶书也颇有创新，融篆书笔意于隶书中，以隶书朴实的线条蕴含篆书圆润的笔意，给人以刚柔相济之感。

当邓石如在篆书、隶书创新成功之际，阮元（1764—1849）以《南北书派论》、《北碑南帖论》两书论力主学习碑版，反对唯"阁帖"是从。由于阮元历任总督、大学士要职，他崇碑贬帖的书论很有号召力，碑学盛行成为不可逆转之势。

嘉、道至同治、光绪年间，书家由崇尚秦篆、汉隶转为宗奉北朝碑刻，人人以学魏碑楷法为时尚，碑学书派彻底压倒帖学派，主宰了清代书坛。

（四）音乐艺术

明清两代城市经济的发展与市民文化的发达，推动着说唱音乐、戏曲音乐及器乐艺术进一步发展。在市井音乐艺术繁荣的同时，明清时期民间歌曲也极为丰富，产生了大量优秀民歌。在乐律理论方面，明代的朱载堉在世界上创先发现了十二平均律。

1. 说唱音乐

所谓说唱音乐，泛指散韵相间，说唱交替，以铺叙长篇故事或表达短篇抒情的音乐品种。明清的说唱音乐主要包括鼓词和弹词。它们在宋元时被通称为词话，经过长期的演化流播，到明中叶以后，南北方词话显示出不同的音乐风格，遂分化为弹词和鼓词两系。

鼓词流行于我国北方诸省，唱词多为七字句，辅以十字句。早期鼓词多为长篇历史故事，现存最早的鼓词传本是晚明刊印的《大唐秦王词话》、《杨家将》等长篇唱词。清中叶以后，兴起选唱段落的"拆唱"、"段儿书"，长篇唱词渐少。在伴奏上，早期鼓词只用檀板和单皮鼓，演唱者自击鼓板掌握节奏，后来又加用三弦，说唱上讲究吐字行腔。

清代中叶以前的鼓词，唱腔朴实简单，多以一个上下句反复迭唱，称为"鼓崩词"。梅、清、胡、赵四家为当时北京最为著名的鼓词艺人，其中梅家善唱，清家擅弹。乾嘉时期，八旗子弟中盛行短篇鼓词，称为"子弟书"，代表作品有罗松富的《红拂私奔》、韩小窗的《露泪缘》等。"子弟书"用词雅驯，音乐和缓，其唱腔有东韵、西韵之分。东韵悲壮激越，流行于北京东城区；西韵低回柔婉，流行于北京西城区。

短篇鼓词在乾嘉时期流播各地，并与民歌、小曲相结合，形成了称为"大鼓"的鼓词类说唱艺术。北方有流行于山东、河北的西河大鼓，流行于山东的梨花大鼓，流行于北京、天津一带的京韵大鼓等。南方温州、扬州以及湖北、安徽等地也有鼓词与当地民歌小曲相结合而成的各种大鼓流派产生。

弹词主要流行于我国南方，其中以苏州弹词影响最大。宋、明时又称为"陶真"、"弹唱词话"。弹词作品多为长篇，歌词以七言诗为主。著名唱本有《再生缘》、《珍珠塔》、《义妖传》等。

明代的弹词，多用琵琶伴奏，由演唱者自弹自唱。到了清代康乾时期，伴奏乐器除用琵琶外，还有三弦，形成了三弦、琵琶紧密结合的伴奏手法。表演时，或由一人以琵琶或三弦伴奏，自弹自唱；或由一人弹琵琶、一人弹三弦，轮流说唱，同弹伴奏。

清代中叶以后涌现出一批优秀弹词艺术家，其中以俞秀山、陈迁乾、马如飞等最为著名。他们在唱腔上各有特色，号称陈调、马调、俞调。陈调苍凉粗犷，俞调柔婉细腻，马调质朴雄健。他们三人对弹词影响极大。有清一代的弹词唱腔虽然流派繁多，但多不出俞、陈、马三调范围。

2. 器乐艺术

古琴与琵琶音乐在明清时期得到较大发展，演奏名家辈出，流派纷呈，一些较有系统的曲谱得以汇辑刻印，并涌现出许多形象生动、意境高远的优秀乐曲。

明代琴界主要有"浙派"与"虞山派"。

"浙派"代表为明代琴家徐诜。他的曾祖为南宋琴家徐天民，浙派即为徐天民后学。徐诜以琴艺高超而得明成祖赏识。明代许多有名琴家，如王礼、金应隆、吴以介、张公助、黄献、萧鸾，都出自徐门，故有"徐门正传"之称。浙派曾多辑谱集，多授生徒。徐诜编印了《梅雪窝删润琴谱》，黄献编印了《琴谱正传》，萧鸾编印了《杏庄太音补遗》。

明朝嘉靖、万历年间，常熟琴家严澂（1547—1625）在常熟虞山组织"琴川社"，被称为"虞山派"。严氏本人因官场失意而退居山川，故提倡轻、淡、微、远的演奏风格，其编印的《松弦馆琴谱》多收慢曲，这非常投合忘情山水的文人士大夫的欣赏口味，因此，虞山派在明清两代影响很大。徐青山是"虞山派"另一个代表人物。他不反对清微淡远的音乐审美标准，但他同时认为琴曲不能只求简缓而无繁密，应该"有徐有疾"。这在一定程度上纠正了严澂的偏颇。

清代古琴以扬州"广陵派"最为著名，其代表有徐常遇、徐祺、徐俊等。徐常遇为清初著名琴家，编有琴谱指法，艺术上主张严守古曲，认为古曲"可删不可增"。康乾年间的徐祺、徐俊父子花费三十余年时间编成《玉知斋琴谱》，遍收名家琴谱。徐氏父子还对收入该琴谱的传统琴曲进行艺术加工，使其在形象、意境诸方面都较原曲有了提高。

明清著名琴曲有《秋鸿》、《雁落平沙》、《渔樵问答》、《良宵引》、《水仙楼》、《龙翔操》等。

琵琶艺术在明清时期也有很大的发展，先后涌现出张雄、李近楼、汤应曾、王君锡、陈牧夫、华秋萍等琵琶演奏名家。明人张雄弹《海青拿天鹅》，给人以满厅鹅声之感。李近楼在中年双目失明后潜心琵琶，能以琵琶模拟各种声音，惟妙惟肖。明末清初的汤应曾因弹艺过人，时人称为"汤琵琶"。明朝王猷定在《汤琵琶传》中说汤应曾"尤得意于《楚汉》一曲……使闻者始而奋，既而恐，终而涕泣之无从也，其感人如此"。清代琵琶演奏形成南北两派，陈牧夫为南派代表人物，王君锡为北派代表人物。

在琵琶曲目方面，元代产生的《海青拿天鹅》在明清两代继续流传，明代出现了《塞上曲》、《楚汉》、《洞庭秋曲》等著名大曲。《楚汉》一曲当是著名琵琶曲《十面埋伏》的前身。《十面埋伏》主要表现刘邦、项羽垓下之争，最早见于清代琵琶家华秋萍编印的《琵琶谱》中。这本曲谱还收有《海青拿天鹅》、《霸王卸甲》、《将军令》、《月儿高》、《普庵咒》等六部大曲和《昭君怨》等小曲。

明清时期各地还有多种多样的民间器乐合奏形式，主要形式为鼓吹乐与丝竹乐合奏。鼓吹乐合奏一般以唢呐、笛子等吹管乐器主奏，以锣鼓等打击乐器相和或相间进行合奏。丝竹乐合奏一般以弦乐器如二胡、三弦、琵琶、扬琴和竹制管乐器如笙、笛、箫等为主要乐器，辅以板鼓，不用锣鼓。鼓吹乐合奏的品种有西安鼓乐、十番鼓等，丝竹乐合奏的品种有福建南音等。

西安鼓乐是流行于西安地区的民间器乐合奏品种。它主要使用鼓、铙、钹、锣、云锣、梆子等打击乐器和笛、笙等吹管乐器，其曲调主要源于宋词、元杂剧曲牌及南北曲牌。演奏形式分坐乐、行乐两种，坐乐在室内演奏，行乐在街上行进时或在庙会等群众场合演出。

十番鼓主要流行于无锡、苏州、常熟等地。清李斗《扬州画舫录》记当时十番鼓用笛、管、箫、弦、提琴、云锣、汤锣、木鱼、檀板、大鼓十种乐器。其曲调部分源于唐宋歌舞曲和词牌，大部分是明清南北曲。十番鼓套曲结构形式独特，进行一般由慢到快。

福建南音流行于泉州、漳州、厦门、台湾及东南亚等地，保留了很多古代音乐风貌。如福建南音使用的琵琶与唐代曲项琵琶相类，洞箫与唐代尺八相近，二弦与宋代奚琴几乎一样，曲调名中也有不少汉、唐古曲名，故南音又有音乐"活化石"之称。南音曲调古朴，节拍舒缓，因所用乐器不同而有"洞管"与"品管"之分。洞管用洞箫、琵琶、二弦、三弦、拍板，品管用品箫、南嗳（小唢呐）、琵琶、木鱼等。

明清时流行较广的民间合乐，还有北京智化寺音乐、山西八大套、潮州音乐等。

3. 民歌小曲

明清时，民歌称为"山歌"。小曲实际上就是艺术化的山歌。山歌以乐器伴奏，加上过门，就成为小曲。

明清两代，民歌小曲广泛流行。明代沈德符《万历野获篇·时尚小令》记载：民歌小曲在明代中叶已经达到"不问南北，不问男女，不问老幼良贱，人人习之，亦人人喜听之，以至刊布成帙，举世传诵，沁人心腑"①的繁荣程度。

明清两代民歌小曲的繁荣与文人参与民歌加工创作、收集整理有关。明代中叶以降，俗文学兴盛，流行于民间的山歌小曲以其生动有趣、饱含生活气息引起城市知识分子的注目，他们或在通俗文学创作中吸取民歌小曲的营养，或亲自动手收集、整理民歌小曲。冯梦龙收集整理的《童痴一弄·挂枝儿》与《童痴二弄·山歌》首开明清私人收集出版民歌小曲的风气，是最值得重视的明代民歌专集。他还模拟民歌创作了《夹竹桃顶针千家诗山歌》。现存明清民歌小曲歌词集、曲谱集有十几种。

明清两代民歌小曲曲调明快，歌词俚俗易懂，反映着广泛的社会内容。其中以反映对自由爱情追求的民歌为最多，这些作品大胆泼辣，充满强烈的个性解放色彩与冲破礼教束缚的愿望。除这类作品外，揭露社会矛盾、反映底层人民苦难生活的民歌小曲也不少。

4. 民族民间歌舞音乐

明清时期音乐文化的兴盛，使汉族民间歌舞与少数民族地区的歌舞音乐都有了新的发展。流行于明清的汉族民间歌舞主要有花鼓、采茶，流行于少数民族地区的歌舞音乐主要有木卡姆、囊玛等。

花鼓是一种以演唱为主的汉族民间歌舞，又名打花鼓或秧歌，明代起源于安徽凤阳。早期凤阳花鼓的表演形式简单，一般是男女两人，一人击鼓，一人敲锣，两人边舞边唱，另外还有一人拉胡琴伴奏。演出时，男女两人列出一队，随音乐节奏前走后退。凤阳花鼓在全国流播十分广泛，其原因在民间传唱的"凤阳花鼓"一曲中反映得很清楚："说凤阳，道凤阳，凤阳本是好地方，自从出了朱皇帝，十年倒有九年荒。大户人家卖骡马，小户人家卖儿郎；奴家没有儿郎卖，身背花鼓走四方。"清代雍、乾年间，花鼓在江浙等地传开，并发展成花鼓戏。

采茶是一种流行于南方及西南地区的民间歌舞。最初从采茶所唱歌调中产生，加上舞蹈表演娱乐形式而成为歌舞。

---

① 沈德符：《万历野获篇》中册，647页，北京：中华书局，1959。

木卡姆为维吾尔族传统歌舞音乐。它大致萌芽发育于明代，至清中叶走向成熟。木卡姆作为大型歌舞套曲，共有十二大套，每套均由"大拉克曼"、"达斯坦"、"麦西热普"三个部分组成，包括序歌、叙诵歌曲、叙事组歌、舞蹈组歌、间奏曲等。伴奏乐器有沙塔尔、丹不尔、独它尔、热瓦甫、艾捷克、扬琴、手鼓、沙巴依等。木卡姆节奏生动，曲调极为丰富，歌词多属名诗、歌谣和民间故事。

囊玛是藏族宫廷古典歌舞，产生于清顺治、乾隆年间，因常在达赖喇嘛的官邸内室（藏语"囊玛康"）演出而得名。它流行于拉萨、日喀则、江孜等地。囊玛是室内乐舞，故以歌为主，舞蹈为辅。其音乐由引子、歌曲、舞曲三部分组成。歌曲悠扬古朴，富于抒情；舞曲热情洋溢，节奏强烈。伴奏乐器有札木聂、扬琴、笛子、京胡、特琴（形似二胡）、串铃等。

其他各民族也有许多优秀的传统歌舞音乐，如朝鲜族的农乐舞，广西瑶族的长鼓舞，云南彝族的"跳月"、"打歌"，傣族的象脚鼓舞等。

5. 乐律理论

明清两代在乐律理论上的杰出成就是朱载堉提出的"新法密率"。

朱载堉（1536—约1610年），字伯勤，号句曲山人，明宗室郑恭王朱厚烷之子。他一生潜心音乐，无意政治。他所著《乐律全书》四十七卷是中国音乐史上划时代的巨著，其中收有他的主要乐律著作《律学新说》、《乐学新说》、《律吕精义》、《律历融通》等。

朱载堉系统总结了中国传统乐律学理论和经验，在1567～1581年间提出的"新法密率"，为世界上最先提出的十二平均律的等比数列原则。"新法密率"是以开方的方法计算律的长度，使十二律间的音程达到严格的均匀性，从而科学地解决了三分损益法造成的"黄钟不能还原"的千古难题。这不仅是对中国音乐史的重要贡献，也是16世纪世界音乐史、物理声学史上的重大成就，深刻地影响了音乐的发展。

（五）建筑艺术成就

明代的建筑艺术成就主要体现在北京城、皇宫及私家园林的营建上。圆明园与承德避暑山庄等皇家园林则集中体现了清代的建筑艺术成就。

1. 明代的建筑艺术成就

明代北京城与皇宫集中体现了中国古代城市建筑与宫殿建筑艺术的成就。

明代北京城是在元大都的基础上发展起来的。其布局继承了中国古代都城以中轴线为全城骨干，皇宫居中轴线中部的城市建筑传统风格。明代北京城的中轴线长达八公里，贯穿南北。这条中轴线自永定门起，经正阳门、大明门、承天门、端门、午门进入宫殿区，宫殿区中心为太和殿，然后出神武门到达全城的制高点——高约五十米的景山，在景山之后，继续向北延伸，经皇城北门地安门，最后以形体高大的钟楼、鼓楼为中轴线的终点。"皇宫居中"的布局，突出了帝王至高无上的权威与地位，沿中轴线东西两边街道布建了天坛和先农坛、太庙和社稷坛等成组对称的纪念性大建筑，使北京城显得庄严肃穆。

皇宫旧称"紫禁城"，始建于明代永乐年间，位于北京城南北中轴线中心。它规模浩大，占地约七十二万平方米，有各类建筑九千九百九十余间，建筑面积达十五万平方米；周围有十多米高的城墙和五十多米宽的护城河；整座皇城，一片红墙黄瓦，恰似浩瀚的"宫殿之海"。从文化角度看，皇宫建筑充分体现了"天子至尊"、"皇权至上"的宗法礼制，严格按照"前朝后寝"、"左祖右社"的宫殿布局古制。整座宫城分为前后两部分，即外朝、内廷。外朝是帝王行使权力、举行盛大典礼的地方，它以太和、中和、保和三大殿为中心。三大殿并列建筑在皇宫的中轴线上，太庙与社稷坛分列左右两侧。三大殿均建在八米多高的汉白玉台基上，四周廊庑环绕，气势磅礴。太和殿是三大殿的中心，它是帝王即位，或节日庆贺、朝令大典的地方，故又称金銮殿，因此它是皇宫中最主要、最高大也是等级最高的建筑物。太和殿面阔达十一间，采用重檐庑殿顶这种最高等级的屋顶形式，并盖以黄色琉璃瓦，殿内沥粉贴金，重施五彩，极尽一切建筑艺术手段来突出帝王的尊严。内廷以乾清宫、交泰殿、坤宁宫为主体，是帝王办事和居住的地方，其东西两侧六宫为嫔妃住所。

明代文人修建私家园林的风气很盛，特别是明正德与嘉靖年间，由于社会经济繁荣，中国的园林艺术也进入了成熟时期，当时的北京、南京、苏州、松江、嘉兴等地园林荟萃。顾名思义，文人私家园林多为士大夫知识分子所营建，它们一般为住宅的延伸，是依附于住宅的宅傍园，园林的面积也较小，不似皇家园林那样宏大、壮丽，却以园景中融入的文心诗意而别具韵味，令人流连忘返。无锡的惠山园，苏州的拙政园、怡园、狮子林、留园等私家园林，就以幽雅精致闻名于世。其中以拙政园为明代文人私家园林的代表。

苏州拙政园是我国古代四大名园之一，为明正德年间辞官归乡的御史王献臣所建。王氏的挚友，当时的著名文人、画家文徵明参与设计。文氏也曾入京做官，但随即返乡闲居。王、文二人浓厚的归隐情怀，意欲远离政治的萧疏淡泊的情致，使拙政园从总体到局部都显露出幽雅深静的特点，寄托着古代文人的隐逸理想与情趣。全园在总体布局上以山水为主，水的面积约占全园的五分之三，因此显得舒朗简淡、自然典雅。全园共分为东、中、西三部分，东部园较为空阔，建筑稀疏，树密草多，显得自然清旷。中部园为全园精华，其布局以水面为中心，利用山岛、洲渚与水的分流聚合来不断分割空间，构成以远香堂为主的几个不同景区，各景区之间又藉曲廊、小桥等相互连接，既营造出幽雅深静的园林景致，又给人以移步换景的感觉。西部园主要由三十六鸳鸯馆和十八曼陀罗花馆南北厅组成，陈设典雅。此处既可欣赏名贵的山茶花（别名曼陀罗花），又可依窗观看荷花池中驯养的鸳鸯戏水，饶有情趣，把文人闲居的雅兴逸致发挥得淋漓尽致。

2. 清代的建筑艺术成就

清代建筑艺术的成就集中体现在皇家园林的营建上。从康熙帝到乾隆帝，几代帝王耗费大量民力国财在北京西郊陆续兴建了三山五园——香山静宜园，玉泉山静明园，万寿山清漪园（今颐和园）、畅春园、圆明园；又在河北承德修建了我国最大的皇家苑囿——避暑山庄。这些园林继承发展了我国传统的园林建筑艺术，创造性地吸收和借鉴了南北名园的胜景，全面体现了中国传统建筑艺术的成就。这些皇家园林中成就最为突出的是圆明园与承德避暑山庄。

圆明园为环绕福海的圆明、万春、长春三园的总称，遗址在北京西郊海淀附近。它始建于康熙四十八年，直至咸丰年间，前后经营一百五十多年，规模惊人，建筑物达一百四十余处，建筑面积计十六万平方米，比故宫还多一万平方米；罗列国内外名胜四十景，号称"万园之园"，"人间天堂"。在建筑风格上，中西结合，既有中国传统的木结构建筑，长春园中又有海晏堂、远瀛观等西洋风格的建筑群。园中建筑均以长廊、城垣、桥梁等与自然景物相连，显得和谐自然，毫无拼凑生硬之感。园中各处建筑风格迥异，每处建筑都给人以耳目一新的感受，如正大光明殿显得庄严伟大，万方安和殿显得轻巧飞逸，琉璃宝塔显得金碧辉煌，九孔石桥则显得明朗朴素。在风景上，圆明园景色的最主要特点是"因水成景，借景西山"。前湖、后湖、福海以及周围的大小水面均因水成景，景景依水，相映成趣。借景西山是圆明园风景的一大特点，福海西岸堆叠的人工山脉就较其他各岸的人工堆山低一些，主要就是为了更好地借景西山。福海东岸还营建了接秀山房与雷峰夕照两景，以便于远眺西山秀色。

咸丰十年（1860年），英法联军侵略中国，占领圆明园。这座经营了一百五十多年，综合中西建筑艺术成就，聚集了古今艺术珍品和历代图书典籍，世界上少有的壮丽宫殿和园林，在惨遭侵略军大肆抢掠后，又被纵火烧毁。

承德避暑山庄是清代建筑中的又一杰出成就。它始建于康熙四十二年（1703年），建成于乾隆五十五年（1790年），为清代帝王避暑行宫。避暑山庄面积广阔，周围绕以虎皮石墙，随山势起伏，长达十公里。山庄分为宫殿区和苑景区两大部分。宫殿区有正宫、东宫、松鹤斋、万壑松风等四组建筑。正宫大殿澹泊敬诚殿，全为楠木结构，殿内散发出浓郁的楠木香气。苑景区又分为湖区、平原区、山峦区三部分。湖区中洲、岛罗列，主要景点有如意洲；平原区建筑物不多，主要供帝王游猎之用；山峦区的著名景点为梨树峪，因种有万树梨花而得名。整个苑囿背山面湖，五分之四为山岭，五分之一为平原水面，几十处景点散布其间，整个布局恰如一幅中国山水画，意蕴深长，令人流连忘返。

第五章
教育与科举制度

　　中国古代传统教育在明清两代走向高度成熟。明清时期不仅有系统严密的文教政策，还建立起从中央到地方各级的完整官学教育体系。民间讲学之风也十分盛行，书院林立。书院教育的蓬勃发展，既推动了明清两代平民教育的发展，又孕育产生了一批杰出的教育家。明清教育在走向成熟的同时，也不可避免地随着专制政权的衰落而走向僵化。以教化、控制为中心的文教政策使教育最终成为专制政权的奴仆，科技教育几乎被完全忽略。尤其是日益僵化的科举制度，在明清两代已失去往昔的朝气，弊端日显，成为压制人才、阻碍创新的工具。

一、以儒学为中心的文教政策

与历代专制王朝同出一辙，明清两代的统治者为了巩固政权，选择了儒家思想作为维系宗法专制的统治思想。儒家思想自然成为明清两代文教政策的指导思想。为了强化儒家思想在文教领域的地位，明清两代在总体上都推行尊经崇儒、推崇程朱理学、强化文化专制主义的文教政策。

（一）尊经崇儒，推崇程朱理学

尊经崇儒的教育政策包含两个方面：一是树立儒士在社会上的崇高地位，二是以儒家经典为文化正统。其意在使儒家经学在教育领域占据主导地位，最终目的是取得思想与政治上的控制权。

要树立儒学的绝对权威，首先要确立儒士与经学在社会上的崇高地位，使儒士身份成为整个社会的追逐目标。

明清两代统治者深谙尊孔重儒、崇经纳士之道。明代开国之初，朱元璋就下诏书曰："天下甫定，朕愿与诸儒讲明治道。有能辅朕济民者，有司礼遣。"[1] 随后，朱元璋屡下诏书，访求天下"德行文艺可称者"。值得注意的是，明政府在招纳贤才时，只重"德行文艺"，不重等级、身份，凡"隐居山林，或屈在下僚者"，只要德行可嘉，皆可招纳，甚至"中外大小臣工皆得推举，下至仓、库、司、局诸杂流，亦令举文学才干之士。其被荐而至者，又令转荐。以故山林岩穴，草莽穷居，无不获自达于上，由布衣而登大僚者不可胜数"[2]。这就向天下示明了儒士在社会上的崇高地位，"由布衣而登大僚者不可胜数"的诱惑使整个社会崇经尊儒的风气日深。

清王朝以异族入主中原，维系统治达二百六十余年之久，与其各代统治者采取容纳汉族士儒、振兴文教的政策有极大关系。早在顺治元年（1644 年），顺治帝就诏封孔子六十五代孙孔允植袭衍圣公和五经博士官爵，并诏令地方官

---

① 张廷玉等撰：《明史·太祖二》卷二，21 页，影印本，北京：中华书局，1997。
②《明史·选举三》卷七一，1712 页，影印本，北京：中华书局，1997。

员举荐"山林隐逸，怀才抱德堪为世用者"①。顺治十二年（1655年），他又诏谕："今天下渐定，朕将兴文教，崇儒术，以开太平。"② 明确将崇儒术定为国策。为表彰儒术，以示礼贤任能，康熙十七年（1678年）与乾隆三年（1738年）两开博学鸿词科，以京官和各省衙门"举荐"的方式，荐用朝野博学鸿儒，分别授予翰林院编修、检讨等职。为具体示明对儒学的重视，康熙帝甚至手书延请山西太原名儒阎若璩至京师，握手赐座，并以先生称之。阎氏去世后，雍正帝亲写挽诗祭文。这些措施无疑极大地强化了儒学的权威，确定了儒士在整个社会上的崇高地位，使儒士身份成为整个社会崇仰与追求的目标，儒家经学自然在文化教育领域占据了绝对权威的位置。

理学是儒学的一个分支，兴起于宋代。由于理学的核心是将皇权专制本体化与先天化，为皇权专制提供理论基础，故明清两代统治者为强化皇权专制，在文化教育领域大力提倡程朱理学。明代开国之初，明太祖朱元璋就诏令："一宗朱子之学，令学者非《五经》、孔孟之书不读，非濂、洛、关、闽之学不讲。"③ 永乐十三年（1415年），明成祖朱棣敕令翰林学士胡广等人编撰《五经大全》、《四书大全》、《性理大全》，作为钦定之本，颁行天下。为提高程朱理学的地位，明王朝历代皇帝还加封宋代理学名儒周敦颐、朱熹、邵雍的后裔为五经博士，程朱理学遂成为有明一代的正学。

清王朝承袭明制，大力提倡程朱理学，强化理学教育的主导地位，并将程朱理学作为官方的统治思想。清王朝为表示对程朱理学的尊崇，多次加封朱熹的后裔为翰林院博士。朱熹被康熙帝加封为十哲之次，在大成殿配享孔子。康熙帝还组织李光地、熊赐履等理学名臣编撰《朱子大全》，并亲自为该书作序。在序中，康熙帝认为朱子之学"绪千百年绝传之学，开愚蒙而立亿万世一定之规，穷理以致其知，反躬以践其实，释《大学》则有次第，由致知而开天下，自明德而止于至善，无不开发后人，而教来者也"。乾隆帝在《训诸臣研精诸子谕》中曰："夫治统原于道统，学不正，则道不明，有宋周、程、张、朱子于天人性命大本大原之所在，与夫用功节目之详，得孔、孟之心传，而于理欲、公私、义利

① 赵尔巽等撰：《清史稿·世祖本纪一》卷四，90页，影印本，北京：中华书局，1997。
②《清史稿·世祖本纪二》卷五，141页，影印本，北京：中华书局，1997。
③ 陈鼎：《东林列传》卷二，影印本，江苏广陵古籍刻印社，1983。

之界,辨之至明。循之则为君子,悖之则为小人,为国家者,由之则治,失之则乱。实有裨于化民成俗、修己治人之要,所谓入圣之阶梯,求道之涂辙也。"①乾隆帝之谕从强化宗法国家统治、培养治民后备人才的角度揭示了究读程朱理学的重要性。

明清两代尊经崇儒、推崇理学的文教政策的推行也与科举制度息息相关。明清两代授官多由科举,科举皆以朱熹的《四书章句集注》为依据,故程朱理学为各级学校教育的范本,成为专意于科举的知识分子顶礼膜拜的圣言。关于这一点,下文详述。

(二) 推行文化专制政策

为维护专制统治,明清两朝统治者强化思想领域的控制,推行文化专制政策。

首先是强制推崇程朱,禁锢士儒思想,对有悖于程朱理学的"异端"思想大力钳制。士儒言谈稍有悖于程朱之学,即被视为有犯先王之教,甚至招来杀身之祸。明朝朱元璋就以《御制大诰》的形式明令非《四书》、《五经》不准读,非程朱理学不许讲。当时有一儒士朱季友上书指责程朱理学,结果书被焚烧,人被杖遣。清雍正时,谢济世因在注解《大学》时未从朱熹注本,竟被雍正帝处以斩首之刑。在明清政府的高压政策下,读书人小心翼翼,不敢越雷池半步。

其二是篡改典籍,清除异端思想。其中尤以明代删节《孟子》,清代编撰《四库全书》为典型。明洪武二十七年(1394年),朱元璋令翰林学士刘三吾等人篡修《孟子节文》,将《孟子》中"君之视臣如草芥,则臣视君如寇仇"等不利于君主专制的言论共八十五条删去。并规定此被删去的八十五条,课试不以命题,科举不以取士。清乾隆年间篡修的《四库全书》,虽具有保存、整理古典文献的作用,但在编篡过程中,销毁了大量与纲常伦理相悖,不利皇权统治的书籍。据统计,乾隆三十八年(1773年)至四十七年(1782年)间焚毁的书籍计五百三十八种,一万三千八百六十二部,可谓是中国传统文化典籍

---

① 《清实录·高宗实录》(二)卷一二八,876页,影印本,北京:中华书局,1985。

的一次浩劫。

其三是严格各级学校管理，强化思想控制。明清时的各级官学都实行严格的管理，不许师生有任何越轨思想与行为。如在对国子监监生的管理上，明朝政府订颁了五十六条监规，严禁各种越轨言行，违者甚至被处以杖责发配之刑。清政府于顺治初年颁布监规十八条，严禁监生有"立盟结社"等违规行为，"违者听提调官治罪"。明清两朝的国子监都设有"绳愆厅"，可以对违规学生进行处罚，甚而执以刑罚。"绳愆厅"由监丞负责，"监丞置集愆簿，有不遵者书之，再三犯者决责，四犯者至发遣安置"①。洪武二十七年（1394年），国子监监生赵麟贴"帖子"抗议严苛的监管，竟被斩首示众。朱元璋为此专发诏告："今后学规严紧，若无籍之徒，敢有似前贴没头帖子，诽谤师长的，许诸人出首，或绑缚将来，赏大银两个。……将那犯人，凌迟了枭首在监前，全家抄没，人口迁发烟瘴地面。"②

其四是大兴文字狱，不惜滥施杀戮。文字狱集中体现了清朝文化专制主义最酷烈的一面。清朝康熙、雍正、乾隆三帝都大兴文字狱，刑罚残酷，株连众多。康熙、雍正、乾隆三朝文字狱持续了近百年，达九十余起③，其中较大者有康熙年间的庄廷鑨《明史》案、戴名世《南山集》案，雍正年间的吕留良狱、查嗣廷狱，乾隆年间的胡中藻狱、徐述夔狱。这些狱案大都是因文辞之微疵而引起。如胡中藻狱就是因胡氏的《坚磨生诗钞》中有"一把心肠论浊清"的诗句，就被诬为加"浊"字于国号之上而被凌迟处死。酷烈的文字狱使知识分子噤若寒蝉，不敢治史言学。正如龚自珍《咏史》所言："避席畏闻文字狱，著书都为稻粱谋。"

二、成熟的官学教育制度

官学指古代中国由国家直接举办和管辖的，旨在培养各种统治人才的学校系统。明清两代，官学教育、科举制度、官员选拔三个环节紧密相连，故官学

---

① 《明史·选举一》卷六九，1677页，影印本，北京：中华书局，1997。
② 黄佐：《南雍志》卷一〇，878～879页，影印本，台湾：伟文图书出版有限公司，1976。
③ 康、雍、乾三朝文字狱统计不一，如有资料说达115起之多。

教育得到了极大的发展，形成了较前代远为完备成熟的官学教育制度。

明清两代的官学主要分为中央官学与地方官学两级。中央官学，即国子监，由朝廷直接管辖；地方官学则由各级地方政府管辖。

（一）明代的官学教育制度

《明史·选举志一》中说："学校有二：曰国学，曰府、州、县学。府、州、县学诸生入国学者，乃可得官，不入者不能得也。"说明当时的官办学校系统分为国子监与府、州、县学两个阶段。

明代在北京与南京各设有国子监，以北京国子监为尊。南京的国子监又称南雍，为明太祖朱元璋创建。北京的国子监又称北雍，为明成祖朱棣迁都北京后创建。明代国子监集教育行政管理职能与教育职能于一身，这是明代国子监与前代历朝国子监的最大区别。

国子监是明朝的最高学府，也是朝廷选才用官的重要机构。由于国子监的学生毕业后可直接授官，故又可将国子监视为明政府培养国家后备官员的学校。这种直接授官的制度一度带来了明朝官学的兴盛与繁荣。据黄佐《南雍志》记载，明永乐二十年（1422年），国子监监生竟多达九千九百七十二人。

明代国子监的官吏与教官设置如下："祭酒一人，从四品；司业一人，正六品。其属，绳愆厅，监丞一人，正八品。博士厅，《五经》博士五人，从八品。率性、修道、诚心、正义、崇志、广业六堂，助教十五人，从八品；学正十人，正九品；学录七人，从九品。典簿厅，典簿一人，从八品。典籍厅，典籍一人，从九品。掌馔厅，掌馔二人，未入流。"[1] 其中祭酒与司业总管全校，负责对诸生的训导；监丞负责对师生的监察；博士、助教、学正、学录负责讲经说义；典籍执掌文书、经费；掌馔负责膳食。

国子监的学生称监生，其主要来源为地方岁贡生员。所谓岁贡生员，即是由地方府、州、县各级官学择优选贡到国子监学习的学生。明弘治、嘉靖以前，贡例屡变，弘治、嘉靖以后定例为府学岁贡二人，州学两年岁贡二人，县学岁贡一人。明代重视岁贡生员的质量。如洪武二十一年（1388年），朱元璋

---

[1] 《明史·职官二》卷七三，1789页，影印本，北京：中华书局，1997。

强调岁贡生员的标准为："必资性淳厚，学问有成，年二十以上者，方许充贡。"① 除岁贡生外，明国子监监生还有以下来源：一类是举监，即京都会试落第举人，由翰林院择优选入国子监者；一类是荫监，即三品以上官员或勋戚的子弟入监读书者；一类是例监，即庶民子弟通过纳粟捐资入国子监者。

国子监分为率性、修道、诚心、正义、崇志、广业六堂。其后三堂为初级，初入学仅通《四书》者在此三堂修业一年半以上；若文理流畅，则升入中级教学阶段的修道、诚心二堂，修业时间在一年半以上；若经史兼通，文理皆优，则升入高级教学阶段的率性堂。各学堂实行积分制，一年至少需积满八分，凡坐堂满七百天，积分合格者，即可毕业授官。

监生在国子监的学习以儒家经典为主要内容。明永乐年间，由于《四书大全》、《五经大全》、《性理大全》的颁行，程朱理学成为国子监的主要教学内容。

由于进入国子监与参加科举考试都需要地方官学出身，明代地方官学成为步入仕途的重要途径，因此地方官学极为发达。明代的地方官学基本分为府、州、县学三级，各地方行政机构所在地还设置有都司儒学、宣慰司儒学等，防区卫所设有卫学，乡村设有社学。据统计，明代地方官学最盛时，全国计有各级地方官学一千七百余所。

明洪武二年（1369 年），明太祖诏令各郡县设置儒学，此为明代正式设置地方官学之始。朱元璋在诏令中说："朕惟治国以教化为先，教化以学校为本。京师虽有太学，而天下学校未兴。宜令郡县皆立学校，延师儒，授生徒，讲论圣道，使人日渐月化，以复先王之旧。"② 显然，明政府设立地方官学的初衷在讲圣道，兴教化，其最终目的落实在为朝廷培养人才。

明代各级地方官学的教职设置，按洪武二年（1369 年）规定：府学设教授一人，训导四人；州学设学正一人，训导三人；县学设教谕一人，训导二人。其中教授、学正、教谕为负责经史教学的教官，训导则辅助教官教学。据《明史·选举一》记载，明末地方各级官学的教官达四千多人。

---

① 《明实录·太祖实录》卷一九三，2907 页，台湾中央研究院历史语言研究所 1962 年校印本。

② 《明史·选举一》卷六九，1686 页，影印本，北京：中华书局，1997。

明代各级地方官学主要招收当地官吏子弟及民间俊秀,娼优、狱卒等下层民众的子弟被排斥在接受教育的行列外。童生进入儒学,须通过面试,面试过程与标准大致如下:"府、州、县学生员,责任守令于民间俊秀及官员子弟选充,守令亲身相视,必人材挺拔,容貌整齐,自年十五以上,已读《论语》、《孟子》四书者乃得预选。在内监察御史,在外按察使,行部到日,一一相视,有不成材者黜退,更择人补之。"[1] 各级地方官学的学生名额有限定,府学一般为四十人,州学为三十人,县学为二十人,并给以廪膳。这类生员称之为廪膳生。卫学、有司儒学的学生人数也有定额。从各级官学学生人数的名额控制,就可窥出只有极少数的民众子弟能进入明代地方儒学的大门。到明洪武二十年(1387年),由于要求入学的人数增多,各级地方官学的生员人数控制一度被取消,官学可以在固定人数限额外招收增补学生,这类学生称增广生员。增广生员不能享受廪膳,不能忝列岁贡,但可参加科举考试。官学生员人数的增多,一定程度上导致了教学质量降低。因此到宣德三年(1428年),增广生员的人数被限制为在京府学六十人,在外府学四十人,州学三十人,县学二十人。虽然控制了增广生员的人数,但在廪膳生员与增广生员外,又额外增取附学生员。增广生员及附学生员中的少数成绩优异者,可补为廪膳生。

明代地方官学的生员在学成毕业后,部分通过岁贡和相关方式进入中央国子监,或通过科举考试入仕。但这毕竟是少数,绝大部分则去地方儒学充任教师,或到官府中充任胥吏,甚至被黜退为民。

(二)清代的官学教育制度

清代官学教育占据了国家教育的主导地位,官学教育的设置仍然分为中央官学与地方官学两个高低不同的阶段。

清代的中央官学主要是国子监。清国子监是顺治元年(1644年)在修葺明代北京国子监的基础上创建的,和明国子监一样,清国子监也是一所以培养朝廷后备官僚为目的的高级学府。

清代的国子监在教官设置及教学组织上因袭明制。据《清史稿·选举志

---

[1] 全祖望:《明初学校贡举事宜记》,见《鲒埼亭集·外编》卷二二,同治十一年(1872)借树山房刻本。

一》记载：顺治皇帝在创建国子监后，随即在国子监"置祭酒、司业及监丞、博士、助教、学正、学录、典簿等官。设六堂为讲习之所，曰：率性、修道、诚心、正义、崇志、广业。一仍明旧"。但与明国子监相区别的是：其一，清国子监的六堂有内外班之分，内班住宿，外班走读，每堂监生定额为五十名，内班定额三十名，外班定额二十名。定额招收监生，一定程度上保证了生员的质量。其二，清国子监教官不纯粹是汉人，其中祭酒为满、汉各一人，司业为满二人，蒙、汉各一人，博士为满、汉各一人。

清国子监的学生主要分为贡生、监生两大类。贡生一般为民众子弟，分为六类：岁贡、恩贡、拔贡、副贡、优贡、功贡。其中岁贡生为正规生，是地方各级官学定额择优选送的生员。监生一般为官僚子弟及外国留学生，分为四类：恩监、荫监、优监、例监。其中例监是以财入监，有别于前三类。清初，各类学生在国子监的学习修业时限不同，如恩贡仅为六个月，例监则需三十六个月。至雍正五年（1727年），国子监各类学生修业时限统一为三年。学生的修业内容以儒学与程朱理学为主，兼修诏、诰、表、判等朝廷文书及八股文、诗赋、书法。

清国子监学生的出路有三条基本途径：候选地方教职，考定职衔，参加科举考试。[1] 由于候选地方教职所需时间过长，考定职衔所得官位又太低，因而国子监学生多以参加科考为正途。加之清政府重科举轻学校的倾向，国子监也多鼓励学生科考。乾隆年间，国子监明确规定："明经、治事之外，仍令士子讲习时艺，以应乡试。"[2] 八股文范本《钦定四书文》亦被作为教材颁行国子监，八股文成为国子监的主要学习内容。清国子监逐渐演化为科举考试的考前预备基地。

清朝的中央官学除国子监外，还设有算学馆、俄罗斯学馆、琉球学馆及为贵族子弟特设的宗学、觉罗学、旗学等。

算学馆原属钦天监，乾隆四年（1739年）归国子监，全称为"国子监算学"，在八旗官学中挑选学生学习算学。宗学、觉罗学属宗人府，是为清朝宗

---

[1] 参见李国钧、王炳照主编：《中国教育制度通史》第5卷，69页，济南：山东教育出版社，2000。

[2]《太学肄业规条》，见《清会典事例》卷一〇九八，光绪十二年（1886）内府刊本。

室子弟特设的学校，授习满、汉文及骑射。旗学又称八旗官学，是专为满族八旗中下层子弟设立，主要修习满、汉文。俄罗斯学馆、琉球学馆归国子监管辖。俄罗斯学馆接纳俄罗斯留学生，琉球学馆接纳琉球留学生。

清代重视地方官学的建立，尤重边远地区官学的建立，故清代的地方官学较明代有所发展，覆盖面亦宽，一定程度上促进了清代教育的发展。清代的地方官学主要有府、州、县学，统称儒学。据《清史稿》记载："有清学校，向沿明制，京师曰国学"。"府、州、县、卫儒学，明制具备，清因之"，各类学校的教官，"府设教授，州设学正，县设教谕，各一；皆设训导佐之，员额时有裁并。生员色目，曰：廪膳生、增广生、附生"①。由此可见，清地方官学在教官设置、教学组织、生员定额等方面多承明制。清代地方官学的入学制度与明代有所不同，明代地方儒学采取面试入学制度，清代则采取考试入学制度，士子在考入地方儒学前称童生、俊秀，在通过县考、府考、学政院考后，即取得了进入地方儒学的资格，称为秀才。

和明代的地方官学一样，清代的地方官学也负有向中央官学输送人才的任务，但由于国子监规模所限，各府、州、县学每年平均只有一人能入国子监。加之朝廷对科举入仕的重视，地方官学的生员热衷于参加乡试，以望成为举人。地方官学为迎合朝廷、学生的需要，教学重点逐渐定位到应付科举考试上，八股范文成为教学的中心内容。地方官学逐渐沦为科举制度的附庸。

（三）明清时期的社学与义学

以上对明清时期官学制度的介绍，侧重中央与府、州、县两级官学。这两级官学或设在京师，或设在各府、州、县官府所在地，招收的学生也在十五岁以上。明清时期针对十五岁以下、七岁以上学生的初级教育则主要由社学、义学担负。从总体看，社学、义学作为初级阶段的教育，与府、州、县学及国子监构成由三个高低不同的阶段组成的完整官学教育体系。

明清时，社学遍设全国城乡。明时每五十家设一社学，以教民间子弟。清初承袭明制，每乡置社学一所。明清社学主要为各级地方官府承办，亦允民间

---

① 《明史·选举一》卷一〇六，3099～3115页，影印本，北京：中华书局，1997。

自办，加之明清社学中的少数俊秀生员可以补为儒学生员，故可将明清社学视为与府、州、县学及中央官学相衔接的一个教育阶段。社学教育带有一定的普及性。据《明史·杨继宗传》记载，杨继宗任嘉兴知府时，就大兴社学，并明令"民间子弟八岁不就学者，罚其父兄"。社学的教育内容为《三字经》、《千字文》、《百家姓》、《四书》、《孝经》、本朝律令及冠、婚、丧、祭等礼仪。

清时，由于政府对义学的提倡，义学得到很大发展，社学逐渐为义学所取代。义学原本是各宗族为孤寒子弟设立的教学机构，清时把义学发展为给城乡贫寒子弟及少数民族子弟提供初级阶段教育的教育机构。清朝设立义学始于康熙四十一年（1702年），至康熙五十二年（1713年），义学教育在全国推广。义学在清时取代社学，有以下几个因素：其一，义学的兴办者主要为地方官，不收学费，有的义学还发给学习用品，部分地区的官办义学还定有正式生额，正式生享有廪饩。其二，义学的办学机制灵活，以官办为主，亦可官民合办或民办。其三，义学的教学方式灵活，尤其是在少数民族地区采取了适合少数民族特点的教学方式。其四，义学的教育比较正规、严格，义学的塾师一般由当地生员、贡监担任。

三、明清时期的私学

所谓私学，即私人兴办的学校。春秋时，孔子首开私人讲学之风，自是以后，私学逐渐成为我国古代学校教育制度的重要组成部分。明清时期，私学发展迅速，一定程度上推动了教育的发展，成为明清官学教育制度的重要补充。

明清时期的私学主要分为两类：一类是初级教育性质的蒙学，一类是高级教育性质的私人讲学授徒。

（一）初级教育性质的蒙学

蒙学是指为少年儿童提供启蒙阶段教育的学校。明清两代的社学、义学、村学、村塾、私塾等，都属于蒙学。社学与义学从总体上看属于明清时期官学教育制度，此处不再赘述。这里侧重介绍由私人聘请教师进行教学的蒙学教育。

根据创设者的不同，私人办理的启蒙学校分为以下几种：一是由蒙师私人创设的学馆，二是由一村或一族共同聘请塾师的村学、村塾，三是大户人家延聘教师任教的家馆。以上几种形式的蒙学教育可以统称为私塾。私塾教育与官办蒙学教育互为补充，两者是明清时期七至十五岁少年儿童接受启蒙教育的最为普遍的教育形式。儿童由发蒙至考中秀才，进入地方官学，其间十年左右的时间是在这类学校度过的。

除富家巨室开设的家馆外，私塾的学生多为城市贫民与农村中的农民子弟，私塾的塾师大多由当地的童生或秀才充任，大户人家开设的家馆一般聘请本地名士担当塾师。塾师承担启蒙教育的重任，他们"教授幼学，其督责之劳，耳无停听，目无停视，唇焦舌敝，其劳苦甚于经师数倍。且人生平学问，得力全在十年内外……工夫得失，全赖蒙师，非学优而又勤且严者，不克胜任"。他们的社会地位与待遇却远远低于官学经师。明清时期，"人仅知尊敬经师，而不知尊敬蒙师。经师束脩犹有加厚者，蒙师则甚薄，更有薄之又薄者。经师犹乐供膳，而蒙师多令自餐，纵膳亦亵慢而已矣"①。

私塾教育的核心是向童蒙灌输传统道德教育，使童蒙掌握一定的文化知识，懂得立身处世之道。其教学内容主要为识字、习字、作文、帖诗。童蒙初入塾时一般以《千字文》、《百家姓》、《三字经》、《幼学琼林》等为识字教材，集中识字。这些蒙学识字教材，不仅包含了基本的历史、天文、地理、数目、音乐知识，还包含了儒家的伦理道德思想。到识得两千字左右时，即可引导童蒙读书。童蒙入塾一至二年后，神智渐开，开始向学生传授音韵、属对、典故，教读《四书》、古文选本等典籍。学生到十四五岁时，具备了一定的文言文知识，即开始学文。由于明清实行八股取士，私塾学文以学作八股文为主。童生在掌握了八股文的写作要领与技巧后，即可参加地方官学的考试，若能通过考试，其身份就由童生转变为秀才了。

私塾的教育方式比较灵活，可以根据学生的具体情况调整教学内容。"读书讲艺之功，因人而异。如遇十岁外子弟来求教者，宜先问其父母之志，将来是否欲习举业。如欲习工商等业者，则当教之看短小有文理杂著，如书牍论判

---

① 唐彪：《读书作文谱·父师善诱法》，172 页，长沙：岳麓书社，1989。

157 / 第五章
教育与科举制度

之类，俾能通达文义。若概以科举之学授之，一旦改业，数年所习尽归无用矣。"①

私塾的学生毕业后，若成绩优异，家庭条件许可，则有机会考入府、州、县儒学继续学习。明、清政府为鼓励开办私学，在三年一次的乡试时，还挑选个别极为优秀的私塾学生直接参加乡试。"士子未入学者，通谓之童生。当大比之年，间收一二异敏，三场并通者，俾与诸生一体入场，谓之充场儒士。中式即为举人，不中式仍候提学官岁试；合格，乃准入学。"② 但大多数学生并没有机会求得功名，他们在私塾接受一定时间的教育后，即进入社会，从事百工之业。

私塾的管理很严，体罚学生往往是塾师进行教学管理的重要手段。学生偶有过错，即罚站、罚跪、打手心、笞臀。体罚学生，尤其是对儿童的体罚，相当程度上阻碍了学生的学习积极性与创造性。

（二）私人讲学授徒

私人讲学授徒是中国古代教育的重要组成部分，是中国古代文化得以传承、发扬光大的重要方式。明清两代私人讲学授徒风气很盛，流布范围很广。这一时期有影响的私学往往是某一学术门派的代表，也是私学所在地文化传统的代表者与传播者。

私人讲学的学者或为布衣，如明代名儒陈献章终身未仕，以学问显扬，四方学者纷纷投其门下问学；或亦官亦师，如明代王阳明，其一生中计有十七年时间是一面做官，一面讲学授徒；或乞假罢归后讲学授徒，如清代孙奇逢，十六岁即乡试中举，曾被荐为主持太学的祭酒而辞不任职，一生致力于学术研究与讲学授徒。

明清两代涌现出的众多学术派别，与私人讲学授徒有极大关系。私人结庐讲学之人多为名儒，他们通过结庐讲学授徒的方式，传播学术思想，求学之徒也意在问道，不在举业。学精研深的名儒往往借助于结庐讲学的方式，广收门徒，蔚然成一学术派别。

---

① 李新庵原著，陈彝重订：《重订训学良规》，光绪十八年（1892）刊本。
② 《明史·选举一》卷六九，1687页，影印本，北京：中华书局，1997。

明代中叶以后，阳明学派昌盛，就与王阳明广为讲学授徒有极大关系。阳明心学力图纠正程朱理学的繁琐与僵化，试图以道德意识的自觉性与实践性，将儒家伦理道德建立在简易的哲学基础上，使人人可行。王氏三十四岁时即开始讲学生涯，终身不辍。正如其弟子钱德洪所言："平生冒天下之非诋推陷，万死一生，惶惶然不忘讲学，惟恐吾人不闻斯道，流于功利机智……其一体同物之心，诐诐终生，至于毙而后已。"① 当时追随王阳明的门徒甚多，当他每临书院讲学时，听者常常不下数百人。在王阳明的苦心讲学传播下，其"门徒遍天下，流传逾百年"②，蔚然成为与程朱理学相抗衡的重要学术派别。

清代众多学术思想派别的出现，也与名儒私人讲学授徒风气兴盛相关。如清初浙东学派的涌现就与黄宗羲聚徒讲学有极大关联。黄宗羲反对空谈心性，倡导史学研究与通经致用。他在五十五岁后，在浙江东部的宁波、海宁等地专意于讲学活动，宣扬其学术思想与民族复兴思想。是时，大江南北，从者甚众。康熙六年（1667 年），万斯大、万斯同、陈夔献等二十余人至余姚向黄宗羲问学。③ 万、陈等人后来在学术上均有建树，为黄宗羲的著名弟子，他们与乃师黄宗羲一道开启了清初浙东学派。

明清时期的私人讲学授徒，与书院讲学紧密相联。当时许多名儒的讲学往往以书院为基地，如王阳明在修文阳明书院讲学，黄宗羲在浙江宁波证人书院讲学，下文中将有详细论述。

四、书院的兴盛与官学化

书院之名始于唐代，最初只是朝廷的藏书之所。具有教学性质的书院始于五代南唐时兴建的庐山国学，书院由是兴盛。从总体上看，书院有别于官学，它以自由讲学、自由研究、自主办学为主要特征，是我国古代学者研究学问、探讨思想的相对自由的场所。书院大多建立在山林名胜之地，创办者或为官府，或为私人。由于多有名儒讲学其间，众多弟子随其求学问道，故书院往往

---

① 《传习录》中，见《王阳明全集》上册，40 页，上海古籍出版社，1992。
② 《明史·儒林一》卷二八二，7222 页，影印本，北京：中华书局，1997。
③ 参见徐定宝主编：《黄宗羲年谱》，177 页，上海：华东师范大学出版社，1995。

成为区域文化的中心与学术思想派别的发源地。明清时期，书院虽时兴时废，但总体上仍继续存在、发展，其中尤以明中后期的书院活动最为活跃。至清代，由于政府控制日益加强，书院逐渐走向官学化。

（一）明代书院的兴盛

明代书院的发展随政府政策的变化、思想控制的程度及学术思想的变化而几经兴衰，从总体看，明代书院的发展经历了冷寂期、鼎盛期、更新期三个阶段。

明初百余年，为书院发展的冷寂期。从洪武元年至弘治末年（1368—1505年）的一百三十余年间，全国书院寥寥。在元末战乱中毁于战火的白鹿洞书院、岳麓书院、白鹭洲书院等宋元时期的著名书院，在明开国一百余年后才得以恢复重建。据统计，明洪武年间，全国新建书院仅有三十七所，永乐年间，全国新建书院仅有二十一所。[1] 这与宋元时期书院林立的繁荣景象形成鲜明对比。明初书院冷寂有以下几个因素：其一，与明初思想控制的极度强化有关。明初以严刑峻法维护程朱理学的权威性，学术思想的自由受到极大钳制，倡导自由讲学的书院自然没有太大的生存空间。朱元璋虽在开国之初即下令沿袭宋元之旧，在曲阜建立洙泗、尼山书院，但其目的不在讲学，而在祭祀孔子，以示尊孔重教。事实上，明初百余年间所重修、兴建的书院大多不以讲学传道为目的，多在祭祀列儒先贤。朱元璋为加强对书院的控制，在洪武元年（1368年）下令将天下书院山长改名训导，并令将书院田产入官，书院被纳入官方教育机构。随后不久，明政府又令革罢书院训导，书院学徒移学县学，书院几乎为地方官学所并，这直接导致了明初书院的萎缩。[2] 柳诒徵在《江苏书院志初稿》中说："明初教士，一归学校，讲学书院之风一变，其存者徒以崇祀儒先耳。"其二，与明初学校、科举的发达有关。明代"科举必由学校"的制度，使进入地方儒学或国子监学习成为参加科举考试的必要条件，大批士子为参加科举、步入仕途纷纷涌入各级官学，加之明代各级官学的学生具有免役权，享

---

① 参见季啸风主编：《中国书院辞典》，杭州：浙江教育出版社，1996。
② 参见李国钧、王炳照主编：《中国教育制度通史》第 4 卷，344 页，济南：山东教育出版社，2000。

第二甲賜進士出身
第三甲賜同進士出身
故茲誥示

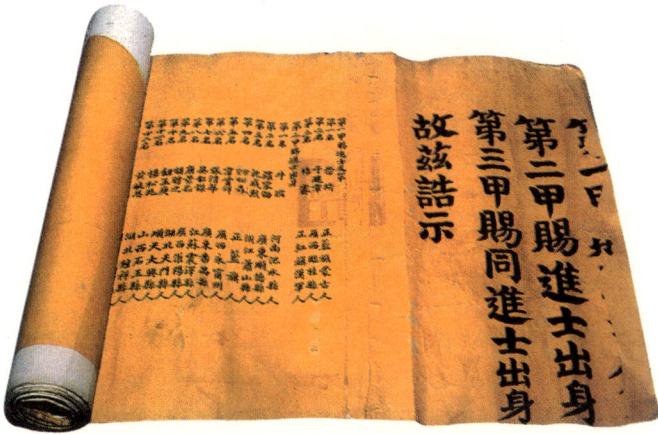

清朝用于公布殿试结果的金榜，张贴在皇宫门外

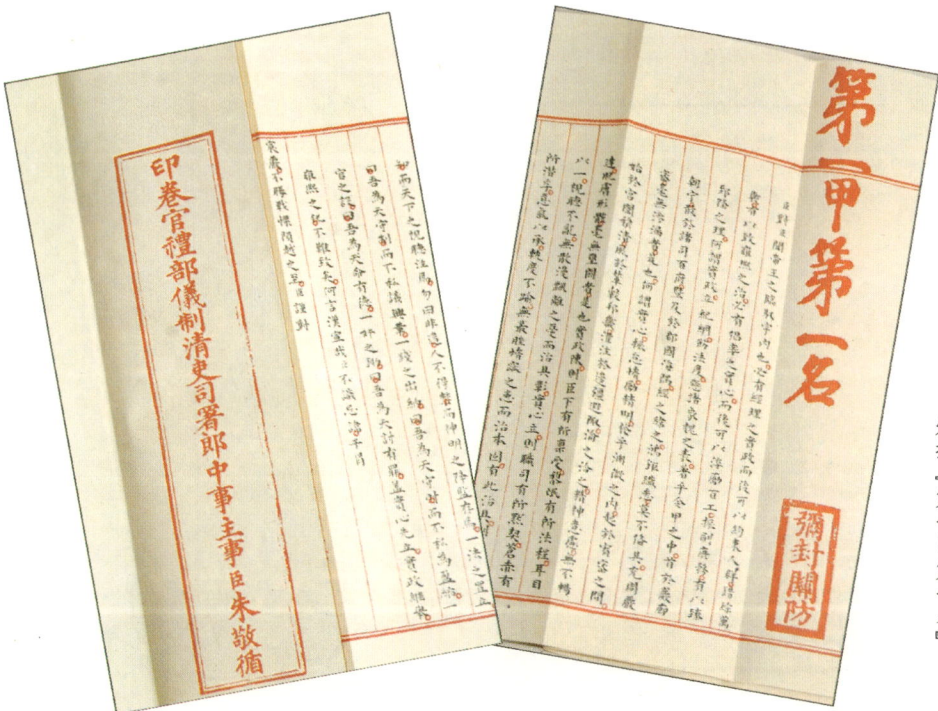

第一甲第一名

彌封關防

印卷官禮部儀制清吏司署郎中事主事臣朱敬循

明代状元卷。万历皇帝朱翊钧朱批『第一甲第一名』

北京国子监辟雍建于清乾隆四十九年，我国现存唯一的古代『学堂』，是皇帝临雍讲学的场所

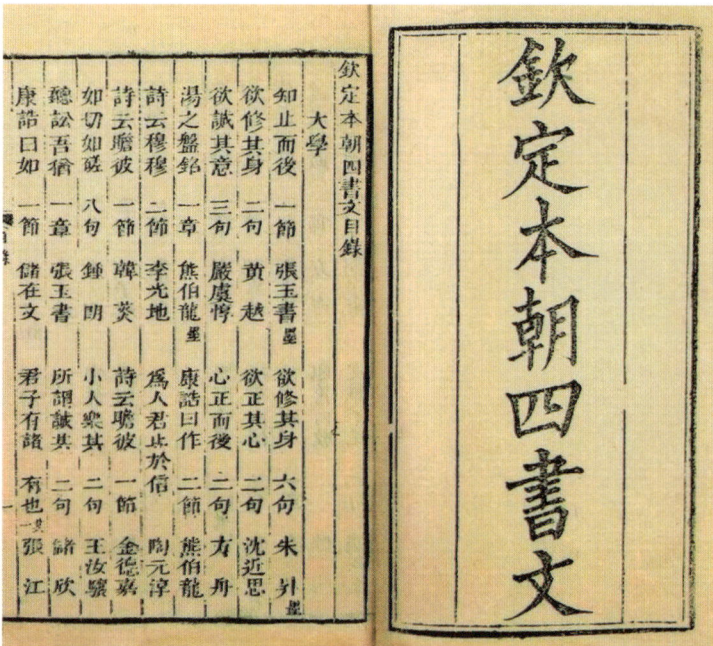

清代八股文范本《钦定四书文》书影

钦定本朝四书文

钦定本朝四书文目录

大学

知止而後　一節　張玉書墨

欲修其身　二句　黄越

欲誠其意　三句　嚴虞惇

湯之盤銘　一章　李先地

詩云穆穆　二備　康誌曰作

詩云瞻彼　一節　韓葵

如切如磋　八句　鍾朗

穩訟吾猶　一章　張玉書

康節曰如　一節　儲在文

欲修其身　六句　朱釴墨

欲正其心　二句　沈近思

心正而後　二句　方舟

為人君止於侮　陶元淳

小人梁其　二句　王妝驥

所謂誠其　二句　緒欣

君子有諸　有也　張江

162

江西庐山白鹿洞书院
朱熹、陆九渊、王守仁曾在此讲学

岳麓书院

163

岳麓书院中康熙皇帝御赐「学达性天」匾额

东林书院

有廪膳，种种优厚的待遇更使书院门庭冷落。其三，与明初学术思想的走势与状况有关。由于政策的强力钳制，程朱理学在明初作为官方统治思想在学术思想界取得支配地位，严重窒碍了学术研究的自由。从学术思想界本身来看，"明初诸儒，皆朱子门人之支流余裔，师承有自，矩矱秩然。……守儒先之正传，无敢改错"①，程朱理学也成为书院讲学的主要内容。因此，书院在学术思想上对那些稍有独立思想的士子也自然失去了魅力。

到明中叶成化、弘治年间，书院开始走向复兴。白鹿洞书院、岳麓书院、白鹭洲书院等著名书院得以重建，恢复讲学。成化、弘治两朝四十余年间新建书院近一百五十所，不仅设置于文化发达地区，还遍布全国各大行政区。到正德、嘉靖年间，书院的发展进入鼎盛时期。正德、嘉靖之时，"缙绅之士，遗轶之老，联讲会，立书院，相望于远近"②。据统计，正德年间，全国新建书院达一百五十三所，嘉靖年间新建书院更高达六百五十七所，书院讲学盛极一时。明中叶以后书院发展走入鼎盛与当时学校教育的状况、学术思想转型等诸方面密切相关。

从学校教育来看，明代科举制度经过百余年的发展，逐渐使学校教育成为科举制度的附庸，各级官学以教授学生习作八股文为中心，学生成为科举的奴仆，以习八股文为能事，终日习读八股文范本，"天下之人，惟知此物可以取科名，享富贵……而他书一切不观"③。官学教育日益空疏无用，于是，"贤士大夫欲起而维之，不得不复修濂、洛、关、闽之余业，使人知所向往。于是通都大邑，所在皆有书院"④。

从学术思想转型来看，明中叶时，程朱理学虽然仍是官方统治哲学，但由于阳明心学的崛起，程朱理学的影响渐退。王阳明认为当时国家政治的衰败在于学术不明，学术不明的一个原因就在于程朱理学在政治与教育实践上的弊端。为此，王阳明提出以"良知说"为核心的心学学说来对抗程朱学派的理

① 《明史·儒林一》卷二八二，7222 页，影印本，北京：中华书局，1997。
② 《明史·顾宪成等传赞》卷二三一，6053 页，影印本，北京：中华书局，1997。
③ 黄汝成集释：《日知录集释》中册、卷一六《十八房》，1246～1247 页，影印本，上海古籍出版社，1984。
④ 叶向高：《首善书院记》，见《天府广记》卷三，标点本，第 33 页，北京古籍出版社，1982。

学，以期有补于世。王氏为宣传其学说，广收门徒，四处讲学，并先后办有龙冈书院、贵阳文明书院、阳明书院、濂溪书院、稽山书院等。他的讲学活动使其心学学说四处流播，打破了学术思想界的沉寂局面，学者们纷纷效尤，以书院作为宣讲其学术思想的场所。思想界的活跃使以自由讲学为特点的书院开始走向复兴。正如明人沈德符所言：自王阳明以"良知之学行江、浙、两广间，而罗念庵、唐荆川诸公继之。于是东南景附，书院顿盛"①。王阳明去世后，其弟子承接师风，广为传播心学，并逐渐发展演变为王学的六大支派。设立书院及四处讲学，是阳明弟子传播心学的重要手段，其中尤以钱德洪、王畿最为著名。钱德洪"在野三十年，无日不讲学。江、浙、宣、歙、楚、广名区奥地，皆有讲舍，先生与龙溪（即王畿）迭捧珠盘"②。王畿在"林下四十余年，无日不讲学。自两都及吴、楚、闽、越、江、浙，皆有讲舍，莫不以先生为宗盟，年八十犹周游不倦"③。明中叶时与王阳明齐名的学者还有湛若水，其思想核心是以随处体验天理为宗。他一生勤于讲学，创建书院，史称"平生足迹所至，必建书院以祀白沙（即陈献章），从游者殆遍天下"④。

阳明心学的出现，打破了程朱理学一统天下的僵化局面，给世人以强烈的震撼，恰如顾宪成在《小心斋札记》中所云："当世人桎梏于训诂词章之间，骤而闻良知之说，一时心目俱醒，恍若拨云雾而见白日，岂不大快！然而此窍一凿，混沌遂亡。"世人对阳明心学急于接受的心态，一方面促进了心学的传播，一方面也推进了书院自由讲学的迅速发展，最终使书院讲学成为一种社会风潮，使阳明心学在明中叶以后风行一时。到嘉靖、隆庆后，"笃信程、朱，不迁异说者，无复几人矣"⑤。

当然，明中叶以后，心学大盛，书院复兴的一个关键原因还在于政治方面。明孝宗朱祐樘即位后，任用了一批忠直敢谏的大臣，广开言路，力图有所

① 沈德符：《万历野获编·书院》中册，卷二四，608 页，北京：中华书局，1959。
② 黄宗羲：《员外钱绪山先生德洪》，见《明儒学案·浙中王门学案一》卷一一，北京：中华书局，1985。
③ 黄宗羲：《郎中王龙溪先生畿》，见《明儒学案·浙中王门学案二》卷一二，北京：中华书局，1985。
④ 黄宗羲：《文简湛甘泉先生若水》，见《明儒学案·甘泉学案一》卷三七，北京：中华书局，1985。
⑤《明史·儒林一》卷二八二，7222 页，影印本，北京：中华书局，1997。

作为，一些在学术思想上与程朱之学异趣的学者也得到了朝廷的擢用。如湛若水，一生提倡心学，反对理学，为明中叶首开反程朱理学先河的名儒陈献章的弟子，他在弘治年间就得到明孝宗的重用，累官至南京吏、礼、兵三部尚书。他一生亦官亦学，讲学不辍，并创建了诸多书院。王阳明在弘治年间中进士，其讲学活动也开始于弘治年间。政治上相对宽松的环境，为学术思想界的重新活跃创造了条件，也为明中叶书院讲学的高涨提供了政治条件。

明中后期，书院讲学一直保持良好的发展势头。但到嘉靖末年以后，书院发展方向发生了一些变化，即自由讲学的气氛日渐淡漠，政治倾向与功利目的日渐增强①。这种变化在东林书院表现得尤为明显。

东林书院，原址在今江苏无锡市东门苏家弄内，原为北宋杨时讲学之所，元代废为僧舍。明正德年间，无锡举人邵宝在无锡东南建东林书院，不久即废。万历年间，顾宪成在杨时讲学旧址重修东林书院，并与高攀龙、钱一本、薛敷教、于孔兼、史孟麟等人讲学其间。他们广收门徒，其讲学重在现实与政治。书院所悬对联："风声雨声读书声，声声入耳；家事国事天下事，事事关心"，即形象表现了东林书院讲学的特点。他们借讲学臧否时政，抨击阉党，得到朝中许多士大夫的支持，一时气势很盛。东林书院不仅是当时江南学术与教育中心，也是聚集政治力量，以清议抨击时政流弊、抗击阉党的议政中心。正是由于其强烈的政治倾向，天启年间东林诸人多遭阉党迫害，东林书院在天启五年遭到毁禁。

明中后期书院讲学风气发生嬗变的原因在于：一是明中后期朝廷内部矛盾加剧，反对派多借书院讲学抨击朝政。如万历年间的东林书院就在"讲习之余，讽议时政，裁量人物，朝士慕之，亦遥相应和。由是东林名大著。其后孙丕扬、邹元标、赵南星等相继讲学，自负气节，与政府相抗"②。二是明中后期社会思潮的转移导致书院讲学方向的嬗变。明中叶书院讲学鼎盛时，社会思潮的主流在追求学术思想的转型，即致力于批判程朱理学，宣扬陆王心学，学者在书院讲学主要意在传播新的学术思想。明中叶以后开始出现启蒙思想的微光，社会思潮的主流开始由重视学术思想转向对政治问题的关注，转向对专制

---

① 参见尹选波：《中国明代教育史》，155 页，北京：人民出版社，1993。
② 夏燮辑：《明通鉴》第六册卷七〇，2749 页，北京：中华书局，1959。

制度的批判，流风所及，强烈的批判精神遂成为当时书院讲学的一大特点。三是部分书院日益成为官僚博取名誉，培植门生党羽的地方。嘉靖末年，由于当朝内阁大学士徐阶酷好讲学，各级官僚为求见知于上，博取声誉，纷纷效尤，"一时趋骛者人人自托吾道。凡抚台莅镇，必立书院，以鸠集生徒，冀当路见知。其后间有他故，驻节其中。于是三吴间，竟呼书院为中丞行台矣"①。这类书院已基本上失去书院自由讲学的特点，成为官僚加官晋爵的阶梯。

由于书院的自由讲学危及到明代的官方统治思想——程朱理学，加之明中后期书院讲学的政治色彩日重，书院往往成为聚集与朝廷当权者反对派的阵地，因而在嘉靖、万历年间，书院遭到四次禁毁。

嘉靖十六年（1537年），书院遭到第一次禁毁。是年四月，由于御史游居敬的弹劾，明世宗下令禁毁书院。但这次书院禁毁的范围有限，只限于禁毁南直隶地区湛若水、王阳明及其门徒私创的书院。对于私设书院，也并未彻底禁绝，只是要求"自今再有私创者，巡按御史参奏"②。

嘉靖十七年（1538年），书院遭到第二次查禁。是年五月，吏部尚书许瓒上疏指斥书院耗材扰民。时严嵩当权，他借机查禁天下书院，以铲除异己，钳制言论。

万历七年（1579年），书院遭到第三次禁毁。时当权大臣张居正对书院讲学持有偏见。他在《请申旧章饬学政以振兴人才疏》中认为，书院讲学是"群聚党徒"、"空谈废业"，使官学废弛。为振兴地方官学，张居正对书院采取压制政策。他在万历七年下令将各地私创书院全部改为官廨衙门，书院粮田查归里甲，以期将书院纳入统一的官学机构。万历十年（1582年），张居正去世后，查禁书院的政策逐渐废弛。

天启五年（1625年），书院遭到第四次毁禁。天启年间，宦官魏忠贤当政，反对者以东林书院为依附，聚合同志，抨击阉党，士林遥相应和，名动朝野。魏忠贤为铲除东林诸人，于天启五年矫旨撤毁天下书院，借禁止书院讲学对反对派进行政治大清洗。这是明代最大规模的一次毁禁书院行动，当时的东

---

① 沈德符：《万历野获编·书院》中册，卷二四，608页，北京：中华书局，1959。

② 《明实录·世宗实录》卷一九九，4191页，台湾中央研究院历史语言研究所1962年校印本。

林书院、江右书院、关中书院、徽州书院四大书院尽遭毁禁，书院的房屋田地被估价变卖，东林书院更是被拆毁变卖得片瓦无存。崇祯初年，魏忠贤失势被黜，书院建设重新得到朝廷支持。据《东林书院志》卷一载："崇祯改元二月，御史刘公士佐奏请复天下书院，奉旨各处书院宜表彰者，着提学官尽行修复。"书院讲学在崇祯年间得以恢复发展。

综观明代中后期对书院的四次毁禁，其实质基本上都是对自由学术思想的钳制，试图借毁禁书院以铲除政治异己，维护专制统治。正如王船山在《书院》一文中所说："率以此附致儒者于罪罟之中，毁其聚讲之所，陷其受学之人，钳网修士，如防盗贼。"

（二）清代书院的发展与官学化

所谓书院官学化，即是书院的设立、管理、运作受到朝廷、官府的干预控制，而日益向官学靠拢的趋势。书院官学化的倾向从元、明两代开始出现并逐渐发展，至清代发展到顶点。清政府通过颁布一系列政策使书院官学化程度邃然提高，书院几乎成为清代前期官学教育制度中的一个特殊组成部分。

书院官学化与政府的干涉限制直接关联。由于书院的一大特征是自由研究与讲学，自由讲学往往导致对现政府及官方统治思想的反思与批判，故自书院产生起，历代政府都力图加强对书院的控制。如明代书院的建设、修复，往往取决于地方官员的态度，地方官员也往往介入书院的管理。明中后期对书院的四次禁毁就是朝廷对书院控制的极端化表现。从书院本身来看，书院虽以自由研究、讲学为目的，但科举入仕对书院学生仍然具有无法抵抗的魅力。明代书院为吸引生徒，自万历年间以后，一直要求享有参加乡试的名额。朝廷为强化对书院的管理，在万历、天启年间，往往在大比之年，给予各大书院一定的名额，准许部分书院生徒与地方官学的学生一起参加乡试。清代的许多书院更是以授徒应举作为主要办学目标。这就使书院被逐渐纳入官学教育的轨道，官学化趋势日增，成为科举的附庸。

清代开国之初，为防止明末遗民学者利用书院讲学宣扬反清复明的思想，聚集反清力量，朝廷对书院讲学严加防范。顺治九年（1652 年），清政府命令"各提学官督率教官、儒生务将平日所习经书义理，着实讲求，躬行实践。不许别创书院，群聚徒党，及号召他方游食无行之徒，空谈误业"①。此令几乎就是明代张居正《请申旧章饬学政以振兴人才疏》的翻版。张居正在此疏中说："不许别创书院，群聚徒党，及号召他方游食无行之徒，空谈误业。"不过张居正重在压制书院，以重振官学，清政府却重在防范"群聚党徒"。在这样一种政府主导思想的压制下，书院的发展在清初近百年间处于停滞状态。

随着政权的稳固，清政府对书院的政策由防范、压制转向正面鼓励与积极支持。这种政策的变化，一方面带来了书院讲学的复兴，一方面也使书院的官学化趋势在清朝得以强化，并达到高峰。

清政府对书院的扶持有一个渐进的过程。顺治、康熙至雍正中期，朝廷对书院防范、压制的政策并无太大改变，但在此期间，其实并未禁毁天下书院，极小数量的书院在地方政府的默许下仍然继续存在。顺治十四年（1657 年），顺治帝下令修复衡阳石鼓书院。这是清朝最高统治者首次以公开姿态承认并支持书院建设。随后，白鹿洞书院、鹅湖书院、白鹭洲书院等明代著名书院在顺治年间相继复建。康熙年间，康熙皇帝为示对天下书院的关心，曾多次向岳麓书院、白鹿洞书院、紫阳书院等少数著名书院颁书颁匾，书院讲学的环境渐次宽松。至雍正四年（1726 年），清政府仍然认为书院是"藏垢纳污"之地，"如释道之聚处寺庙矣"②。到雍正十一年（1733 年），清政府对书院讲学的政策发生了很大的变化。是年，雍正皇帝发布上谕，下令在各省省城"建立书院，择其省文行兼优之士读书其中，使之朝夕讲诵，整躬励行，有所成就，俾远近士子观感奋发，亦兴贤育才之一道也"。建立书院的费用由朝廷供给，而且"将来士子群聚读书，须预为筹划，资其膏火，以垂永久"③。此上谕发布后，各地书院纷纷建立，书院讲学进入一个新的阶段，书院数量急剧上升。有清一代，全国书院的总量接近两千所，远逾前代。书院的分布范围也扩大，各类大小书院遍及全国，就连地处海疆的台湾府也新建了数量可观的书院。

书院为何到了雍正年间得到朝廷前所未有的扶持呢？究其原因，有以下几

---

① 转引自熊承涤编：《中国古代教育史料系年》，750 页，北京：人民教育出版社，1985。

② 转引自章柳泉：《中国书院史话》，34 页，北京：教育科学出版社，1981。

③《雍正十一年癸丑正月壬辰上谕》，见《世宗宪皇帝圣训》卷一〇，乾隆五年（1740）刻本。

个方面：其一，清政权到雍正年间已完全巩固，全国进入平稳的发展时期。加之清朝承接明制，以科举取士，科举基本上是知识分子入仕的唯一途径，在入仕得官的诱惑下，士子多以追求功名为目标，少有聚徒讲学反清者。同时，康熙、雍正年间酷烈的文字狱使得知识分子噤若寒蝉，对政治、思想敏感问题唯恐避之不及，反清复明的思想在全社会及思想界已激不起多大的波澜，利用书院讲学来宣传反清思想，聚合反清力量的社会环境已不复存在。其二，从书院本身的发展历程看，书院自五代南唐产生以后，就成为历代知识分子自由讲学、传播学术思想、传承中国文化的重要场所，明代中后期对书院的大规模禁毁都未能彻底阻止其发展，即可看出书院讲学的强大生命力。清初对书院的压制政策，也仅仅使书院的发展相对冷寂。为笼络天下士人、稳定政权，清初对一些著名书院予以重建，可见清政府不得不顾及书院在整个社会的影响力。事实上，就是在清初政府的强力压制下，书院讲学仍不绝如缕，尤其是私人建立的书院在江浙、关中、河南、河北等地的活动仍十分活跃。其著名者，南有黄宗羲讲学于海昌、姚江等书院；北有颜元讲学于漳南书院；西有李颙讲学于关中书院；中州一带有孙奇逢讲学于百泉书院，李来章讲学于嵩阳书院。康熙年间，康熙帝对部分著名书院的嘉奖，促使一些地方官员为沽名钓誉而建书院。到雍正年间，地方官员兴办书院已成普遍现象。正如雍正帝所言："各省学校以外，地方大吏每有设立书院，聚集生徒讲诵肄业者。"① 在这种情况下，雍正帝因势利导，一改前朝政策，转而支持书院讲学。其三，从清代的官学教育状况看，有限的地方官学显然无法满足众多士子的求学需求，加之清代官学在科举制度的引导下，渐成科举附庸，官学学生只知八股文而不知别物，其弊已为朝廷所认识。乾隆帝在上谕中指出："若仅攻举业，已为儒者末务，况藉为声气之资，游扬之具，内无益于身心，外无补于民物。"② 为培养人才及补救官学教育之弊，雍正帝以后历代帝王都把书院作为官学制度的补充而大加扶持。雍正帝说：兴办书院"亦兴贤育材之一道也"③。乾隆帝也说："书院之

①《雍正十一年癸丑正月壬辰上谕》，见《世宗宪皇帝圣训》卷一〇。
②③《乾隆元年上谕书院应仿白鹿洞规条》，见《高宗纯皇帝圣训》卷三三，嘉庆十二年（1807）刻本。
③《雍正十一年癸丑正月壬辰上谕》，见《世宗宪皇帝圣训》卷一〇。

制，所以导进人才，广学校所不及……庶人才成就，足备朝廷任使，不负教育之意。"③

朝廷对书院的直接支持，一方面促使了书院前所未有的发展，一方面则导致了书院的官学化。清中叶以后书院的官学化表现在以下几个方面：

其一，清代书院的复兴基本上在于朝廷态度的转变与政策上的支持，这与明中后期书院的复兴有很大的不同。明中后期书院的复兴与朝纲紊乱、政府控制力降低有很大关系，是时书院讲学的主要内容是与官方学术思想相悖的陆王心学。而清中叶后的书院已基本失去了自由讲学的特征，书院基本上按朝廷设计的方向发展，成为官学教育制度的重要补充。来自政权的支持往往伴随着高压与制约，清代书院由此走上了官学化的快速轨道。据统计，清代书院共计一千九百余所，其中民办书院仅一百八十二所，所占比例不及百分之十。从官办与民办书院的比例构成，可以看出清代书院官学化程度之高。④

其二，书院的经费由政府提供。当时"京师设立金台书院，每年动拨直隶公项银两，以为师生膏火，由布政司详请总督报销。直省省城设立书院，直隶曰莲池，山东曰泺源，山西曰晋阳，河南曰大梁，江苏曰钟山，江西曰豫章，浙江曰敷文，福建曰鳌峰，湖北曰江汉，湖南曰岳麓、曰城南，陕西曰关中，甘肃曰兰山，四川曰锦江，广东曰端溪、曰粤秀，广西曰秀峰、曰宣城，云南曰五华，贵州曰贵山，皆奉旨赐帑，赡给师生膏火。奉天曰沈阳，酌拨每学学田租银为膏火，令有志向上无力就师各生入院肄业……其余各府州县书院，或绅士捐资倡立，或地方官拨公款经理，俱申报该管官查核"⑤。由此可见，从京城到省城，到府州县的书院，经费都得到了官方的保证。清以前的书院虽也有官办、官民合办等形式，但为数极少，书院办学基本上是自筹经费，经济上的独立性保证了清以前书院学术研究与讲学的相对自由。清代书院在得到官方经费保证的同时，却很大程度地失去了办学的自由。清中叶官办书院经济上的巨大优势也使私办书院失去了吸引力，私办书院日益萎缩。

其三，清代书院的管理为政府严格控制。首先，书院师长的聘用，"由督抚学臣不分本省邻省已仕未仕，择经明行修足为多士模范者，以礼聘请"，书

---

④ 参见陈元晖等著：《中国古代的书院制度》，97 页，上海教育出版社，1981。
⑤ 《钦定大清会典事例》卷三三，光绪己亥（1899）夏御制本。

院无自主权。① 同样，督抚学臣对书院教师也具有任留权，书院师长、教师的考核、奖励、提升之权也在督抚学臣掌握中②，书院的山长、教师要接受督抚学臣三年一次的考核，并可根据教学优劣，六年后酌量议叙官职。其次，书院的招生标准，朝廷也有明确的规定。乾隆元年（1736 年），乾隆帝在《书院应仿白鹿洞规条》的上谕中规定："负籍生徒必择乡里秀异，沉潜学问者，肄业其中，其恃才放诞、佻达不羁之士不得滥入。"清代书院的招生制度相当严格，学生入学首先须由各州县择优报送，再由各布政司会同专司稽查的道员甄别筛选，书院完全无自主招生之权，学生也失去了自主择师的自由。另外，为强化对书院的管理，清政府还制定了较为详细的书院管理规则。乾隆元年，乾隆帝下谕全国书院应参照白鹿洞书院的规条进行管理。

其四，清政府对书院的教育内容做出了明确规定，并将书院教育与科举考试直接挂钩。清中叶以后书院的教学内容为朝廷划定，书院已全无自由讲学的特色。清廷明确规定书院的教学内容为"经学史学治术诸书"，"对偶声律之学"，教材为"圣祖仁皇帝钦定《易》、《书》、《诗》、《春秋传说汇纂》、《性理经义》、《通鉴纲目》、《御纂三礼》"，并规定书院"每月课试，仍以八股为主"。③ 书院教学由此成为科举的附庸。

清代书院的高度官学化并未使书院成为正式官学，清政府始终未将书院纳入官学教育体制。其原因也在于要将书院作为官学的补充，以扩大国家培养人才的途径。清代书院在高度官学化的同时，仍然保留了部分传统书院的特点，教学仍具有一定的自由度。乾嘉时期，一些大书院聚集了一批著名学者，使书院成为学术重地。如江苏的钟山书院，就先后有杨绳武、夏之蓉、钱大昕、姚鼐等著名学者担任山长。但从整体看，书院高度官学化不可避免地窒息了传统书院在学术研究与传播上的自由，使书院在有清一代逐渐走向没落。

---

① 《钦定大清会典事例》卷三三，光绪己亥（1899）夏御制本。
② 参见周德昌主编：《中国教育史研究》明清分卷，78～79 页，上海：华东师范大学出版社，1995。
③ 《礼部学校各省书院》，见《钦定大清会典事例》卷三五九，光绪己亥（1899）夏御制本。

五、走向末路的科举制度

科举制度自隋、唐产生以后，逐渐成为历代王朝选拔政府官员、罗致人才的重要制度。到明清时期，科举制度得到进一步的完善，并逐渐向规范化发展，一定程度上保证了官员选拔上的公平性。但由于科举考试所具有的强烈功利性与八股取士的制度化，使空疏无用的八股文成为博取功名的工具，不仅导致了明清教育成为科举的附庸，也使朝廷通过科举选拔出的"人才"只知八股，不知天下尚有他物，与朝廷实行科举考试选拔人才的初衷相去甚远。

科举制度在明清两代存在达五百多年。在漫长的发展过程中，科举制度弊端日显，成为禁锢思想的枷锁，直接导致官僚队伍素质低下，阻碍了中国社会的发展。

（一）明清时期科举制度的发展

明清两代对科举制度十分重视，都将科举制度视为选拔官员、扩大统治基础的重要手段。

朱元璋在称吴王时，即于吴元年下达"设文武二科取士之令，使有司劝谕民间秀士及智勇之人，以时勉学，俟开举之岁，充贡京师"①。明代开国之初，洪武三年（1370年）朱元璋下诏正式开科取士："自今年八月始，特设科举，务取经明行修、博通古今、名实相称者。朕将亲策于廷，第其高下而任之以官。使中外文臣皆由科举而进，非科举者毋得与官。"②洪武十七年（1384），科举制度正式在明朝确立。是年，朱元璋诏令礼部将科举制度"颁行各省"，后"遂以为永制，而荐举渐轻，久且废不用矣"③。明政府还制定了一整套严密的科举条例，即科举由皇帝统领，三年大比，四级考核，以程朱理学为唯一依据，凭八股文考试录取，严防重惩科举作弊行贿。

明代科举由皇帝统领，各朝皇帝对科举多有原则性谕示。院试由各省提学官主持，提学官的任免权掌握在皇帝手中，乡试考官以皇帝名义派遣，会试考

①②③《明史·选举二》卷七〇，1695页，1695～1696页，1696页，影印本，北京：中华书局，1997。

官由皇帝钦命简放，殿试则由皇帝亲自主持，科举考试的大权完全掌握在皇帝手中。这既表明了皇帝对人才选拔的重视，又说明皇帝掌握着官员选拔、任免的大权。

三年大比的制度，即是科举考试每隔三年举行一次，分"春闱"与"秋闱"。"秋闱"是每逢子、卯、午、酉年的秋季八月举行的乡试，"春闱"是每逢丑、辰、未、戌年的春季二月举行的会试。

四级考核即是院试、乡试、会试、殿试。院试由各省提学官主持。经府试录取的童生可以参加院试，通过院试后，即称为"秀才"，成为府、州、县学的生员。生员从地方官学肄业后即取得参加科举考试的资格，因此，院试只是科举的预备阶段。乡试每三年在省城举行一次，由皇帝钦定的正副主考官主持。每逢子、卯、午、酉年为正科，遇庆典加科为恩科。参试资格为府、州、县学生员获得岁考及格者，儒子之未仕者，官之未入流者（九品十八级之外的官吏），可由有司选送应考。考试分三场，每场三日。考试时的程序大致为弥封、誊录、核对、阅卷、添榜，考后正式发榜，正榜所取者即是本科中式举人。乡试中举举人不仅取得参加会试的资格，还获得功名出身。会试每三年在京城举行一次，由中央礼部主持。因会试考试在秋天，故又称"秋闱"。每逢丑、辰、未、戌为正科，若有恩科，则在次年举行，称为会试恩科。会试参试资格为各省举人及国子监监生，考试分三场，程序与乡试同。会试考取者称贡士。殿试在会试之后一月举行，由皇帝亲自出题考试。殿试是为中式者定甲第：一甲三名，按序为状元、榜眼、探花，赐进士及第；二甲若干名，赐进士出身；三甲若干名，赐同进士出身。这些幸运者不仅取得科举考试最高一级的功名出身，还可被直接授予官职。

自隋、唐举行科举考试以来，历代考试科目有明经、进士、明法、明书、明算、开元礼等，应试者多集中在明经、进士两科，到明代只有进士一科。明代科举考试的内容有严格的限定，主要为儒家经典、程朱理学、当朝律令，考题从《四书》、《五经》中出。作文时，须根据古人思想阐释，不得有丝毫旁逸。行文有一定程式，称之为八股文。程朱理学是明代科举考试的核心内容。洪武十七年对乡试内容规定如下："《四书》主《朱子集注》，《易》主《程传》、《朱子本义》，《书》主蔡氏《传》及古注疏，《诗》主《朱子集传》，《春秋》主左氏、公羊、毂梁三传及胡安国、张洽《传》，《礼记》主古注疏。"① 到永乐年间，朝廷颁布《四书大全》、《五经大全》作为官学教育与科举考试的唯一定本。朝廷通过对科举考试内容的限制，取得对士子思想的支配权。

明宣德以后，明初一直采取的荐士制度基本被废弃，科举几乎成为踏入仕途的唯一途径。天顺二年（1458年），明政府规定："非进士不入翰林，非翰林不入内阁，南、北礼部尚书、侍郎及吏部右侍郎，非翰林不任"，故"通计明一代宰辅一百七十余人，由翰林者十九"②。科举考试与选官制度直接挂钩，并几乎成为入仕的唯一途径，使科举考试在明代具有了空前的权威性与吸引力。状元及第，封妻荫子、光宗耀祖的巨大诱惑，吸引着众多士子不惜耗费终身精力以求在科举考试中博取功名。

清入关以前，清太宗皇太极就于天聪三年（1629年）发布上谕，实行考试取士："于生员中考取其文艺明通者优奖之，以昭作人之典。诸贝勒府以下及满、汉、蒙古家所有生员，俱令考试。"③ 并在是年九月及天聪八年（1634年）三月两次考试取士，揭开了清朝科举考试的序幕。清朝开国以后，顺治二年（1645年）举行首次乡试，清朝科举制度遂正式开始。清初实行科举取士，其目的不仅在网络天下人才，强化官僚队伍，也意在以科举入仕诱惑汉族士子，调和民族矛盾，平息反清复明浪潮。顺治二年，浙江总督张存仁为平息浙江的反清斗争，向清政府建议："速遣提学，开科取士，则读书者有出仕之望，而从逆之念自息。"④ 并称此为"不劳兵之法"。这在一定程度上反映了清初政府开科取士的真实意图。随着清政权的日益巩固，科举考试的重点自然也就放在了对官僚后备人才的网络上。正如《清史稿》所载："有清以科举为抡才大典，虽初制多沿明旧，而慎重科名，严防弊窦，立法之周，得人之盛，远轶前代。"⑤

清朝的科举制度大体承袭明制："有清科目取士，承明制用八股文。取《四书》及《易》、《书》、《诗》、《春秋》、《礼记》五经命题，谓之制义。三年

---

① ② 《明史·选举二》卷七〇，1694页，1702页，影印本，北京：中华书局，1997。

③ 《太宗文皇帝圣训》卷四，乾隆四年（1739）刊本。

④ 《清实录·世祖实录》卷一九，168页，影印本，北京：中华书局，1985。

⑤ 《清史稿·选举三》卷一〇八，3149页，影印本，北京：中华书局，1997。

大比，试诸生于直省，曰乡试，中式者为举人。次年试举人于京师，曰会试，中式者为贡士。天子亲策于廷，曰殿试，名第分一、二、三甲。一甲三人，曰状元、榜眼、探花，赐进士及第。二甲若干人，赐进士出身。三甲若干人，赐同进士出身。乡试第一曰解元，会试第一曰会元，二甲第一曰传胪。悉仍明旧称也。"① 相比之下，清朝的科举制度比明朝更为完备周详。

明清的科举制度除上述文科外，还有武科一途。武科是科举制度为选拔武官而专设的科目。明以前的武科不定期举行。明成化十四年（1478年）设武科乡试、会试，六年举行一次，后改为三年一次。崇祯四年（1631年）开始举行武科殿试。武科的程序与文科大体相同，但所试内容不一样，主要为弓马、武经。清朝将武科定为常制，分为童试、乡试、会试三级。武科考试的乡试、会试，"俱分试内外三场。首场马射，二场步射、技勇，为外场。三场策二问、论一篇，为内场"②。外场中式者才取得进入内场的资格。各级武科考试中式者分别称为武秀才、武举人、武进士。到清朝末年，由于军器日新，刀剑无用，武科遂于光绪二十七年（1901）废止。

（二）科举制度的流弊

科举制度作为一种选官制度在明清两代绵延达五百多年，其规制之完备、影响之深远，远甚前代。

客观地看，科举制度在明清时期发挥了一定的积极作用。明清时期，选官制度虽间有荐举、科举两途，但荐举日轻，科举日重。科举考试的广泛性，为广大士子提供了平等竞争入仕的机会。明清两代政府均以严刑峻法来处理科举中的舞弊行贿行为，其处罚之重，为历代罕见，保证了科举取士的相对公平性。虽然三年一次的科举，有限的中式名额提供的机会十分有限，但毕竟为处于社会下层的士子提供了通过科举改变社会身份、跻身社会上层的可能。这种可能性吸引着天下众多知识分子致力于科举，为朝廷选拔官员提供了数目可观的后备人选，也有效缓解了下层社会对统治集团的不满情绪。同时，作为一种选官制度，科举制度与荐举制、九品中正制相较，显然具有打破门第、防止私

---

①②《清史稿·选举三》卷一〇八，3147页，3171页，影印本，北京：中华书局，1997。

情朋党之风的作用与长处。吕思勉在其所著的《中国制度史》中这样评论科举制度："科举之善，在能破朋党之私。"另外，明清两代科举必由学校出的制度，促进学校教育及书院讲学的发展，促进了明清两代教育一定程度的普及。

但科举制度自身无法克服的缺陷与日趋僵化，使科举不可避免地渐趋没落，最终在光绪三十一年（1905年）被废除。明清两代科举制度的流弊主要表现在以下几方面：

科举必由学校出的制度，使学校教育与科举取士紧密相联。这不仅导致明清两代的学校甚而书院成为科举的附庸，使学校教育失去了教育的本来目的，也使知识分子沉醉于科举功名，视学问为博取功名的工具，学术成为政治的附庸。强烈的功利目的削弱了知识分子对学术执着追求的精神，为博取功名，不惜放弃对学术本身的追求，一切与科举考试无关的学问都被打入冷宫。科学技术在明清时期的停滞与科举制度不无关系。因此，顾炎武抨击八股取士之害"等于焚书，而败坏人材有甚于咸阳之郊"①，导致明清两代"学问由此而衰，心术由此而坏"②。

八股取士严重桎梏了知识分子的思想。八股文通称制义，亦谓制艺、时文、四书文等，始于明代，盛于清朝，是明清时期科举考试的规定文体。八股文有一套固定的格式，全篇文章由破题、承题、起讲、入手、起股、中股、后股、束股八个部分组成，每部分的句数、句型都有严格的规定，全文控制在三百字至七百字之间。八股文出题局限在《四书》、《五经》的范围，考生写作时不能自由发挥，必须遵照朱熹的《四书章句集注》。考生行文必须严格遵守规定，格式不合者，即遭黜革。当八股文成为博取功名的工具，八股文也就成为各级学校、书院教学的唯一重点，成为士子们终日苦究的"学问"。科举考试强烈的功利性使士子终日奔逐于功利，不惜铤而走险，作弊行贿，加速了明清两代学风、士风、政风的败坏。凭借空洞无物的八股文登入仕途的士子，大多只知八股，而不知天下尚有他物，更缺乏经世才力，与朝廷选拔人才的初衷相悖。正如顾炎武所说："明初之制，可及本朝时事，以后功令益密，恐有借以自衒者，但许言前代，不及本朝……于是国家之事，罔始罔终。在位之臣，畏

---

① 顾炎武：《拟题》，《日知录集释》中册卷一六，上海古籍出版社，1985。
② 顾炎武：《三场》，《日知录集释》中册卷一六，上海古籍出版社，1985。

首畏尾，其象已见于应举之文矣。"① 清人徐大椿对埋头八股文的士子的讽刺最为生动形象："读书人，最不齐，烂时文，烂如泥。国家本为求才计，谁知道，变做了欺人技。三句承题，两句破题，摆尾摇头，便道是圣门高第。可知道《三通》、《四史》是何等文章？汉祖、唐宗是哪一朝皇帝？案头放高头讲章，店里买新科利器，读得来肩背高低，口角唏嘘，甘蔗渣儿嚼了又嚼，有何滋味？辜负光阴，白白昏迷一世。就教他骗得高官，也是百姓朝廷的晦气！"②

对于科举流弊及产生根源，清代学者李塨在《取士》一文中有深刻的揭示："既以八股为科举，则天下惟知习此以为学，惟知习此以为士。举凡德行、道艺，与所以致治勘乱之具，概置不问。一幸登科第，则政事听之胥吏，心力用之营求，贪富贵，竞门户，而无事则徇私以酿祸，遇变则置安危于不顾。非无忠良有用之才，要皆时之间出，而非科举所能得者，是败坏朝廷者士，而败坏人才以为士者，朝廷也。"③ 李塨的分析可谓一针见血：科举流弊的产生根源不在追逐功名的士子，而在专制朝廷。专制政府以维护自己的统治为中心，科举取士自然也意在强化专制统治。当清王朝走向没落时，科举制度也就不可避免地走向没落了。

---

① 顾炎武：《试文格式》，《日知录集释》中册卷一六，上海古籍出版社，1985。

② 袁枚：《随园诗话》上册，卷一二，411～412 页，北京：人民文学出版社，1982。

③ 李塨：《取士》，见《清代前期教育论著选》中册，270～271 页，北京：人民教育出版社，1990。

第六章

自然科学技术

　　明清时期，由于社会经济的发展，自然科学技术的长期积累，以及明末清初欧洲耶稣会传教士带来了西方的自然科学技术，中国的自然科学技术继续向前发展。尤其是在晚明和清初，一些自然科学技术领域仍处于世界前列，如农学、水利、数学、医学、地理学、物理学等方面取得了不少的成就，涌现了一批总结其成就的杰出科学家和科学名著。

一、农学和水利

　　明清时期，传统农业继续发展，已经实行"一岁数收"（即一年内农作物收获两次、三次甚至多次）的耕种技术，进行精耕细作，粮食产量增加，并从国外引进玉米、甘薯等高产作物，烟草也传入中国。明朝中叶，棉花种植已推行全国。

明清的农业著作，以明末徐光启的《农政全书》最为著名。徐光启（1562—1633），字子先，号玄扈，上海县（今属上海市）人。万历三十二年（1604年），他赴北京应礼部试，中进士，授翰林院庶吉士。他"习天文、兵法、屯盐、水利诸策，旁及工艺数事，学务可施于用者"。这时，意大利传教士利玛窦在京传教，徐光启遂跟随学习西方的天文历法、数学、地理学和水利工程等科学技术。万历三十四年，徐光启与利玛窦合译了《几何原本》（前六卷），其后又合译《测量法义》，另与传教士熊三拔合译《泰西水法》等书，成为介绍西方自然科学的先驱。崇祯二年（1629年），徐光启奉敕督领修正历法。由于钦天监的《大统历》推算日月食多有错误，徐光启主持的历法改革以西法为基础。在他的主持、组织下，经过几年的辛勤观测、研究，于崇祯六年（1633年）终于编成一百三十多卷《崇祯历书》。这一年，徐光启病逝。

徐光启用力最深、影响最大的是他所著《农政全书》。徐光启的父亲"课农学圃自给"，他年轻时也参加过农业劳动。这与他后来重视农学研究有着渊源关系。他的有关农学著作有《农遗杂疏》、《种棉花法》、《甘薯疏》、《种竹图说》、《北耕录》、《宜垦令》、《农辑》，而以《农政全书》为代表作。

《农政全书》共六十卷，是一部集我国古代农学之大成的学术著作。全书分农本、田制、农事、水利、农器、树艺、蚕桑等类，种植、牧养、制造和荒政等十二个部分。书的重点在农耕技术和灾荒救助措施，论述了屯垦立军、水利兴农和备荒救荒三项基本农政。书中除徐光启撰写的部分外，还辑录了古代和同时代的农业文献二百多种，介绍了水利工程、农业器具的形制和使用，以及各种谷物蔬菜、果树等农作物的选种、培育方法。书中还吸收了传教士带来的西方科学知识，如《泰西水法》，以及作者亲身观察、实验的所得。

据王毓瑚《中国农学书录》著录，明代的农书有一百三十多种，但质量高的不多。除《农政全书》外，较有特色的有马一龙的《农说》和涟川沈氏的《沈氏农书》。《农说》主要从理论上总结水稻的耕作技术，《沈氏农书》则着重于叙述水稻和桑树的栽培技术。关于果树、蔬菜栽培的农书，有邝璠的《便民图纂》等。

清代的农书也有二百余种，其中有关于棉花种植、蚕桑生产经验之类专业方面的记述，有些是地区性农业生产技术和经验的记述，如方承观的《棉花图》、张履祥的《补农书》、杨由山的《知本提纲》等。此外，陈淏子的《花镜》，康熙帝令汪灏等在明代王象晋的《群芳谱》基础上增补删订而成的《广群芳谱》一百卷，是关于花木果树的农书。而影响最大的，是《授时通考》。

《授时通考》是乾隆七年（1742 年）乾隆帝令鄂尔泰等纂修的一部大型综合性农书。全书共七十八卷，记录旧文献有关农业的资料，依次分为天时、土宜、谷种、功作、劝课、蓄聚、农余、蚕桑等八门，每门都有图，引用文献达四百二十七种。所记以大田生产为中心，以提供衣食资料为原则。

水利是农业生产最基本的条件之一，历来受到重视。明清时除《农政全书》、《授时通考》记述水利灌溉外，两朝的《经世文编》也收了一些有关水利的建议、奏疏、条陈。康熙末年傅泽洪辑《行水金鉴》一百七十卷，以黄河、长江、淮河、永定河为四大水系，博采关于淤涝灌溉利弊的文献，汇为一书，提供行水参考，颇为便利，在 18 世纪几乎成为水利工作者的必备手册。其内容上起《禹贡》，下迄康熙末年（1722 年）。黎世序又纂《续行水金鉴》一百五十六卷，上起雍正初年（1723 年），下止嘉庆末年（1820 年）。

河务是水利的基础。明清对治理黄河非常重视，取得一定成果。明朝潘季驯（1521—1595），字时良，号印川，浙江乌程（今吴兴）人。他四次治理黄河，做出了很大贡献。潘季驯认为，黄河下游河道容易移徙，是因为水漫沙壅。因此，他提出在黄河下游"筑堤束水，以水攻沙"的治黄方法。他主持修筑的堤防，成为拦阻洪水的防线，并"借淮之清以刷河之浊"。经他治理后，河道刷深，拓辟了黄河入海口，使黄河保持了多年的稳定。潘季驯的水利著作主要有《两河管见》、《河防一览》等。明人的水利著作，值得提出的，还有徐贞卿的《潞水客谈》，阐述治水与发展农业生产相结合的思想。

清朝的靳辅（1633—1692），字紫垣，汉军镶黄旗人。康熙十六年（1677）任河道总督，主持治理黄河工程。其时黄河溃决为患，他在幕僚陈潢的帮助下，创新了许多办法，如在河身两旁挑挖引河，筑堤坎束水攻沙，堵塞黄、淮诸处决口等，使河患大减，成绩显著。著有《治河方略》。陈潢（1637—1688），字天一，浙江钱塘人。他在河道总督靳辅幕中，长期参与治河事务。在长期的实地考察中，陈潢认识到黄河泥沙是从中游黄土高原上流下来的，从而指出治理黄河必须"彻首尾而治之"。这种从全局考虑治理黄河的思想，是治河理论上的一大进步。他主持的海口疏浚工程，实施"开引堵决法"。此外，他还提出了测量水流量的"测水法"，著有《河防述言》、《历代河防统纂》。

此外，明人宋礼奉命整顿山东境内运河时，采纳白英的建议。白英是一位有丰富实践经验并熟悉汶河水文及沿岸地形的老船工。他建议在运河附近地势较高的汶河上修筑一座"横亘五里"的拦水坝，并建新渠把汶水引到大运河地势较高的南旺，再把一些水源疏浚引到南旺，向南北分流，并建水闸调节水位。从而较好地解决了南北京畿运河的通航问题。

从明代起，开始了把河北滨海地区的盐碱荒地改造为良田的一系列实践。袁黄在《宝坻劝农书》中提出挖沟筑堤、排水防潮、治理开发盐碱荒地、种植水稻的具体实施方案。

二、数　学

明代在数学理论方面没有什么成就。随着商品经济的发展，珠算术广泛应用，与商业贸易有关涉及应用问题的商业数学却发展起来。

珠算术在元代已经发明，到明中叶取代筹算术在全国推广。珠算术用珠算盘演算，比筹算术简单方便。明代有关珠算术的著作，影响大的是程大位的《直指算法统宗》。程大位（1533—1606），字汝思，休宁（今属安徽）人。少年喜欢数学，后来一面经商，一面从事数学研究。《直指算法统宗》成书于万历二十年（1592年），全书十七卷，收录五百九十五道应用题。所有应用题全部用珠算盘演算，包括开平方、立方。书中还记有他创制的"丈量步车"测量田地的方法。《直指算法统宗》的编撰和流传，标志着从筹算转为珠算的完成，珠算盘成为主要的计算工具，在社会上产生了深远影响。

由于商业的发展，有关商业的应用问题在明代数学著作中出现较多，具有代表性的是吴敬的《九章算法比类大全》。吴敬，字信民，浙江仁和人。他用二十年之功，于景泰元年（1450年）完成了《九章算法比类大全》一书。全书分十卷，共解出一千三百二十九道应用题，是一部应用题解法的汇编。其中一部分是从古代算书中抄录的，一部分是新增的，有不少与商业有关的问题，如计算利息、合伙经营、验物抽分等，是商业经济发展在应用数学研究中的反映。书中还论及大数小数，度量衡单位，四则运算和开方运算等。

明末清初，耶稣会传教士来华带来的西方数学，在士大夫中产生了影响。西方数学的传播，如徐光启和利玛窦合译的欧几里得《几何原本》前六卷中的一些数学名词，如点、线、直线、曲线、平行线、角、直角、锐角、钝角、三角形、四边形等，一直沿用至今。李之藻和利玛窦合编《同文算指》，介绍了西方的笔算。此外，三角学此时也传入中国。有的人在传统数学的基础上，吸收了西方的数学，取得了独创性成果。而中国传统数学也在清中叶得到复兴，其典籍被大量整理研究。尽管在总体水平上，中国数学已落后于西方，但仍有其成就和进展。

清初最有成就的数学家是梅文鼎。梅文鼎（1633—1721），字定九，号勿庵，安徽宣城（今宣州市）人。毕生从事数学、天文历法研究，是民间数学家、天文学家。他孜孜于著述，写下了大量的数学和天文历法著作，约八九十种，被誉为清初"历算第一名家"。康熙皇帝闻其名，在一次南巡途中召见梅文鼎，连续三日同他谈论数学和天文学，并亲书"绩学参微"四字为赐，以表彰他的研究成就。梅文鼎治学兼采中西，能够以客观平实的态度对待中西数学，认为"法有可采，何论东西；理所当明，何分新旧"，"务集众长以观其会通，毋拘名相而取其精粹"①。对西方文化既不盲目排斥，也不盲目接受，而是经过认真分析研究后加以吸收。他的数学研究实现了会通中西。在《笔算》、《筹算》、《度算》等著作中，他介绍了西方的笔算、纳皮尔算筹和比例规。为了更容易为中国士大夫接受，将横行式改为直行式，而且语言通俗流畅，"往往以平易之语，解极难之法，浅近之言，达至深之理"②。梅文鼎在整理中国古代算学遗产上也做出了贡献，使一些将失传的古籍得以保存下来。

梅文鼎的数学研究成果为康熙末年编纂《数理精蕴》奠定了基础。《数理精蕴》是在康熙帝主持下，令梅文鼎的孙子梅瑴成与陈厚耀、何国宗、明安图等人编纂的。书中汇集了中国传统数学著述和明末清初传入的西方数学著述，有系统地做了编排，比较全面地阐述了算术、几何、代数、三角等的成就。该

---

① 梅文鼎：《堑堵测量》卷二，见《梅氏丛书辑要》本，乾隆二十六年刊本。
② 梅文鼎：《平三角举要》，见《梅氏丛书辑要》本，乾隆二十六年刊本。

书流传很广，影响较大。书中宣传的"西学中源"的说法则反映了当时普遍存在的妄自尊大和故步自封的观念。

乾隆、嘉庆年间，考据学盛行，对经、史训诂考订做了大量工作，也及于数学。一些考据学家对中国古代数学著述加以辑佚、考订、注释，在整理和研究上做了大量工作，取得了成绩。

三、天文学

在中国古代传统中，天文与历法是分不开的，对天文的探究，最终是落实于历法上，而忽略了天体运行本身。明代天文学的明显变化，是晚明传教士传播西方天文学所产生的影响，并由修订历法而引起的中西争论。具体而言，为崇祯二年由徐光启主持修改历法，最后完成的《崇祯历书》。这是一部用西法编制的历书，是比较全面介绍欧洲古典天文学的重要著作。关于《崇祯历书》的有关情况，见本书第三章第 79 页的叙述。

入清后，关于中西历法问题争论激烈。顺治帝时，传教士汤若望删改压缩《崇祯历书》，更名为《西洋新法历书》进呈。在汤若望主持下，钦天监以《西洋新法历书》为基础，编制成《时宪历》，并予颁行。康熙三年（1664 年），鳌拜专权，支持杨光先等反对西洋新法，《时宪历》一度被废，复用《大统历》。康熙八年（1669 年），鳌拜伏诛，又恢复《时宪历》。康熙五十三年（1714 年），以《西洋新历书》有误差，康熙帝令钦天监修订历法，至六十一年（1722 年）完成《历象考成》四十二卷。乾隆七年（1742 年），修订《历象考成》工作完成，编为《历象考成后编》十卷。

清初的天文学家，有梅文鼎、王锡阐等人。梅文鼎不仅是著名的数学家，在天文历法方面也深有造诣。王锡阐（1628—1682），字寅旭，号晓庵，江苏吴江人。他终生未仕，专心致力于天文历算研究，是一位民间天文学家。王锡阐坚持进行天文观测，常"竟夕不寐"。他对中西历法做了深入比较研究，"考正古法之误而存其是，择取西说之长而去其短"[①]，在此基础上提出了创造性

---

① 阮元：《畴人传》卷三五，北京：商务印书馆，1955。

见解。王锡阐关于天文历法的著作甚多，其中最具代表性的是《晓庵新法》。这部历法"兼采中西，去其疵类，参以己意"而成。徐光启曾想编制一部历法，但力不从心，未能实现，而王锡阐实现了。王锡阐在天文学上的造诣和贡献，得到同时代著名学者的高度评价。如梅文鼎就认为王锡阐是"能知西法复自成家者"，是当时最有成就的。

四、医药学

明清两代医学名家辈出，并出现了医药学领域的总结性著作。

明代方剂方面的书当推《普济方》。永乐四年（1406 年），明太祖第五子周定王朱橚与滕硕、刘醇合纂《普济方》。此书按照宋人《太平惠民和剂局方》中的医方典籍，分"总论"、"脏腑"、"身形"、"伤寒"、"杂病"、"外科"、"妇儿"、"针灸"等科，凡一千九百六十论，二千一百七十五类，七百七十八法，六万一千七百三十九方，二百三十九图。前古医书所载及民间所传单方，均尽量收入，集明以前医方之大成，保存了宋、元以降许多名医的著述。这是我国现存最大的一部方书，为研究中医方剂学提供了丰富的资料。

明代药物学的著作以李时珍的《本草纲目》最为著名。李时珍（1518—1593），字东璧，号濒湖山人，湖北蕲州人。祖父和父亲是当地的名医，因而从小就受到医药知识的熏陶。后来他放弃科举，专心钻研医药学，医名遍及大江南北。在长期研究中，他发现历代本草书有许多讹误，分类也不精审，因而立志编撰一部新的本草书。他综合研究了自《黄帝本草经》以来二十多种有关本草的著作，参考八百多种典籍，吸收继承了前人研究成果。同时，他奔赴各地，实地考察，走遍大江南北，寻访各地名医，搜求民间验方，收集各种药物标本。他还根据自己行医用药对药性的体验来分析论断，历时三十余年，三易其稿，终于在万历六年（1578 年）完成了我国古代医药学的集大成巨著——《本草纲目》。

《本草纲目》共五十二卷，约一百九十余万字，分水、火、土、金石、草、谷、菜、果、木、服器、虫、鳞、介、禽、兽、人等十六部，六十二类，收载金元以前各家所载药物一千五百一十八种，新增补当时发现搜集的药物三百七十四种，共一千八百九十二种。所收药方一万一千一百五十一方，附插图一千一百零九幅。《本草纲目》纲目分明，体例划一，药物分类较前有很大提高。每种药物都首标正名为纲，附释名为目，其次为集解、释疑、正误，再次为气味、主治、附方。所载药物每一种都记名称、产地、形态、采集方法、性味、功用以及炮制方法等，并一一指出以往本草书中的错误。书中还批驳了前人的一些不合理的甚至荒诞不经的传说，尤其是抨击方士迷信的诳言，尽力剔除以往本草中的迷信方术，消除对所谓长生之药，如雄黄、水银、灵芝等的夸大，而正其功效。《本草纲目》中还涉及生物学、矿物学、化学等自然科学方面的知识，是我国古代的医药学百科全书。该书相继被译成日、朝、德、法、英、俄、拉丁等多种文字，被誉为"中药宝库"、"东方医学巨典"。

明代在瘟病学说方面有了发展。中医关于瘟病之类的传染病医理，原建立于《伤寒论》，宋元以后医家才逐渐注意对瘟病和伤寒病加以区分，但真正建立瘟病学说是在明代。洪武元年（1368年），江苏昆山人王履（1332—1391）著《医经溯洄集》，从病理上明确指出瘟病与伤寒不同，不能"混称伤寒"，从而突破了《伤寒论》的藩篱，开拓了认识传染病的新道路。崇祯十四年（1641年），江苏吴县人吴有性写成《瘟疫论》二卷，《补遗》一卷，为瘟病学说的形成奠定了基础。

清代的医药学，在医理、方剂、药物、瘟病等方面都有发展。

乾隆十四年（1749年），吴谦等奉敕编撰《医宗金鉴》九十卷。该书所涉医学知识广泛，包括医论、医方、内外各科、辨证施治。内容有《订正伤寒论注》、《订正金匮要略注》、《删补名医方论》、《四脉要诀》、《运气要诀》、《诸科心法要诀》、《正骨心法要旨》等，对前人医书做了订正讹误、删补、注释、阐发。"皆有图，有说，有歌诀，俾学者既易考求，又便诵习也。"①

关于医论，有所发挥创见的，如徐大椿。徐大椿（1693—1771），字灵胎，江苏吴江人。所著《难经经释》，以《内经》经义阐释《难经》，对人体经络、脏腑等功能多有独到见解。

瘟病学方面，叶桂、吴塘、薛雪、王士雄被称为"瘟病四大家"。叶桂

① 四库全书研究所整理：《钦定四库全书总目提要》（整理本）上册，1363 页，北京：中华书局，1997。

（1667—1746），字天士，江苏吴县人，对瘟病学发展起了重要作用。所著《温热论》，从理论上概括了外感温病的发展途径和传变，提出"温邪上受，首先犯肺，逆伤心包"的说法，把温病病变分为卫、气、营、血四个程度不同的阶段，以利辨证施治。在温病的诊断上，发展了察舌验齿，辨别斑疹和白㾦的方法。薛雪（1681—1770）字生白，江苏吴县人。医术与叶天士齐名，善于治疗湿热等传染性疾病，对肠道传染病尤有研究。吴塘（1758—1836），字鞠通，江苏淮阴人。他在叶天士的基础上，采历代著述，去粗存精，加上自己的行医经验，创温病三焦辨证学说。著《温病条辨》，对温病的诊断和治疗有所发展。王士雄（1808—1866?），字孟英，浙江海宁人。著《霍乱论》，详辨霍乱、热证。又辑成《温热经纬》，以《内经》、《伤寒论》为经，以叶天士等人的著作为纬，将温病诸家的著述汇为一编，于医界颇有影响。

在药物学研究方面，深受李时珍《本草纲目》的影响，有学术价值的著作，如赵学敏的《本草纲目拾遗》。赵学敏（1719—1805），字恕轩，浙江钱塘（今杭州市）人。他精通医术，勤于钻研，认为李时珍的《本草纲目》所收药物尚有不完备之处，于是决心为其补遗，经四十年努力，终于完成《本草纲目拾遗》一书。所收药物七百一十六种，附记二百零五种，共九百二十一种，新增药物不少，尤其收入明末以来传入中国的西药，如强水、金鸡纳等。此外，如汪昂从《本草纲目》中选辑四百六十种较常用药物，编成《本草备要》一书，使人开卷了然。其后，吴仪洛在此书基础上考订补充，撰成《本草从新》，所收药物增至七百二十种。徐大椿也撰有这方面的著作，为《神农本草经百种录》。

清代药用植物学著作，有价值的有吴其濬《植物名实图考》。吴其濬（1789—1847），字瀹斋，河南固始人。历官侍郎、巡抚、总督。他很注意对植物的研究，不仅从八百多种文献中搜集有关记述，而且所到之处留心观察，采集植物标本，在此基础上撰《植物名实图考》三十八卷。全书收植物一千七百一十四种，分为十二类编次，比《本草纲目》多五百一十九种。对每种植物的形态、颜色、气味、产地及药用价值等都做了具体记述，并绘图说明，纠正了《本草纲目》的一些错误，有较高的学术价值和广泛的影响，同光年间，有德文、日文等译本流传于海外。在此书之前，吴其濬编有《植物名实图考长编》

二十二卷，共收植物八百三十八种。

　　清代医家中，王清任于医学有特殊贡献。王清任（1768—1831），字勋臣，河北玉田人。于中医学的主要贡献，是人体解剖学。他认为医生治病应对人的脏腑有所了解，"著书不明脏腑，岂不是痴人说梦；治病不明脏腑，何异于盲子夜行"①。而所阅读的古医书关于脏腑的记载，往往是含糊不清。因此，他决心弄清脏腑的情况。为了亲见人体脏腑，王清任不避污秽，亲到荒郊野坟观察疫死儿童尸体暴露出的内脏，到刑场观察被处死的男女犯人的脏器，访问见过人体内脏的人士，并与动物内脏做比较。历经四十二年的努力，他将人体内脏观察结果和研究心得，绘成二十五幅脏腑解剖图，配以文字说明，改正前人的错误，撰为《医林改错》上半部分。《医林改错》二卷，是王清任的代表作。《医林改错》的成就不仅在解剖学上，而且提出了"气血学说"，对临床医学做出了贡献。

五、地理学

　　明清两代，地理学在地图测绘、域外地理、自然地理、地理沿革的历史考订等方面都有成就。

　　明初郑和下西洋的航海图，是现存最早最详细的海图。他的随行人员撰有域外地理著作多种，如马欢的《瀛涯胜览》、费信的《星槎胜览》等，记载了下西洋所经历诸多国家的地理位置、气候、物产、民族、宗教、风俗习惯等。

　　明代许多学者重视地图编绘，其中最有影响的是罗洪先的《广舆图》。《广舆图》在朱思本《舆地图》的基础上修改增补而成，计图四十五幅，十六幅分省图系据《舆地图》改绘的，其余为新增补。此书流传甚广，在明清两代刊印七次。

　　徐宏祖是明朝的伟大地理学家。徐宏祖（1587—1641），字振之，号霞客，江苏江阴人。出身于富裕之家，藏书丰富。徐宏祖从小喜欢读史地与探险游记类著作，有志于遨游天下，"问奇于天下名山大川"。他从万历三十五年（1607

---

　　① 陕西省中医研究院：《医林改错注释》，6～7 页，北京：人民卫生出版社，1985。

年）二十二岁开始出游，至崇祯十三年（1640 年）五十五岁止，历时三十四年，足迹遍及现在的江苏、浙江、山东、河北、山西、陕西、河南、安徽、江西、福建、广东、湖南、湖北、广西、贵州、云南和北京十七省市，把毕生精力献给了旅行考察事业。他于所到之处，就地理、水文、地质、植物及居民情况进行考察，逐日写成游记。他去世后，遗稿由后人编为《徐霞客游记》，刻印传世。《徐霞客游记》是一部优美的游记文学作品，又是一部有很高学术价值的地理著作。其最大贡献在于对我国西南地区石灰岩溶蚀地貌和溶洞的记述与研究。这是世界上第一次系统地探索和记载岩溶地貌，约早于欧洲人两个世纪，在地理学史上有重要地位。他还考察了许多地区的岩石性质，描述它们的地质地理概况；考察了许多江河水系，否定了长江源于岷山之说，指出金沙江是长江上源。《徐霞客游记》还运用了许多科学正确的研究地理的方法，如注重数据的描述记载，实地考察和文献记载相结合的方法，系统描绘自然的方法，以及对比分析、采集标本的方法等。

清代在地图测绘方面有很大的发展，这与明末清初耶稣会传教士带来的西方地理知识和经纬度的测量方法分不开。康熙年间，康熙帝亲自主持组织了有西方传教士和中国学者二百多人参加的测量队伍，分赴各地进行经纬度等的测量。在历时八年实测的基础上，又经过两年时间的整理，最后完成了《皇舆全览图》。这是采用当时世界上最先进的经纬度测绘方法进行的全国规模的地图测绘，比西欧要早约一个世纪。所绘制地图学术水平很高，李约瑟博士称它"不但是亚洲当时所有的地图中最好的一部，而且比当时的所有欧洲地图更好、更精确"①。《皇舆全览图》测绘时，因战争等原因，当时西部个别地区未能实测，地图尚不完备。乾隆时，又专门派人到一些地区实测，在《皇舆全览图》的基础上修订增补，完成了《乾隆内府舆图》。

在地理学著作方面，主要有顾炎武的《肇域志》和《天下郡国利病书》，顾祖禹的《读史方舆纪要》。顾炎武的《肇域志》一百卷，记述各地地理沿革、建置、山川形势、名胜等。《天下郡国利病书》一百二十卷，依明代行政区域，记述各地山川、户口田赋、政事民事等。顾祖禹（1631—1692），字景范，江

---

① 李约瑟：《中国科学技术史》第 5 卷第 1 册，235 页，北京：科学出版社，1975。

苏无锡人，与顾炎武同时的学者。他讲求经世致用，用了二十多年时间完成《读史方舆纪要》一百三十卷，是一部中国历史地理和军事史巨著。

六、技术科学

明清时期冶金业的产量和规模都超过宋元时期。如明初铁年冶数量达到一千八百多万斤。清代康熙年间（1662—1722），云南铜矿大量开采，最高年产量达到一千四百万斤。当时一般大铁场雇工可达二千至三千人。铁场大多设在矿山、林区附近。有些铁场已有科学合理的安排和布局，包括开山采矿、伐木烧炭、矿石冶炼、器具制造及相互间的运输等。

明清时采金属矿技术有了发展，已不单用铁锥、铁锤击凿，而应用"烧爆"和"火爆"法采矿。在采煤方面，采用先开凿圆形竖井，再开掘巷道，用辘轳抽水，用竹筒排除井下毒气，用支柱防止塌陷等技术。

炼铁方面，铁炉用盐泥砌成，并发明炼焦法，用焦炭冶炼矿石，效果大大改善。为提高风压、风量以升高炉温，还用活塞式木风箱取代木扇鼓风。有的铁场使用机车运送炉料，提高了工效。在炼钢方面，创造了将冶铁炉和炼钢炉串联起来使用的新方法，省去了生铁再熔化过程，是冶金工艺的一项重大技术成就。此外，需要提到的是锌的冶炼。锌是比较难冶炼的金属，至晚在15世纪初（约明成祖时），中国已有冶锌的记录。16世纪时，冶锌才传入欧洲。

明初，我国的船舶制造和航海技术在世界上是领先的。当时江苏、福建、广东都设有大型官营船厂，各地还有不少小型的民营船场。如福建泉州的造船厂，可造大福船、二福船，重楼三层，可容百人，并可用来在海中作战。江苏所造的沙船，广东所造的广船，各有特色，都是当时的主要船型。此外，还有在江河行驶的各种类型的船舶，如运河运粮的漕船、福建的梢篷船、黄河的满蓬梢船、四川的八橹船等等。郑和下西洋所用主船长四十四丈四尺，宽十八丈，可以乘载五六百人，装饰十分豪华，是当时航行海上最巨大的船只；其他长度超过一百米的大型船有六十余艘，各船平均容载四五百人。船上配有航海图，罗盘针，可以正确地判断航向和航线。郑和下西洋绘制的航海地图，称为"郑和航海图"，是世界上负有盛名的中国古代航海图。

明代的丝织业和棉纺织业发达。明代最先进的纺织机是"花机"，其构造比过去更复杂。福建的机匠改用新的织缎机，称作"改机"。嘉兴濮院镇的机匠把原有的土机改为新式的"纱绸机"。棉纺织方面，明代已出现了脚踏纺车和搅车。所用木棉弹弓，也由元代的竹弓绳弦改为"以木为弓，蜡丝为弦"，并得到普遍推广。明清的丝织品种类很多，有绫、罗、绸、缎、纱、绢、锦、绮、绒等，织出的成品花色多样，变化日新。清朝时，南京、佛山、广州等地丝织业的发展已超过苏、杭二州。乾隆时，南京全城有织机三万多张，每张织机由一百三十二种零件构成。明清时，湖州的丝，松江的布，南京、苏州的绸缎，都成为全国著名的产品。此外，麻、葛、毛纺织品也有了发展。

明清制瓷业继续发展，景德镇的瓷器、龙泉的青花瓷、福建德化的白瓷都蜚声于时，畅销海内外。当时以青花瓷最为著名，康熙时的青花瓷呈翠蓝色，达到极高水平。其他本色瓷器，如洒蓝、雨过天青、霁红、苹果绿、鹦哥绿，均鲜艳夺目，精品可随日光照射而变色。

明清时期的建筑工程，规模最大的是北京的皇宫、长城和热河行宫、北京圆明园；苏州的园林，也很具特色。

其他手工业，如漆器、珐琅制器等工艺都有所提高。造纸、制墨等也有不同程度的发展。

明清时期还出现了一部科技巨著——宋应星的《天工开物》。宋应星(1587—约1666)，字长庚，江西奉新人。他崇尚实用的科学技术研究，对农业和手工业生产技术做了广泛的社会调查，写了不少著作，以《天工开物》最为著名。

《天工开物》是世界上第一部有关农业和手工业生产的百科全书。全书三卷十八篇，内容涉及中国古代农业和手工业生产各方面的技术和经验，包括各类粮食作物的培育、养蚕、纺织、染色、粮食加工、熬盐、制糖、酿酒、烧瓷、冶铸、锤锻、舟车制造、烧制石灰、榨油、造纸、采矿、兵器、颜料、珠玉采集等，几乎涉及当时所有重要的农业和手工业部门的生产技术与过程，并附有插图一百二十三幅。《天工开物》是对于中国16世纪以前农业和手工业生产经验的总结，并注意介绍先进的生产经验。书中还记述了从国外传入的技术，如倭缎织造法、朝鲜及西洋棉布染整法、红夷炮冶铸法等，表明宋应星对国外传入技术的重视。《天工开物》在国内外产生了广泛影响，先后被译成日文、法文、英文、德文、意大利文、俄文等多种文字，在各国流传，成为世界著名的科学经典著作。国外有学者称宋应星为"中国的狄德罗"，《天工开物》可与狄德罗主编的《百科全书》相媲美。

明清时期，众多的科学家和劳动人民付出艰辛的劳动，用自己的聪明才智使传统科技取得一系列重大成果，完成了对中国古代科技的总结。中国古代科技作为古代社会的一朵奇葩，开出了绚丽的花朵。

明清之际还出现了一位学识渊博的大学问家——方以智。方以智（1611—1671），字密之，安徽桐城人。他号称博学，对文学、经学、医学、小学、音乐、书画等都有研究，而于自然科学和哲学造诣尤深。方以智的著作很多，保存下来的尚有二十余种，其中集中体现他的科学哲学思想的有《通雅》、《物理小识》等。

方以智的哲学思想是否定神学学说的。他提出"盈天地间皆物也"的命题，认为"事一物也"，"器固物也，心一物也"，"性命一物也"，"天地一物也"。[①] "物"是客观存在，而"一切物皆气所为也"，也就是说，物就是气，是实在的东西，是实体。基于此，方以智阐发了"质测即藏通几"的科学哲学思想。所谓"质测"，指研究事物属性及矛盾变化规律的学问。质测之学的研究对象是悠久广大、无所不包的客观物质世界，相当于自然科学。所谓"通几"，指揭示事物发生变化的固有因果联系，研究对象为隐藏在天地万物中的发展契机和内在本质，亦即哲学。"质测即藏通几"，即指"质测"是"通几"的前提、基础，离开"质测"而谈"通几"，将流于空谈；"通几"又可指导"质测"，"质测"离开"通几"，就无法把握事物之间的普遍联系和运动规律，两者相辅相成，不可偏废。

较为集中反映方以智"质测之学"的代表作，是《通雅》五十五卷和《物理小识》十二卷。两部书的内容包括天文、地理、算学、动植物、矿物、医学、声音、文字、气象、历数、生理、心理等各方面的科学知识，记录和总结了我国劳动人民许多先进的生产技术和经验，批判地吸取和介绍了当时传入中

---

① 方以智：《物理小识》自序。

国的一些西方科学知识，成为具有时代特色的科学、学术成果的总汇集。

方以智在潜心研究的基础上，对中西学术进行比较挑选，扬长避短，择善而从。他既不排拒西学，也不盲从，认为"万历年间，远西学入，详于'质测'，而拙于言'通几'。然智士推之，彼之'质测'犹未备也"[1]。这种对于西学采取分析选择吸收的态度，是值得称道的。

七、"西学中源"说

明末清初，欧洲耶稣会传教士来华传教，也传播了自然科学知识。当时士大夫中如徐光启、李之藻等人，重视对西学的吸收，会通中西；保守者则排拒西学，反对吸收西方的自然科学知识。在这种背景下，出现了一种"西学中源"的文化观。

较早具有"西学中源"思想的，如黄宗羲。他曾说："勾股之术，乃周公、商高之遗，而后人失之，使西人得以窃其传。"[2] 清代张廷玉等修纂的《明史》中有一段有关"西学中源"的议论，反映了清人对西学的看法："西洋人之来中土者，皆自称瓯罗巴人，其历法与回回同，而加精密。尝考前代，远国之人言历法者多在西域，而东南北无闻……盖尧命羲、和仲叔分宅四方，羲仲、羲叔、和叔则以嵎夷、南交、朔方为限，独和仲但曰'宅西'，而不限以地，岂非当时声教之西被者远哉。至于周末，畴人子弟分散。西域、天方诸国，接壤西陲，非若东南有大海之阻，又无极北严寒之畏，则抱书器而西征，势固便也。瓯罗巴在回回西，其风俗相类，而好奇喜新竞胜之习过之。故其历法与回回同源，而世世增修，遂非回回所及，亦其好胜之欲为之也。羲、和既失其守，古籍之可见者，仅有《周髀》。而西人浑盖通宪之器，寒热五带之说，地圆之理，正方之法，皆不能出《周髀》范围，亦可知其源流之所自矣。夫旁搜博采以续千百年之坠绪，亦礼失求野之意也。"[3] 这段话肯定了欧西历较回回历精密，应予吸收融会，但认为西学源于中国，现在吸收西学，不过是"续千

---

① 方以智：《物理小识》自序。

② 凌扬藻：《蠹勺编》卷三一，同治二年南海伍氏刻本。

③《明史·历一》卷三一，544～545页，影印本，北京：中华书局，1997。

百年之坠绪"，"礼失求野之意"。"西学中源"的说法无疑是错误的，但它是对西学的认同，而不是阻碍、反对吸收西学。

清初，康熙帝热心提倡并亲自研习西方自然科学，但也认为西学源于中国。他在与越宏燮论数学时说："夫算法之理，皆出自《易经》。即西洋算法亦善，原系中国算法，彼称为阿尔朱巴尔。阿尔朱巴尔者，传自东方之谓也。"① 关于历法，他在所作《三角形论》中提出："古人历法流传西土，彼土之人习而加精焉。"康熙帝的这种"西学中源"说，自会产生其影响。传教士为取悦康熙帝，将代数学译为"阿尔热尔达"，转意为"东来法"，即"中国法"。

清初著名的数学家、天文学家梅文鼎、王锡阐主张会通中西，但对西学的认识不免有穿凿附会之处，也认为西学源于中国。康熙帝著《三角形论》后，梅文鼎称颂不已："伏读御制《三角形论》，谓众角辏心以算弧度，必古算所有，而流传西土。此反失传，彼则能守之不失，且踵事加详。至哉圣人言，可以为治历之金科玉律矣。"② 在所著《历学疑问》和《历学疑问补》两部著作中，详细论证了中法和西法的异同，论证了西法的许多内容源自中国的古法，如地圆说来自《黄帝内经·素问》；本轮均轮说来自《楚辞·天问》中的"圜测九重"；地球分寒暖五带，源于《周髀算经》中的"七衡六闻"说等。王锡阐也持"西学中源"说，认为西法是窃取"中法"而成，因此应"取西历之材质，归大流之型范"③。

康熙帝主持编的《数理精蕴》，在《周髀经解序》中认为，西方传教士所精通的数学，都是"东土所流传"，"中原之典章既多缺佚，而海外之支流反得真传，此西学之所以有本也"。乾隆年间，"西学中源"说颇为士大夫所接受。在《四库全书总目》中，《周髀算经》提要即认为"西法多出于《周髀》"，并列举西法所说地圆、南北里差、东西里差等都源之于《周髀》以为例证，肯定了"《明史》历志，谓尧时宅西居昧谷，畴人子弟散入遐方，因而传为西学者，固有由矣"④。嘉道年间，"西学中源"仍在士大夫中流传。当时身居高官兼著

① 王先谦：《十一东华录》第二册，总第 1195 页，影印本，北京：中国言实出版社，1999。
② 梅文鼎：《绩学堂诗文抄》卷四，见《梅氏丛书辑要》，乾隆二十六年刻本。
③ 王锡阐：《晓庵新法》自序。
④ 四库全书研究所整理：《钦定四库全书总目》（整理本）上册，1386 页，北京：中华书局，1997。

名学者的阮元即主"西学中源"说，认为："西法实窃取于中国，前人论之已详。地圆之说本乎曾子，九重之论见于《楚辞》，凡彼所谓至精极妙者，皆如借根方之本为东来法"[1]；"九重本源诸《天问》，借根仿自天元，西人亦未始不暗袭我中土之成说成法，而改易其名色耳"[2]。鸦片战争以后，随着西学在中国愈来愈广泛传播，在士大夫中间，"西学中源"说更广为流播。把西学归结为源之于中国，这种认识是不符合实际的、错误的。但其所起的作用，则需要加以具体分析，它既可以成为反对吸收西学的借口，也可以被用来作为赞成吸收西学的理由。但对西学的不正确认识，毕竟不利于西学的深入传播和对其正确选择、吸收。

---

① 阮元：《畴人传·凡例》，北京：商务印书馆，1955。
② 阮元：《续畴人传序》，光绪二十二年刊本。

徐光启像

《钦定授时通考》插图

李时珍像

清代复制的针灸铜人

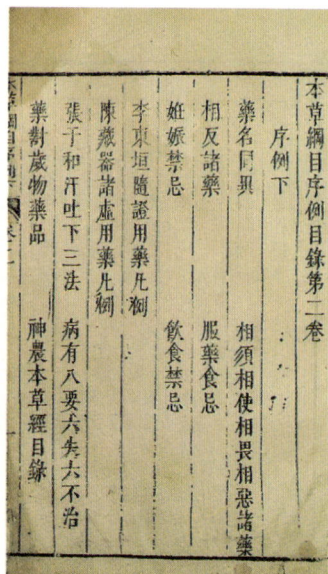

《本草纲目》书影

徐霞客像

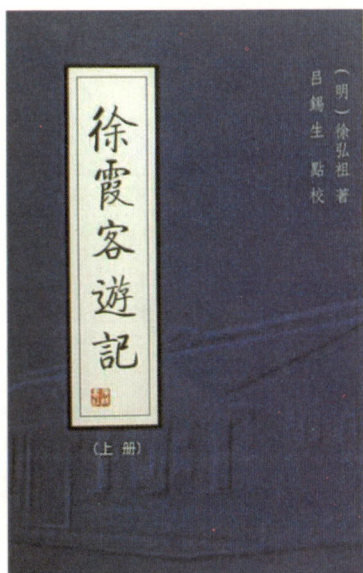

《徐霞客游记》书影

云南曲靖市麒麟区寥廓山公园内
徐霞客汉白玉雕像

199

《天工开物》书影及插图《南方挖煤图》

明郑和下西洋的海船模型

200

第七章

空前繁荣的市民文化

　　明清时期，由于社会生产力的提高，社会分工进一步扩大，各种新的经济因素悄然出现，商品经济与工商业逐渐走向繁荣，城市也随之不断发展壮大。明清时期的城镇在数量与规模上都较宋元时期有了较大的上升与扩展。这就为以城市市民为主体的市民文化提供了更多的参与者、创造者与更广阔的舞台，市民文化走向空前繁荣；同时，由于各种新的经济因素的冲击与商品经济意识的渗透，使得这一时期的市民文化显露出强烈的个性色彩与主体意识。

　　在这一章中，我们将先考察明清时期城市发展与城市人口增长、市民构成的状况，前者是市民文化生长的土壤与活动的舞台，后者则是市民文化的活动主体。把握这些状况后，再从狭义文化的视角分析明清市民文化的特点，主要分析涉及明清市民精神领域内的文化现象。

一、城市发展与市民构成

明清时期经济的发展，各种新的经济因素的出现，使大批农业人口涌入城镇，极大地促进了城市的发展，为市民文化的兴盛提供了条件。

（一）城市的发展

明清城市迅猛发展的最突出表现是新兴城镇大批涌现。

这一时期农村商品经济的发展，促进了家庭手工业的繁荣与商品的流通，地处手工业中心及交通要道的村落纷纷向商业型或手工业型城镇过渡。随着工商业的进步，这些新兴城镇不仅人口迅速增加，而且居民也逐渐脱离农业生产，转变为真正的城镇人口。如苏州的盛泽镇，明初只有五六十户居民，明中叶以后，由于丝绸生产与贸易的推动，发展成为五万户的大镇；至清朝乾隆年间，"居民百倍于昔，绫绸之聚亦且十倍"，出现了"入市交易，日逾万金，人情趋利若鹜，摩肩侧颈，奔走恐后，一岁中率以为常"的盛况①。农业商品经济的发展推动着明清两代城镇的不断崛起，这在江南地区尤显突出。当时以江南地区的商品性农业最为发达，大批农村人口涌入市镇，从事商业、手工业，导致乡村人口数量相对减少，城镇人口数量越来越多。据统计，江南市镇发展在明代嘉靖、万历时期形成第一个高峰，数量约三百个；到清代乾隆时期形成第二个高峰，达到近六百个，将近翻了一番。② 可见这一时期江南市镇的发展是相当迅猛的。

商品经济的繁荣不仅促使新兴城镇纷纷崛起，也推动着一些城镇逐渐发展为全国性的经济中心城市。崛起于明清的"天下四大镇"——广东佛山镇、湖北汉口镇、江西景德镇、河南朱仙镇，或为商业市镇，或为手工业市镇，人口均逾 10 万，其中汉口、佛山两镇人口更逾 50 万。清人刘献廷在《广阳杂记》中说："天下有四聚，北则京师，南则佛山，东则苏州，西则汉口。"可见汉口、佛山的经济地位在当时已与府城、京都齐名。

---

① 乾隆《吴江县志》卷四，《镇市村》；乾隆《盛湖志》，《仲周霈跋》。
② 范金民：《明清江南商业的发展》，320 页，南京大学出版社，1998。

作为地方或全国行政中心的原有通都大邑在经济发展的推动下也得到了较大发展。如扬州，明初由于战乱的影响极度萧条，但到明末时人口已达八十余万，"人烟浩穰，游手众多"①。扬州在清初曾遭屠城之劫，夷为废墟，但由于它当漕运枢纽与处淮盐销售中心的优越条件，很快又走向复兴，至清代中叶时，"四方豪商大贾，鳞集麇至。侨寄户居者，不下数十万"②。孔尚任有诗赞道："东南繁华扬州起，水陆扬力盛罗绮。"南京在明代永乐迁都前人口逾六十万，迁都后，因其处长江之滨、当南北要冲，仍是"南北商贾争赴"③ 的重要城市，至明末时人口达百万，成为当时仅次于北京的世界特大型城市。清中叶时，南京成为全国丝织生产与销售中心，城内仅以丝织为业者即"不下千数百家"④。北京在明永乐迁都后成为明清两代都城，不仅成为全国的政治、文化中心，也是著名的工商业城市，商业十分发达，"市肆贸迁，皆四远之货；奔走射利，皆五方之民"⑤。

（二）市民的构成

城市迅猛发展与城市人口的增加息息相关。据统计，明清时期人口总数超过五十万的大城市就有十二座左右，其中人口总数超过一百万的城市有南京、北京、苏州。⑥

明清时期人口增长最快的是小城镇，农村商品经济的发展所转化出来的农民绝大多数为小城镇所吸收。如上面提到的盛泽镇，在短短七十年间，就从明弘治年间的五六十户增至嘉靖年间的五万户。广东佛山在明景泰年间，只有"户万余家"，至清康熙二十三年时，便"楹逾十万"了。⑦ 这些新增加的城市人口源源不断地来自广大农村。"市肆之中，多一工作之人，即田亩之中，少一耕稼之人"⑧ 的说法，正生动表明了明清时期人口的流向。

① 万历《扬州府志》卷二〇，《风土志·俗习》。
② 乾隆《淮安府志》卷一三。
③ 张瀚：《商贾纪》，见《松窗梦语》卷四，北京：中华书局，1985。
④ 甘熙：《白下琐言》卷八。
⑤ 谢肇淛：《五杂俎·地部一》卷三，北京：中华书局，1959。
⑥ 顾朝林：《中国城镇体系》，115页，北京：商务印书馆，1992。
⑦ 道光《佛山忠义乡志》卷一二，《祖庙灵应祠碑记》及《修灵应祠记》。
⑧ 《清世宗实录》卷五七，雍正五年五月初四日。

据美国学者施坚雅（G. W. Skinner）估计，到 19 世纪 40 年代，中国城镇人口已逾两千万，比北宋时增长近一倍，比盛唐时增长约一倍半①。虽从比例上看只占当时全国总人口的百分之六，但从绝对数量上看还是相当可观的。

当然，我们不能把城镇人口的数量等同于市民人数。"市民"一词一般解释为"城市居民"，但习惯上，我国从古至今都把"市民"一词与官僚缙绅、王公贵族相对而言。宋代以前，市民一般指城市工商业者。宋代以后，由于城市商品经济的发展与城市人口的膨胀，"市民"一词有了更广泛的含义，举凡大小工商业者、破落官宦士子、雇工、从事娱乐业的艺人及以各式杂业谋生者均包含在内。引人注意的是，由于商品经济的发展，明、清城市中的市民构成更具商品经济的色彩，市民中大多数人是依附于商品经济而生存的。

虽然我们无法统计出明清时期准确的市民比例，但从下面一些数字仍可窥见当时城市市民人数的庞大。明万历年间，北京富商巨贾约二千户，小工商业者约三万四千户②。这一时期的"京师贫民，不减百万"③。百万之多的说法虽有夸张，但也在一定程度上反映了实际情形。清乾隆年间，苏州商业繁荣，商贾云集，城内外商户"何啻数十万家"④。仅是苏州阊门外的踹坊就达四百五十家，从事染踹的工匠总数达两万余人。清中叶时，苏杭两地机户的织机在四万台以上，南京也达四万台以上⑤，从织机数即可看出机户人数之多。

明清时期的城市市民大致可以分为以下几类：

第一类为工商业者。由于城市经济生活须依赖于商品的生产与交换，于是工商业者成为城市生活中最为活跃的阶层。按财富多寡与社会地位，他们又可分为富商巨贾与中小工商业者。

富商巨贾主要由大商人、大作坊主与高利贷者组成。明清时期手工业与商业的发展，使大中城市中富商巨贾的数量相当可观。这些富商巨贾或经营店

① 转引自胡焕庸、张善余编著：《中国人口地理》上册，254 页，上海：华东师范大学出版社，1986。

② 沈榜：《宛署杂记》卷一三，《铺行》，北京古籍出版社，1983。

③ 吕坤：《去伪斋集》卷一，清刻本。

④ 钱泳：《履园丛话》卷二四，北京：中华书局，1979。

⑤ 许涤新、吴承明主编：《中国资本主义发展史》第一卷，370 页，北京：人民出版社，1985。

铺、手工场作坊、钱庄，或从事长途贩运，拥有巨额财富。特别是明代中叶以后，他们中的部分人已积累了惊人的财富，并形成遍及全国的商人集团，如徽商、晋商、陕商、闽商、苏商等。其中尤以徽商著名，徽商"藏镪有至百万者，其它二三十万则中贾耳"①。晋商与徽商齐名，"平阳、泽、潞富商大贾甲天下，非数十万不称富"②。据统计，明代大商人资本一般为五十万两左右，至清代数百万两资本已属常见，有些大商人甚至拥有上千万两的资本。如两淮盐商"办运者百数十家，有挟资千万者，最少亦以一二百万"③。富商巨贾的大量出现，使城市市民中出现了一个特殊阶层。虽然明清两代仍沿袭重农抑商的政策，甚至明初朝廷还有"商贾之家，止许穿绢布。如农民之家，但有一人为商贾者，亦不许穿绅纱"④ 这样歧视商人的规定，但至明中叶以后，富商巨贾们已是身着绫绸，生活竞奢比富。他们对明清两代城市中的奢侈享乐之风起到了推波助澜的作用。

中小工商业者主要包括中小商人与手工业者。他们人数众多，主要从事小商品生产或销售，是城市工商业者中的主体。

我们先来看中小商人的情况。清代北京的商业按行业划分为米行、当行、药行、油行、布行、菜行等一百三十六行，举凡农副土产品、手工制品、海外奇珍、四方百货，都在经营之列，其中不乏富商巨贾，但绝大多数是中小商人。以乾隆年间在北京的茶商为例，当时徽商在北京开设的茶行有七家，茶商字号一百六十六家，小茶店则有数千家。⑤ 从这一数字可看出，当时中小商人，尤其是小商人，是商人中的主体。

小手工业者在明清两代城市中为数众多。自明中叶以后，匠籍制度趋于解体。清初则明令废止匠籍制度，使手工业者获得了自由，城市小手工业者人数不断增多。许多小手工业者多以生产日常生活用品维持生计。如明万历年间，松江"业履者，率以五六人为群，列肆郡中，几百余家……木匠，争列肆于郡

---

① 谢肇淛：《五杂俎·地部》卷四，北京：中华书局，1959。
② 王士性：《广志绎》卷三，北京：中华书局，1981。
③ 吴承明：《中国资本主义与国内市场》，250 页，北京：中国社会科学出版社，1985。
④《士庶巾服》，见《明会典》卷六一。
⑤ 张海鹏编：《明清徽商资料选编》，171、274 页，合肥：黄山书社，1989。

治中，即嫁妆什器，俱属之也"①。明清时期，杭州以产锡箔著称，其所产锡箔就多出自小手工业者之手。"锡箔出孩儿巷贡院及万安县西一带，造者不下万家。三鼓则万手雷动，远自京师及列郡皆给取"②。远在西北边陲的阿克苏城以玉作闻名，清乾嘉之际全城居有二万余户，他们"尤多技艺，攻玉制器，精巧可观"③。小手工业者中的部分人在积累一定资金后，添置工具，雇佣工人，扩大生产规模，成为有一定资本的小手工业作坊主。在有关明清时期吴江县震泽镇丝织业的史料中，有这样的记载："有力者雇人织挽，贫者皆自织。"其实"贫者"中的部分人，在经过一段时期的积累后，就完全可以成为"有力"者，"雇人织挽"了。冯梦龙在《施润泽滩阙遇友》一文中就讲述了一个类似的故事：明代嘉靖年间，某镇上一个叫施复的人，家中先有一张织机，妇络夫织，几年间增机三四张。他并不满足，昼夜营运，不上十年，他开起有三四十张机的机房，积累了数千金家财。④ 这个故事既印证了上面的推断，也反映了明清时市人对财富追逐的热衷程度。

不过，由贫而富者毕竟是少数。据估计，明万历年间北京工商业店铺总数的百分之八十六为小工商业者所拥有。⑤ 富商巨贾、中小工商业者的人数比例呈金字塔形结构。富商巨贾为数不多，居于塔尖。众多小商小贩、小手工业者居于塔底，他们随时有可能破产，沦为城市贫民。

第二类为城市雇工。城市雇工大都既无资本，又少土地，以出卖劳动力维护生计。其来源一般为涌入城市的农民或破产、半破产的小手工业者，也有少量逃军、逃匠、逃囚。明代前期，雇工与雇主之间的关系近似奴与主的关系，雇工一般没有独立的人身地位；明中叶以后，部分雇工不仅在实际上，而且在法律上取得了与"凡人"（既无特权，但又无贱民身份的老百姓）相同的身份，城市雇工以自由独立的姿态出现在明清城市舞台。在明清时期一些工商业发达的城市中，雇工的数量相当可观。如江西景德镇在明万历年间，"镇上佣工，

---

① 范濂：《云间据目抄》卷二，清光绪四年上海申报馆版。
② 《古今图书集成·职方典》卷九四九，北京：中华书局；成都：巴蜀书社，1985。
③ 《清朝续文献通考·杂证》卷四六，影印本，杭州：浙江古籍出版社，1988。
④ 冯梦龙：《施润泽滩阙遇友》，见《醒世恒言》卷一八，北京：人民文学出版社，1956。
⑤ 参阅韩大成著：《明代城市研究》，332、333 页，北京：中国人民大学出版社，1991。

皆聚四方无籍之徒，每日不下数万人"①。清中叶，苏州机户拥有织机一万台以上，当时"类多雇人工织，机户出资经营，机匠计工受值"②。按每台织机雇工两人计算，估计当时苏州仅是丝织业的雇工就不下两万人。城市雇工人数的增加，及手工作坊工作的协调性与组织性，使雇工成为城市中一股不可忽视的力量。明嘉靖年间，在南京的脚夫市口，或十字路口，雇工们往往数十群聚，"人家有大事，一呼而至"③，连雇主都惧怕他们三分。清时，有些地方的雇工若遇"歇厂停工，而既聚之众，不能复散，纷纷多事，防范最难"④。在明清两代屡屡爆发的城市民变中，雇工往往是其中的主力军。

第三类为破落的官宦士子。明清时期由于科举、选官制度的局限，大批破落官宦子弟、文人书生混迹于市间。

明代以前，学校仅是士子参加科举的途径之一，到明代以后，学校则成为科考的必由途径。《明史·选举志一》云："科举必由学校。"清沿明制。这里所言学校指官办学校，即府、州、县三级儒学与国子监。"科举必由学校"，一方面直接推动了明清两代学校的发展，一方面也使许多久试不第的读书人充斥市间。以刻画落魄士子而著名的清代作家吴敬梓就是一个落拓秀才。与"科举必由学校"的政策相应，科举考试成为明清两代入仕的主要途径。明初朱元璋规定："中外文臣皆由科举而进，非科举者毋得与官。"⑤ 清代大体袭承明制。虽然明清两代仍有一部分官吏通过保举和捐纳等途径入仕，但科举无疑是入仕的主要途径。这就使得明清两代官宦之家的沉浮升迁较前代剧烈。官宦之家，如果其子孙未能以科举入仕，多半会家道中落，一蹶不振。明人范濂曾说："予观郡中甲科名宦几二十人，不忍记其姓名，一死之后，子弟之沦落者，受辱者，飘零者，鬻身者，役累者，恶可胜道。"⑥

这些被抛入市井间的落魄官宦子弟、久试不第的士子，虽较其他阶层的人数少得多，但他们多饱读诗书，以文化人的身份出现在市井中，在一定程度上

① 康熙《西江志·艺文》卷一四六，萧近高：《参内监疏》。
② 《江苏省明清以来碑刻资料选集》，5页，北京：三联书店，1959。
③ 顾起元：《客座赘语》卷五，《建业风俗记》。
④ 严如煜：《三省边防备览》卷九，道光二十年刊本。
⑤ 《明史·选举志二》卷七〇，1696页，影印本，北京：中华书局，1997。
⑥ 范濂：《云间据目抄·风俗记》卷二。

改变了市民的文化结构。明清两代通俗小说的流行，传奇戏曲的兴盛，与他们有相当关系。

第四类为从事各类杂业之人与游手无赖之徒。

从事各类杂业之人，大致在医、巫、卜、优、娼等行业中。其中，优伶对明清市民文化有不小影响。优伶是从事戏剧、乐舞、杂技、说唱等娱乐行业的艺人。明清时戏曲兴盛，大小城镇中从事戏剧演出的艺人众多，明末仅在浙江绍兴就有"优伶……至数千"①。清代戏风更盛，乾隆年间"苏州戏园向所未有……今不论城内城外，遍开戏园，集游惰之民，昼夜不绝，男女混杂"②。嘉庆年间北京的营业性戏园，就有中和园、裕兴园、庆乐园、广和楼、三庆楼、庆和园、广德楼、天乐园、同乐园、庆春园、庆顺园、广兴园、隆和园、阜成园、德胜芳草园、万兴园、太庆园、万庆园、六和轩、广成园等二十余家，如果再加上庙宇、会馆的戏楼，数量还会成倍增加③，由此可见当时北京演戏艺人人数之多。由于戏曲不仅得到市井小民的广泛喜爱，王公贵族也多有癖好，所以优伶的地位有所提高，甚至出现了虽"良家子"也"不耻为之"的情况。④ 明人管志道曾说："今之鼓弄淫曲，搬演戏文，不问贵游子弟，庠序名流，甘与俳优下贱为伍，群饮酣歌，俾昼作夜。"⑤

城市中的游手无赖之徒不少是流氓地棍、窃贼乞丐。

综上所述，明清城市的扩展，表明明清市民文化的活动舞台空前扩大；市民人数的激增，市民构成的复杂性，使市民文化愈加丰富多彩。这些因素为明清市民文化的勃兴准备了充分的条件。

二、市民文化的特点

明清两代，上下六百年，其间朝代变迁，人口流动，城市兴替，行业变化，民风民俗迥异，加之市民阶层构成的复杂性，增加了从整体上考察明清市

---

① 陶奭龄：《小柴桑喃喃录》。
② 乾隆三十一年《长洲县志》。
③ 陈抱成：《中国戏曲文化》，10页，北京：中国戏剧出版社，1995。
④ 陆容：《菽园杂记》卷一〇，北京：中华书局，1985。
⑤ 《从先维俗议》卷五，济南：齐鲁书社。

民文化的难度。然而，无论富商巨贾，抑或流民力夫，他们或经商为业，或以力为生，或卖艺求存，虽治生手段不同，衣食住行各异，但他们在传统社会中都摆脱不了"市井小民"的政治地位。从文化修养上看，他们中的绝大多数人欣赏水平都不甚高，加之明清两代大致相同的生产力发展水平与城市经济环境，使这两个朝代的城市市民在休闲娱乐方式、思想观念及价值取向等诸方面都有较大的一致性。明清城市市民休闲娱乐最突出的特点是通俗文学与戏曲广泛流行，这是市民精神文化的外在表现，思想观念与价值取向则揭示出市民文化的内在精神，这就使我们有可能从狭义文化的角度，即主要从精神领域来考察明清市民文化。

（一）休闲娱乐方式与通俗文艺

一般认为，市民文化的最大特点是通俗性与娱乐性①。这种特点实际上是市民文化多是附着于市民消闲娱乐的需要而产生的反映。

明清城市商品经济的发展，使城市市民中的大多数人依附于商品经济而生存。他们每日为生计奔波，辛苦之余更热衷于以各种方式打发闲暇时光。贫者懒睡闲聊，斗草玩牌，街头听唱；富者游山玩水，沽酒品茗，拥红依翠，听曲赏乐。这些市民消遣方式古今大致相同，不足以体现一个时代的市民文化特征。考察明清时期市民的休闲娱乐方式，会发现他们对通俗文学与戏曲具有浓厚兴趣。正是由于广大市民对通俗文艺的喜爱，使明清的通俗文学与戏曲得以繁荣发展，并在中国文学史与戏曲史上留下了浓墨重彩的一笔。

文学史家及戏曲史家一般把明清通俗文学与戏曲的兴盛原因归结为市民阶层的壮大及其对文化娱乐的需求②。的确，明清时期人数众多的市民作为一个庞大的观众群，他们对通俗文艺的喜好客观上促进了这些休闲娱乐方式的发展。但通俗文学与戏曲的繁荣须依赖于有一定欣赏水平的观众，它们毕竟有别于街头杂耍、滑稽表演。应该说，明清两代城市市民文化水平的相对提高为通俗文艺的兴盛打下了基础，提供了观众群。明清两代"科举必由学校"的政

---

① 段玉明：《中国市井文化与传统曲艺》，2 页，长春：吉林教育出版社，1992。
② 参见周育德：《中国戏曲文化》，288 页，北京：中国友谊出版公司，1995；王文宝：《中国俗文学发展史》，136 页，北京：燕山出版社，1997。

策，不仅促进了地方官学的发展，也使市井中馆学塾院相当普遍，一些商贾之家，甚至自聘塾师教育子弟。因此，从整体上看，明清两代市民接受教育的机会与程度相对提高，文化欣赏的口味与水平也随之提高。正是这些文化欣赏水平相对提高了的读者与观众对文化娱乐的巨大渴求，不仅促进了明清俗文学的发展，使俗文学在明清大有压倒传统诗文之势，也使中国戏曲史上的"花雅之争"以雅部告输结束。

以市民为主要欣赏对象的通俗文学在明清两代取得了不俗的成就。明清文学史的一大特点，就是传统诗文仍在流行，以通俗小说为代表的俗文学呈兴盛态势。明代有《三国演义》、《水浒传》、《金瓶梅词话》等通俗长篇章回小说问世，有"三言"、"二拍"等白话短篇小说集出版。清代承明代之绪，通俗小说的创作高潮迭起，出现了文言短篇小说集《聊斋志异》，讽刺小说《儒林外史》。长篇小说《红楼梦》的出现更是中国文学史上的里程碑。其他如武侠公案小说、谴责小说、演义小说也充斥市里闾巷。值得注意的是，明清时期的许多通俗小说，如《三国演义》、"三言"等，并非为作家原创，而是作家在广泛收集民间流行的有关话本或杂剧的基础上改编而成的，因此这些作品以通俗易懂，贴近民间，符合市民欣赏趣味而风行市井。当时通俗小说之盛甚至达到了"农工商贩，抄写绘画，家蓄而人有之"①的程度。

戏曲有雅俗之分。前者如昆曲，词曲优雅，多演唱于朝廷官府，深得文人士大夫喜爱；后者如弋阳腔、秦腔等，词曲皆多"方言俗语、鄙俚无文"，内容多"男女私情"，深得市井细民喜爱。明清两代城市的发展与市民阶层的扩大，极大地刺激了戏曲"花部"的发展。因为戏曲自产生以来，便与城市、商业有密切关系，虽然戏曲也流行于乡间，但就城市而言，交通便利，商业繁华，人烟稠密，观众数量可观，因此戏曲演出尤其兴盛。加之雅部之外的"花部"适合市民欣赏水平与趣味，使市民趋之若鹜。正是由于明清市民群体的壮大，才使得"花部"拥有众多观众，足以与雅部匹敌对抗，并最终占据戏坛。为说明这一点，在此大致回顾一下明清戏曲发展的三个阶段，由此也可看出市民文化的强大生命力。

---

① 叶盛：《水东日记》卷二〇，北京：中华书局，1980。

明清戏曲发展的三个重要阶段大都与戏曲通俗化有关。第一阶段，从明初到明嘉靖年间。此期流行于上层社会的北曲杂剧逐渐衰落，而流行于南方民间的南戏则不断流播演出，兼融南北曲特点，逐渐形成明清戏曲创作的主要形式——传奇，并出现了海盐腔、昆山腔、弋阳腔、余姚腔等传奇声腔并存争胜的局面。传奇的崛起与自明以来的商品经济发展，全国城乡的人口流动频繁、文化传播加快有关。第二阶段，从明嘉靖末年到清乾隆年间。此期流行于戏曲舞台的是昆曲。昆曲所以能脱颖而出，与其发源地苏州商业繁荣、市民阶层壮大有关。苏州当时富商巨贾众多，他们多蓄养优伶以设"家乐"，经过改革后显得清柔婉转的昆山腔颇合富商巨贾附庸风雅的心态，遂很快兴盛起来。第三阶段，清乾嘉时期的花部与雅部争雄。雅部是业已宫廷化的昆曲。花部是昆曲以外的地方民间戏曲，也称"乱弹"。花雅之争主要发生在北京戏曲舞台，亦可视为花雅两部在市民中互抢观众，互占市场的竞争。如乾隆四十四年（1779），秦腔艺人魏长生进京，他以精湛、新颖的唱腔与表演抢走了众多观众。吴长元《燕兰小谱·杂咏诸伶》中说：魏长生初入京城时加盟双庆部，"以《滚楼》一剧名动京城，观者日至千余，六大班顿为之减色"。后魏氏又加盟永庆部，继续引起轰动，不仅市民观之如潮，连"士大夫亦为之心醉"，致使"京腔旧本，束之高阁，一时歌楼，观者如堵，而六大班几无人过问矣"。京腔当时与昆山腔同为皇帝、王公大臣所欣赏，其势力有过于昆山腔。京腔在魏长生掀起的秦腔风波中结局尚如此，昆曲的命运可想而知。雅部曲高和寡，纵然有官方扶植也无回天之力，花部以贴近市井生活与情趣自然而有强大的感召力。所以王骥德在《曲律·论腔调》中这样描述世人对花部乱弹的喜爱："世争膻趋痂好，靡然和之，甘为大雅罪人。"乾隆年间，汉学家焦循在他所撰《花部农谭》中记扬州江都县农村演花部《清风亭》深受观众欢迎。他称对花部"余独好之"、"余特喜之"，认为"其词直质，虽妇孺亦能解；其音慷慨，血气为之动荡"，而昆曲则"吴音繁缛，其曲虽极谐于律，而听者使未睹本文，无不茫然不知所谓"。他批评那些鄙薄花部的士大夫说："彼谓花部不及昆腔者，真鄙夫之见也。"魏长生离京到外地演出后，乾隆五十五年（1790年），扬州盐商为祝贺乾隆帝八十寿辰，组织一个由高朗亭领衔的徽班进京，名为三庆班。这是第一个进京的徽班。其后，四喜、春台、和春等徽班相继进京，形成徽班称盛的局面。徽班以二黄调为主，吸收了昆曲、秦腔等，兼收并蓄。道光年间，又吸收来京演出的西皮腔的楚调。西皮、二黄合流，形成为皮黄戏，发展为后来的京剧。另外，花部在乾嘉年间渐次兴盛也与商人的支持有关。秦腔当时走红北京，与山陕商人在北京稳定的经济地位与支持有关。同样，乾隆末年，开昆乱杂奏之风的徽班在北京称盛，也与徽商的支持有关。①

明清流行市井间的通俗小说与戏曲作为市民文化的最主要载体，不仅广泛细致地展示了当时市井生活，也准确形象地反映了市民心态。从题材上讲，当时的通俗小说与戏曲大致可分为以下几类：第一类是展示江湖好汉的英雄传奇。第二类是专讲妖异鬼怪的神魔妖异小说。这两类题材在一定程度上反映了市井小民在无力改变社会现状时的无奈心态，在强大的国家机器前，他们只有把希望寄托到江湖好汉甚至神魔妖异身上。第三类是政治历史题材。这类题材多表现市井中人对历代治乱兴衰的评价。第四类则是展现日常的市井生活。这类题材主要表现市民社会的种种复杂世态人情，多以小人物为主角，以市井为中心，展现发生在这里的爱情故事、婚姻悲喜剧、商业活动、家庭关系、邻里纠纷。与明清商品经济发展相关，这类题材对小生产者、商人的形象及有关的道德伦理观念多有展现。

关于明清两代通俗文学与戏曲的源流及具体情况在本书第四章中已有详细介绍。

明清通俗小说和戏曲剧本的广泛流行，与这一时期造纸业、印刷术和印书业的迅速发展有关。

明清时期造纸业的特点为分布广，规模大，品种多。造纸作坊广泛存在于南北方。有些作坊规模甚大，如明代万历年间的江西铅山石塘等镇就有"纸厂槽户不下三三余户，每户帮工不下一二十人"②。清代乾隆年间皖南一些地方几乎家家造纸。造纸技术也较前代有所创新，明中后期时，在蒸煮纸浆的工序中，已知道应用石灰。清代浙江常山造竹纸有七十二道工序。

明清两代印刷术相当发达，传统的雕版印刷仍是主要印刷方法。明代中后

① 周育德：《中国戏曲文化》，182、192页，北京：中国友谊出版公司，1995。
② 康熙《上饶县志》卷一〇。

期，除木活字外，铅活字印刷术开始流行，"颇便于用"①。铜活字、锡活字也在传用。彩色套印技术也出现了，有朱墨双色，甚至有四色、五色套印，这是明代印刷术的一项发明。清代的活字印刷主要有铜活字、木活字、泥活字等。乾隆五十六年、五十七年分别出版的"程甲本"与"程乙本"《红楼梦》，就是木活字印本。

造纸业与印刷术的发展。加之通俗文艺流行所产生的市场需求，使明清时期的印书业迅速发展。尤其是在清代，印书作坊遍布全国，得到大规模的发展。据不完全统计，中国古代历代著作约有二十五万种，有一半以上是在清代印刷出版的。②

造纸业、印刷术与印书业的迅速发展，为明清市井文化的普及和通俗文艺的兴盛提供了必备的条件。

同时，作家队伍构成的变化极大地促进了明清通俗文艺的勃兴。

宋元俗文学创作者多为说书艺人或说唱艺人，剧作家也是身份低下的文人。他们多混迹于瓦舍勾栏之间，以风流浪子自居，如关汉卿、王实甫就自号"浪子班头"、"梨园领袖"。入明以后，一些有功名或为官的文人甚至王公贵族加入通俗文学与戏曲的创作队伍中来，这虽然在一定程度上束缚了通俗文艺的活力，甚至是宣扬落后保守的思想意识，但他们较高的艺术修养与学术、政治地位极大地促进了明清通俗文艺的发展。

在戏曲创作方面，宁献王朱权与周宪王朱有燉是明初知名的北曲杂剧作家。朱有燉为明太祖朱元璋之孙，作有杂剧三十一种，总称《诚斋乐府》。他曾试图吸收流行于当时南方民间的南戏的某些长处来改革已显老大的北曲杂剧。明中叶后，杂剧走向衰落，而弋阳腔、昆腔等地方戏曲得到较快发展，传奇剧本盛行。明清两代著名戏曲家多有为官或有功名的文人，如《牡丹亭》的作者汤显祖为明万历十一年进士，清初洪昇在创作《长生殿》时正在国子监读书，《桃花扇》的作者孔尚任曾任清朝国子监博士。

在通俗小说创作方面，《水浒传》的作者吴承恩、"三言"的编撰者冯梦龙都痴情于科举，屡试不中。吴氏中年以后才补为贡生，冯氏五十七岁才被选为

---

① 唐锦：《龙江梦余录》卷三。
② 杨家骆：《中国古今著作名数之统计》，见《新中华》（上海），1946年第4期。

贡生。清代的蒲松龄少有才华，但自视甚高，在科举场上历数十年不中。

如此众多的有身份地位的文人加入通俗文学与戏曲的创作中，一方面表明市民群体的壮大已到了引起世人关注的程度，另一方面也显示出市民文化的魅力。冯梦龙在《太霞新奏》中这样评价市井民歌：虽"绝无文采，然有一字过人，曰真"。一个"真"字既道出了文学的活力所在，也道出了市民文化的真谛。

（二）思想观念与价值取向

明清两代城市商品经济的活跃与发展，使城市市民在思想观念与价值取向上萌发了有悖于传统礼教的变化，呈现出个性色彩与主体意识。这主要表现在价值观念的变化，对社会平等地位的追求，爱情婚姻观念的转变等方面。

1. 价值观念的变化

中国传统价值观念以"贵义贱利"为重要标尺，"义以为上"就是评判"君子"的标准。"行义"即履行道德规范是至高无上的道义原则，对"利"的追求必须置于"义"的制约下。特别是程朱理学，更把"义"与"天理"相联系，对"利"的追求被视为低贱与不道德的，为君子所耻。

明清两代城市商品经济的发展，使商品经济意识逐渐深入人心，市民的价值观念发生了变化。他们不再视"义"为最高的价值原则，对"利"的追逐热情空前高涨。这在当时经商人数之多、对金钱的狂热追求、对商人的态度改变等方面表现出来。当然，与此相伴的就是市民道德的部分堕落与社会风尚去朴竞奢的变化。

明清两代城镇中市民经商人数之多在本章前一节多有陈述，为进一步说明这个问题，我们再来看看当时"舍本逐末"的情况。中国历代以农耕为"本"，以工商为"末"，工商业者因是逐"末"之人而备受歧视，所谓"商贾近利，易坏人心；工技役于人，近贱"①。但在明清两代，不少事"本"的农民为工商之利吸引，涌入城镇成为逐"末"之民。明人何良俊在言及这一情况时以江南松江府为例："昔日逐末之人尚少，今去农而改业为工商者，三倍于前

---

① 张考夫：《训子语》，见陆燿：《切问斋文钞》卷九。

矣。"① 清代弃农经商者更众。江苏震泽人张海珊说其家乡土著"人浮于田,计一家所耕之田不能五亩,以是仰贸易工作为生,与夫游手之徒,且十室而九"②。农民大量流向城镇"逐末"的现象甚至引起统治者注意,清朝雍正皇帝就对此不无忧心:"市肆之中,多一工作之人,即田亩之中少一耕稼之人。且愚民见工匠之利多于力田,必趋而为工,则物之制造者必多。物多则售卖不易,必至壅滞而价贱,是逐末之人多,不但有害于农,并有害于工也。"③ 可从中窥见当时去农经商及市肆中"逐末"的风气。

经营工商的丰厚利润对市人的诱惑甚至超过了科举。明清苏州、徽州等地就把经商看得比应举还重要,"徽州风俗以商贾为第一等生业,科第反在次着"④。这种诱惑不仅使市井中充满"逐末"之人,也吸引了部分一贯标榜"义以为上"的官僚士大夫,加入"逐末"行列。据晚明人黄省在《吴风录》中记载,"吴中缙绅士大夫多以货殖为急"。清代官员经商更为普遍,清政府对官员经商实际上也采取了默许态度,故清代官吏经商可以说是蔚然成风,无论朝廷、地方、文武官员,无不经商。⑤ 明清以来,"弃儒经商"、"士商合流"也是令人瞩目的社会现象。清初江南学政李嵩阳就批评当时的生员:"良由败德自轻,蝇营狗苟,趋利如鹜,辍诗书而躬为商贾之行。"⑥ 官僚士子虽不在市民之列,但他们多居于市井之中,他们的行为在社会上往往具有示范楷模的意义。

与明清两代市井间逐利之风如影相随的就是金钱崇拜。晚明有一首名为《题钱》的市井民歌,最能表现时人视金钱高于忠孝节义的狂热:"人为你跋山渡海,人为你觅虎寻豹,人为你将身卖。细思量多少伤怀。铜臭明知是祸胎,吃紧处极难布摆……人为你招烦惹恼,人为你梦扰魂劳,人为你易大节,人为

---

① 何良俊:《四友斋丛说》卷一三,112 页,北京:中华书局,1959。

② 张海珊:《积谷会议》,见《清经世文编·户正文》卷三九,影印本,北京:中华书局,1992。

③《清世宗实录》卷五七,雍正五年五月初四日。

④ 凌濛初:《二刻拍案惊奇》卷三七,509 页,北京:人民文学出版社,1996。

⑤ 参见封越健:《清代前期商人的社会构成》,载《中国经济史研究》,2000 年第 2 期。

⑥ 李嵩阳:《励廉耻》,见李渔《资治新书·初集》卷六,文告部,201 页,杭州:浙江古籍出版社,1992。

你伤名教。细思量多少英豪，铜臭明知是祸因，一个个因他丧了。"①

伴随着"以利为主"的价值观与金钱崇拜在市井中的横流，人们对商人的观念也开始改变。在传统的"士农工商"的等级秩序中，商人处于社会的最下层地位。随着明清商品经济在城市中的发展，金钱与财富成为新的评判社会地位的标准。富商巨贾腰缠万贯，华车轻裘，豪室美宅，富比世宦之家，成为市井中人人欣羡的对象，人们开始改变对商人的看法。明人李大诉就宣称："丈夫志四方，何者非吾所当为？即不能拾朱紫以显父母，创业立家亦足以垂后昆。"② 显然，他已把经商致富与科举扬名放在了同样的高度。有人甚至以为做商人比读书要实在得多，商人比读书人更能慰亲心，尽孝道。清代湖北应城人金焕若认为："读书求荣显，慰亲心耳。顾忍老亲勤劬千百，以待一日之荣显，已得不偿失矣。况遇不遇未可知，而亲年不可换，尚言待荣显，慰亲心耶？"③ 在这种思想影响下，商人地位在明清显著提高，起码在一定程度上取得了四民并列的地位。万历时就流传着这样的说法："士农工商，各执一业，又如九流百工，皆治生之业。"④ 清代的不少族规家训也把工、商列为族人子孙的职业选择。如乾隆时浙江阮氏宗族的家训规定："培养子弟，务令各执一业，或读书，或力稼，或贸易，或操作，此之谓四民。"⑤ 湖南匡氏宗族也规定："族内子孙，或士，或农，或工，或商，皆有定业，慎勿游手好闲，虚延岁月。"⑥ 由这些家训族规来看，士、农、工、商四民已无高低之分。

当时市井民众对商人看法的转变，在婚姻择偶标准上表现得尤为突出。《二刻拍案惊奇》记述了这么一个故事：浙江籍客商蒋生，以贩卖丝绸绫绢为生。他行商至湖北汉阳马口时，与当地缙绅马少卿的女儿一见钟情。蒋生以为自己是"经商之人，不习儒业"，唯恐玷辱马家门风，不为马家接受。但马少卿并不计较，他说："经商亦是善业，不是贱流。"遂把小商人蒋生招赘

---

① 《林石逸兴》卷五。
② 张海鹏编：《明清徽商资料选编》，40 页，合肥：黄山书社，1985。
③ 章学诚：《金焕若封君七十生朝屏风题辞》，见《章学诚遗书》卷二三，228 页，北京：文物出版社，1985。
④ 《岁令二·授时》，见冯应京纂辑：《月令广义》卷二，济南：齐鲁书社，1997。
⑤ 《翼青公家训》，见《越州阮氏宗谱》卷一九。
⑥ 《匡氏续修族谱·家规》卷首。

《皇都积胜图》（局部）
描绘明朝中后期北京的商业繁荣景象

明代厅堂演剧图

217

明代南京演剧图

《盛世滋生图》（局部）
表现了清代苏州繁华的商业

清代北京兴发号切面铺

清嘉庆、道光时期北京前门大街的繁华景象

为婿。①

　　尤其引人注意的是，随着明清时期城市市民价值观念的转变及人们对工商业者看法的改变，出现了一批在理论上为工商业辩护的学者。他们抛弃传统的轻商观念，提出"工商皆本"的论点，认为工商业是一种"治生"活动，不应该采取"抑末"的政策。王阳明认为："古者四民异业而同道，其尽心焉，一也。士以修治，农以具养，工以利器，商以通货，各就其资之所近、力之所及者而业焉，以求尽其心。其归要在有益于生人之道，则一而已。"② 明末清初的黄宗羲也认为工商业与农业皆为本业，不可"抑之"。③ 陈确更从肯定私欲的正当性的角度肯定了工商业者"治私"的正当性。④ 这些学者的观点有引导一世风气的作用。清人沈垚在总结清代经济、社会的趋势时说："天下之势偏重在商。"⑤ 这种趋势是商品经济发展，人们价值观念转变所带来的必然结果。

　　当"利"与金钱作为一种评判与选择的标准在市井中流行时，市民的部分道德就不可避免地走向堕落，社会风尚日益趋于奢靡、浮华。这在法纪松弛、礼治紊乱的晚明尤显突出。

　　市井中物欲横流，使温情脉脉的中国传统家庭关系为冷冰冰的金钱关系所侵蚀。据凌濛初记载，明朝嘉靖年间，徽州人"专重那做商的，所以凡是商人归家，外而宗族朋友，内而妻妾亲属，只看你所得归来的利息多少为重视。得利多的，尽皆爱敬趋奉，得利少的，尽皆轻薄鄙笑"⑥金钱多寡与商人在家的地位紧密相关。与此同时，金钱也成了一些人家择偶的标准。在金钱的诱惑下，择偶可以不计门第，不计良贱，唯以"富贵相高"⑦。

　　金钱崇拜的泛滥，使人们不顾一切地追逐金钱，把道德置诸脑后。晚明时有的地方竟有儿孙挖掘祖坟，以"鬻其地，利其藏中之物"，而人们对此恶行

　　① 凌濛初：《二刻拍案惊奇》卷二九，北京：人民文学出版社，1996。

　　② 王阳明：《节庵公墓表》，见吴光等编校：《王阳明全集》上册，941 页，上海古籍出版社，1992。

　　③ 黄宗羲：《明夷待访录·财计三》，北京：古籍出版社，1955。

　　④ 陈确：《私说》，见《陈确集》上册，257～258 页，北京：中华书局，1979。

　　⑤ 沈垚：《费席山先生八十寿序》，见《落帆楼文集》卷二四。

　　⑥ 凌濛初：《二刻拍案惊奇》卷三七，北京：人民文学出版社，1996。

　　⑦ 谢肇淛：《五杂俎》卷一四，北京：中华书局，1959。

也"视为故然"①。书商及一些末流作者为了牟利，追求畅销，以庸俗下流、荒唐恶浊的书籍去迎合市民的低级趣味。正如杜濬在《十二楼序》中所言："盖自说部逢世，而侏儒牟利，苟以求售，其言猥亵鄙靡，无所不至，为世道人心之患者无论矣"。《肉蒲团》一类荒淫色情的末流小说在当时充斥市间，一方面说明了当时世风低下，另一方面也是当时书贾与部分作者不顾一切地追逐金钱的真实反映。《杜十娘怒沉百宝箱》中的李甲为了千金之价，竟可出卖对自己钟情万分的杜十娘，可谓是钱迷心窍的庸人市侩典型。李甲面对金钱，不仅顾不上珍爱人间真情，连起码的道德良心也失去了。当然，晚明色情小说"纵欲"潮流的泛滥，在一定程度上是对理学"禁欲"思想的反动与更大的反弹，也有着符合人性解放的意味在。

在追逐金钱的浪潮中，晚明城市市民的道德水准开始下滑，整个社会风尚靡然向奢，"以俭为鄙"②。不仅富商巨贾在衣食住行上竞相豪华奢侈，连一般市民也无不以奢侈为荣。在服饰上，常服布袍被"鄙为寒酸"③，即使"家无担石之储"者，也"耻穿之"④。士子们更是衣着讲究，"帷裳大袖，不丝帛不衣，不金线不巾，不云头不履"⑤。在饮食上，各家互相攀比，"人人求胜，渐以成俗矣"⑥。在山东郓城，"贫者亦捶牛击鲜，合飨群祀，与富者斗豪华，至倒囊不计焉"⑦。在饮食器具上，"设席用攒盒……初止士宦用之，近年即仆夫、龟子皆用攒盒饮酒游山"⑧。住房讲究宽敞精丽，家具要细巧精致，"虽奴隶、快甲之家，皆用细器"⑨。这种追逐物质享受、竞相奢华的社会风尚席卷当时全国大小城镇。有关这样的记载比比皆是。如山西太原居民"靡然向

---

① 唐甄：《潜书·吴弊》，北京：古籍出版社，1955。
② 顾炎武：《肇域志·山西二》。
③ 范濂：《云间据目钞》卷二。
④ 龚炜：《巢林笔谈》卷五，北京：中华书局，1982。
⑤ 何乔远：《名山藏·货殖记》，台北：成文出版社。
⑥ 何良俊：《四友斋丛书》卷三四，北京：中华书局，1959。
⑦ 《崇祯郓城县志·风俗》卷七。
⑧ 范濂：《云间据目钞》卷二。
⑨ 范濂：《云间据目钞》卷二。

奢"①；山东郓城"迩来竞尚奢靡"②；苏州在当时则号称为"奢靡为天下最"③。张瀚对晚明社会风尚有这样总结性的评价："人情以放荡为快，世风以侈靡相高。虽逾制犯禁，不知忌也。"④

最能反映晚明道德下滑、社会风气奢靡腐化的是城市娼妓业的畸形发展。谢肇淛说："今时娼妓满布天下，其大都会之地动以千百计。其他偏州僻邑，往往有之。"⑤ 当时南京便以秦淮河两岸青楼妓院云集闻名；扬州"歪妓多可五六百人，每日傍晚，膏沐薰烧，出巷口，倚徙盘礴于茶馆酒肆之前"⑥。北京当时的娼妓也很多。据《梅圃余谈》记载："近世风俗淫靡，男女无耻，皇城外娼肆林立，笙歌杂沓。外城小民度日难者，往往勾引丐女数人，私设娼窝，谓之窑子。"⑦

商品经济的发展，促使人们"以义为上"的传统价值观念发生一定程度的转变。在这种情况下，不仅需要严格法纪，还须加强道德建设，不致使人心在物欲面前失去控制。然而，当时的统治者也甘于腐化堕落，竞相逐利，再加上法纪松弛，就不仅从法纪控制、道德形象两个方面失去了对民众的控制与影响，反而在社会风尚的演变中起到"导奢导淫"的作用⑧，加速整个社会人心道德的堕落。这就是明清两代唯独晚明的社会风尚尤为腐化奢靡，人心道德尤为堕落的原因。

2. 对社会平等地位的追求

经济力量的膨胀必然促使市民阶层追求平等的社会地位。他们不甘于四民之末的社会地位，力求从政治、经济、文化等各个方面来证明、提高自己的地位。明清通俗文学与戏曲的繁兴便是市民阶层追求文化平等的显著标志，这里主要侧重从政治、经济两方面分析。

富商巨贾在拥有巨额财富后，急欲提高自己的社会地位。他们的惯用手法

---

① 顾炎武：《肇域志·山西二》。
② 《崇祯郓城县志·风俗》卷七。
③ 龚炜：《巢林笔谈》卷五，北京：中华书局，1982。
④ 张瀚：《松窗梦语》卷七，北京：中华书局，1985。
⑤ 谢肇淛：《五杂俎》卷八，北京：中华书局，1959。
⑥ 张岱：《陶庵梦忆》卷四，35 页，上海古籍出版社，1982。
⑦ 转引自夏咸淳：《晚明士风与文学》，50 页，北京：中国社会科学出版社，1994。
⑧ 范濂：《云间据目抄》卷二。

就是笼络官府，纳银买官，一方面可借权贵招牌进行各种商业活动，另一方面亦可借此提高自己的社会地位。如《金瓶梅》中的西门庆，原是一个市井暴发户。他靠着行贿权贵，拜蔡京为干爹，直至巴结行贿到天子那里，竟钻营到理刑正千户的职位，由一个经济上的暴发户变成了有权有势的西门大官人。西门庆靠着金钱的力量使位极人臣的蔡太师也降尊纡贵，曾以超过对待满朝文武官员的礼遇接待携带大量财礼来拜寿的西门庆。西门庆可谓是明清时期商人以金钱谋求政治地位的典型。明清两代政府推行的捐纳制度为富商巨贾以金钱求官职铺平了道路。康熙时，文渊阁大学士李光地就专门陈述过捐纳之弊。他说："虽市井负贩之人，用一百余金加一监衔，再用千金便得知县之职，层累而上，再用数千金遂致道府，而未尝一日办事也。"① 从他的话中，可看出当时的捐纳者为"市井负贩之人"，即城市中的富有工商业者为主。李光地是站在朝廷的立场指陈其弊，认为"市井负贩之人"既可出钱买官，那么必然会在任期内以各种形式贪污以求偿还。但从另一方面分析，这种现象也反映了具有经济实力的工商业者对政治平等地位的渴求。

明清的富商巨贾在经商致富后，还多办私塾，延聘名师，培养子弟，博取科举功名，进入官场，以求光耀门楣，在官方政治领域占有一席之地，亦可借此巩固自己的经济地位。西门庆的一番表白颇能表现富商巨贾的这种心态。在《金瓶梅》第五十七回中，西门庆对尚在襁褓中的儿子说道："儿，你长大来，还挣个文官，不要学你家老子，做个西班出身，虽有兴头，却没十分尊重。"② 这说明在"重农抑商"的中国传统社会中，一个商人哪怕有"泼天富贵"，也不可能取得与官僚缙绅平等的社会地位。正是因为这一点，明清十大商帮的共同特点就是贾而好儒，培养子弟科举成名，步入仕途，在政治上抬高地位。③ 何炳棣在其论著《明清社会史论》中统计，1646 至 1802 年间（顺治三年至嘉庆七年），两淮盐商中产生的进士有一百三十九人。这意味着这一时期每年便有一名两淮盐商子弟进入清朝官僚队伍中。富商子弟进入官僚队列，往往为商贾声张权利，有益于商贾地位的提高。以汪道昆最为典型。汪氏为嘉靖时期进

① 李光地：《秦明开捐议稿未敢画题札子》，见《榕村全集》卷三〇。
② 兰陵笑笑生：《金瓶梅》，838 页，济南：齐鲁书社，1991。
③ 参阅张正明：《晋商兴衰史》，312 页，太原：山西古籍出版社，1995。

士，官至兵部尚书。他为徽商子弟，其家世代经商。他不仅提出"张贾"与"张儒""迭相为用"的观点①，而且对传统的"重农抑商"的政策还多有抨击，提出应对农商"一视而平施"的思想。② 这种来自朝廷高官的声音，显然有利于商贾地位的提高。

与富商巨贾对政治地位的追逐不同，市井小民所渴望的是经济地位的提升。因为科举仕进的道路对市井小民来说难如天梯，但经营工商，无论资本大小，皆有发财的可能，从而一登富贵之门。只要手中有金钱，就可以享有与富商平等的权利了。《卖油郎独占花魁》中的卖油郎秦重见到如花似玉的名妓王美娘时的一番内心活动，把小市民对金钱的看法深刻地表现了出来。秦重偶然见到王美娘后，为其美貌所迷，发起痴来："正是癞虾蟆在阴沟里想着吃天鹅肉，如何到口……她相交的，都是公子王孙。我卖油的，纵有了银子，料她也不肯接我。……我闻得做老鸨的，专要钱钞。就是个乞儿，有了银子，他也就肯接了！何况我做生意的，青青白白之人，若有了银子，怕他不接。"③ 秦重正是在这种信念的支持下，用了一年多的时间，每天积攒一二分银子，终于如愿以偿。当然，秦重并非想用"十两银子"的买卖关系去一时占有女性，而是以"人"的地位，"人"的爱情来对待美娘，终于凭诚心感动了美娘，并嫁给了他。这个故事包含两层含义：一是反映了金钱在当时市民心目中至高无上的地位，只要拥有了金钱，也就拥有了与"公子王孙"平等的享受权利；另一方面则反映了在他们内心深处，人间真情的力量往往高于金钱的魔力，反映出市井小民美好、淳朴的一面。

正是在经济地位可以通过财富的积累而达到这种信念的鼓舞下，明清两代的城市小工商业者，甚而挑夫小贩，星夜仆仆积累钱财，无非也是暗藏发财梦想，希望有一天能加入富豪行列，取得与富商巨贾平等的社会地位。明清两代这样的记载很多。如明中叶时，常熟的瞿嗣兴，原本一无所有，后来，他"携家入苏州，诣富家贷钱为小贾，转息为生，乃稍裕，久之居积为中贾，又久

① 汪道昆：《海阳处士仲翁配戴氏合葬墓志铭》，见《太函集》，卷五二，济南：齐鲁书社，1997。

② 汪道昆：《虞部陈使君榷政碑》，见《太函集》，卷六五，济南：齐鲁书社，1997。

③ 冯梦龙：《卖油郎独占花魁》，见《醒世恒言》卷三，北京：人民文学出版社，1956。

之，则大富"①。东林党人顾宪成之父顾南野，"家赤贫，竭力商贾，数奇落魄，甚至鬻其墓田，仓卒迁葬，再徙泾上，以八金起数千金……有天幸，贾辄倍"②。清朝中叶，江西万安小民喜外出经商，多"由小买卖至大开张"③。《清稗类钞》记载了一个更为典型的事例："南昌有布市，号一文钱。闻其创始之主甚贫，惟余一文钱。乃以购面糊，拾破纸鸡毛于市，范土为儿童所玩之鸡狗等售之。久之，积钱渐多，乃渐作小本经纪。勤苦贮蓄遂设布市，以资雄于全城矣。"④

明清市民阶层作为一个整体对社会平等地位追求最强烈的方式是"民变"。当商民的权益或城镇手工业者或手工工人（雇工）的权益受到专制政府的严重侵犯时，他们往往群起反抗。在这些斗争中，有商人的罢市抗官，有手工业工人和手工业者的罢工罢市，也有城镇中其他阶层居民的罢市抗官。明清两代的市民"民变"一般规模较大。如明万历年间，为反对税监马堂的横征暴敛，山东临清"市人数千"发生民变⑤。明万历二十七年（1599年），武昌发生反抗税使陈奉的民变，参加者达一万余人。武昌市民围攻陈奉宅第，并将税使陈奉的爪牙投入江中。万历二十九年（1601年），苏州市民为反对税监孙隆任意加税，蜂拥而起，围攻税监衙门，杀死孙隆随从六人。万历三十四年（1606年），云南发生市民反抗矿使、太监杨荣的斗争，万人攻入杨荣宅第，放火烧毁，并杀死杨荣及其随从二百余人。康熙年间，浙江嘉兴爆发丝织机户机匠的罢市罢工斗争。他们聚众鸣锣，顷刻间就聚集了两千余人。康熙四十七年（1708年），湖南长沙因米行开仓未几，复行闭仓，以致民变，长沙府民，盈千累万，顷刻罢市。城市中频繁发生的大规模民变反映了城市市民平等意识与反抗意识的增强。但由于新的经济因素在传统重农经济政策的排挤与专制政府的压制下难于成长，明清两代的城市市民阶层不可能以一支独立力量登上历史舞台，他们也就不可能成长为埋葬专制统治的主力军。这也是明清两代城市市民阶层有别于同时代欧洲城市市民阶层的地方。

---

① 何乔远：《名山藏·货殖记》，台北：成文出版社。
② 丁元荐：《西山日记》卷下，涵芬楼秘籍本。
③ 道光《万安县志》，卷二，合肥：黄山书社，1996。
④ 徐珂编：《清稗类钞》第五册，2325页，北京：中华书局，1984。
⑤ 《明神宗实录》卷三三四，万历二十七年闰四月。

由于是从整体上考察明清两代的市民文化，我们不得不忽略一些较有特点而又只突显于某一朝代的市民文化特征。如在明中后期市井中蔚为潮流的大胆反对礼制规范，在现实社会中公开追求真挚情爱的婚恋观念，就没有延续到清代。我们只要对比一下明清两代文学作品中有关爱情的描写，就可看出这种区别。产生于晚明的"三言"、"二拍"以近三分之一的篇幅生动展现现实社会中青年男女对真挚爱情的追求，他们往往不是才子佳人，也不是王孙公子、侯门闺秀，而是充满活力的新兴市民，如小商人、小手工业者、妓女，甚至乞丐头的女儿，他们敢爱敢恨，追求现世的爱情幸福。而在清代蒲松龄《聊斋志异》中，再也没有这种明快的气氛，爱情浸染在森森鬼气中，令人抑郁窒息。《聊斋志异》中的主人公多是人与神仙鬼怪、花妖狐魅，爱情故事发生的地点不再是活生生的市井世界，而多是人迹罕至的鬼屋幽径。他们不再公开谈情说爱，而是钻穴逾墙去偷情幽会。现实中无法超越的礼教规范，只有寄托于鬼神去超越了。同样的差异在《牡丹亭》与《红楼梦》中也存在。《牡丹亭》中的杜丽娘可以为情而死，也可因情而生，最终有情人终成眷属；而《红楼梦》中的贾宝玉与林黛玉则是相互爱恋而不敢互诉衷肠，最后一个抑郁而逝，一个遁入空门。造成这种差异的原因主要是朝代变迁。明中期以后，由于统治者腐化堕落，各种社会矛盾加剧，法纪礼制陷于松弛紊乱，这反而为青年男女的自由爱恋创造了一个相对宽松的环境。而有清一代统治者奉行程朱理学，加之国家机器空前壮大，严刑峻法，窒息了爱情自由的空气。

第八章
佛、道、儒的合流
及其世俗化

　　明清时期，佛、道、儒互相吸纳其长处，渐呈合流之势。佛、道两教由重庙堂之高转而求诸江湖之远，并依时依势更新教义，以适应广大民众的各种需要，开启佛、道两教的世俗化历程。佛、道的世俗化，并与传统民间文化融合，赢得了其在民间的持久性，深刻地影响着广大民众的生产和生活，成为传统文化不可或缺的重要组成部分。

一、佛、道两教与寺观文化

（一）佛教与道教

1. 佛教

明清时期，佛教有所发展。明代佛教的发展，主要在正德以后，流行的教宗为禅宗、净土宗、天台宗，律宗、华严宗已衰微。

禅宗是当时佛教各宗派中最盛行的一个宗派，这与正德年间王阳明创"致良知"心学理论及其后广为流播分不开。王学的禅化，刺激了禅宗的发展。当时有大量的灯史、语录问世，有一批著名的禅师传禅于大江南北。禅宗五家中，云门、法眼和沩仰三宗已衰微，临济、曹洞二宗流传。

临济宗一系在明初最有影响的僧人如楚石梵琦（1296—1370）。他主要活动于元末，入明后受到朱元璋的礼重，有"本朝第一流宗师"之称。梵琦提倡禅教一致，并栖心于净土宗，扬净抑禅。著有《北游集》、《凤山集》、《西斋集》等。弟子编有《楚石禅师语录》二十卷。

嘉靖到万历年间，临济宗有较大影响的禅师有笑岩德宝（1512—1581）。他以禅学与诸儒学者相交，"名震海内"。德宝反对当时在禅僧中流行的希望于公案和语录中获证的观点，主张自悟本心，不假外求。他善于机辩，并对话头禅进行了修正、补充。著有《月心笑岩宝祖南北集》四卷。其后有门人幻有正传（1547—1614），正传门人又有密云圆悟（1566—1642）、天隐圆修（？—1635）和雪峤圆信（1570—1647）三位名僧，于江南各自传禅，时人称为"临济中兴"。圆悟有《密云禅师语录》十二卷，其禅法自云"以一条白棒当头直指"。他的弟子以汉月法藏（1573—1635）、木陈道忞（1596—1674）、费隐通容（1593—1661）和破山海明（1597—1666）四支为最盛，活跃于明末清初。清代临济宗不仅在江南传禅，而且播及于四川、云南、贵州和东北等地。其中法藏一系弟子众多，曾盛行一时，到雍正帝时被明令禁止。法藏于儒学有素养，重视融会禅学与儒学。他对于"禅"、"话头"及"禅机"等，都从正面做出过解说，使这些本来只可"参悟"不可言说的东西带上义理色彩。法藏不满禅学著述中"于五家宗旨，概然无吃紧语"，于是作《五宗原》，对五家宗旨进行了系统整理，以为继承弘扬。因此，他与其师圆悟发生了激烈的争论。法藏虽"嗣法"于圆悟，但在对禅的见解上很不相同，师徒之间常有不合。法藏所作《五宗原》，圆悟甚为不满，著书针锋相对地予以批判，使争论公开化。这场争论一直延续到清代，雍正帝曾加以干预。清初，木陈道忞和天隐圆修的弟子玉林通琇都曾应顺治帝召见并受封，临济宗在清代的势力较曹洞宗为大。

曹洞宗一系在明代的著名人物主要有无明慧经（1548—1618）及门人博山

元来（1575—1630）、永觉元贤（1578—1657）。慧经大力倡导农禅并作，自己身体力行，是一位将讲禅说法与躬耕田野结合起来的高僧，以此中兴曹洞宗。元来有慧经门下"第一上座"之称，他于禅宗重兴、排斥净土宗的情势下，卫护净土，力主"禅净无二"，不应对立；同时还反对宗与教互相贬抑，认为"宗教殊途，皆归一致，都城趋入，迅速不同。非敢以宗抑教，以教抑宗，真有所抑，即是魔入"。① 元贤幼年致力于儒家的程朱理学，"以儒而入释"，重视著述。他的著作很多，计二十种，一百余卷，内容包括灯火、论述禅学、会通儒释、注释佛经等。他明确提出："禅、教、律三宗，本是一源……如鼎三足，缺一不可。"② 并且强调儒、佛、道"三教一理"，认为"理外无教，故教必归理。……理一而教不得不分，教分而理未尝不一"③。元贤这种思想反映了明末佛教加强与宋明理学融会的趋势，并对后世佛教的发展产生了影响。曹洞宗在明末以后还有湛然圆澄一系。圆澄提倡以心来统摄融会禅、教、律，也反映了当时佛教各宗融会发展的趋势。

明清时期，净土宗也有所发展。净土宗最有影响的僧人云栖袾宏（1535—1615），是明代四大高僧之一，被称为"莲宗八祖"。他一生着重传播持名念佛的净土信仰，建立净土宗的道场，提出"持名念佛之功，最为德生净土之要"④。袾宏也积极倡导禅净一致论，认为"禅宗、净土，殊途同归"。他以净土法门为主，而冬季坐禅，兼讲经论，尤重华严意义，反映了当时佛教发展趋于各宗融会的特点。净土思想在明代居士中有较大影响，如著名文学家袁宏道就"归心净土"，并作《西方合论》以赞净土。清代，净土宗仍有继承弘扬者。行策创"七日念佛"法，著有《起一心精进念佛七期规式》，为清代"打念佛七"的发端。所谓"打念佛七"，就是七七四十九天中，只念"阿弥陀佛"，敲木鱼击磬，是净土宗人举行的一种念佛活动。彻悟初参禅，后专弘净土，倡导念佛，形成北方著名的净土道场。此外，居士周梦颜、彭绍升等也都归心净土，并有著述行世。

---

① 《无异元来禅师广录》卷二一、二三。
② 道霈编：《永觉元贤禅师广录》卷三〇。
③ 道霈编：《永觉元贤禅师广录》卷二九。
④ 云栖袾宏：《普示持名念佛三日未》，见《云栖遗稿》卷三。

天台宗在明万历年间有"中兴"之说，其中兴高僧为传灯（1553—1627）。传灯习天台宗，又兼学禅宗和净土宗教义。传灯之后，天台宗影响大的僧人当属蕅益智旭（1599—1655）。智旭被称为明代四大高僧之一，他于弘扬天台宗教义的同时，主张佛教各宗融合，三教合一。

明代四大高僧除袾宏、智旭外，还有紫柏真可（1543—1603）和憨山德清（1546—1623）。紫柏和憨山也都主张禅教并重，三教合一，反映了佛教综合发展的趋势。

明清时期，藏传佛教中的格鲁派成为最有实力和影响最为深远的教派。15世纪初，宗喀巴在噶当派教义的基础上，对其他教派进行改革后创立了格鲁派。他所撰《菩提道次第广论》和《密宗道次第广论》等著作，阐明显教、密法两宗修行次第，提倡学行并举，显、密并重，僧众恪守戒律，僧人不娶妻，禁饮酒，戒杀生。规定了一套严密的寺院组织系统、僧人学经程序和考试、升迁制度，形成喇嘛的不同等级。后来在清王朝的大力支持下，格鲁派成为喇嘛教的正统派和西藏地方执政的教派，并在蒙藏地区广泛流行。

2. 道教

道教在明清时期有正一派、全真派、武当派和丹法派。正一派为江西龙虎山张天师一派。明开国后，朱元璋即召见龙虎山第四十二代天师张正常，封其为真人，称龙虎山正一真人。由于得到朝廷扶持，正一派在明代最为贵盛，到清代其地位和影响下降。全真派在明朝较正一派为沉寂，清初则一度出现中兴景象。武当派创始人是张三丰，明初太祖朱元璋、成祖朱棣都慕其名，成祖更大为修建武当山宫观，武当派遂成为明代道教的一个支派。丹法派以烧炼丹药为主，创于嘉靖到万历年间的道士陆西星。这一时期，道教思想无甚创新，而是向烧炼和世俗化发展。

明初的道士中，张宇初、赵宜真曾对道教教义有所阐发。张宇初为龙虎山第四十三代天师，撰《道门十规》一卷，列述道教源流、道门经箓、坐圜守静、斋法行持、道法传绪、住持领袖、云水参访、立观度人、金谷钱粮、宫观修葺十条，涉及教义、教制各方面，颇有整顿道教纲领性文献的意义。张宇初强调道统源流，尊老子为道教教祖，以先秦道家之学为正统，以清静无为之道为本，令教徒返本归源，戒除圆光、扶乩等陋习。他主张性命双修，内炼为本，而静定为内炼之要，注重内炼龙丹，纂集古今内外丹经诗诀为《丹纂要》一书。他还提倡儒、释、道三教归一，以心性为三教共同之源，融会儒、佛。张宇初针对当时正一道日趋腐化、戒律松弛之弊，强调恪守戒律清规。赵宜真得北派内丹之传，著有《原阳小法语》、《灵宝归空诀》等。他主张以"自性法身"为内丹之本，强调无为为采炼诀要，以"粉碎虚空"为最高境界，颇近于禅。他也提倡性命双修，先修性，次修命。其后正一派学说渐趋衰微，有关撰述发挥极少。

由于明朝统治者对全真道不重视，其政治地位低落，于传教弘宗颇为消极。明初，何道全、王道渊都阐发内丹。明末清初，王常月中兴龙门一系，力图复兴初期全真祖风，并适应统治者宣扬伦理纲常的需要，强调持戒为本。清初统治阶级对全真道有所扶持，全真道尤其是龙门一系一度中兴，王常月之外，还出现了陶清庵、周明阳、范青云、高东篱、沈轻云等一批有影响的道士。全真道也主张儒、佛、道三教同源，融会儒学，并且日趋世俗化。

总之，明清时期的佛教、道教对学说都无明显的创新，而是主张三教合一，趋于世俗化，致力于吸引中下层民众。

（二）寺观文化

寺观建筑是佛教、道教活动的场所。随着佛教、道教影响日益广泛，寺观建筑也日益增多，遍及大江南北，成为中国古代建筑的一道独特风景。寺观建筑在中国建筑史上开拓了一个新的领域，使建筑的文化内容更加丰富。它们已不仅仅是宗教建筑，而且体现了我国古代的文化。寺观作为佛教、道教的物质、精神的象征，潜移默化地深入人们的生活，渗透到人们的思想意识之中。寺观文化成为人们的一种自在反映，成为我国传统文化不可分割的重要组成部分。

中国早期佛教寺院是以印度佛教建筑为模仿对象的，以塔作为寺的主体。到隋唐时，佛教建筑大都以佛殿为中心。此后，突出中心并且轴线对称的纵轴式建筑布局，成为中国佛寺建筑布局的主流。宋代的禅宗寺院发展成"伽蓝七堂"（通常指山门、佛殿、讲堂、方丈、食堂、浴室、乐司）的格局，是中国传统营造法式的轴线对称建筑布局。于是印度原来的"僧伽蓝摩"，已经被中国式的殿堂、院落式布局取代。佛寺建筑的这一变化，主要是受中国庭院式建筑布局的影响。明清时盛行自由式建筑布局，是受藏传佛教的影响，并不占主流地位，它是佛教建筑布局发展的一个支脉。

由于佛教传入中国的途径、时间以及各个地区的文化背景、地理状况等许多方面都有差异，逐渐在中国形成佛教传播的三个系统，即汉地佛教、藏传佛教和南传小乘佛教。明清时期，佛教的三个系统最后形成。与此相关联的是，出现了三种佛教建筑风格及相应不同的寺庙文化。它们各具特色，同时又相互融合、吸收。

佛教寺院的一个重要组成部分为佛的造像，它是各个时代文化的反映。众佛的造像，不仅是宝贵的艺术财富，而且通过不同时期、不同地区佛的造像风格的变化，可以透视和分析出当时当地的社会风尚与思潮的发展演变。它们往往是佛教与中国文化紧密结合的重要证明。

佛教早期造像风格深受印度和西亚的影响。随着佛教不断融入中国文化，佛教造像也逐渐与各地的实际相结合，与中国传统的审美观点、社会风尚、思潮的变化紧密结合。佛教造像越来越被汉民族接受，并越来越被汉化。

中国佛教造像在与中国传统文化融合过程中，为了适应上层统治者的口味，吸收儒家尊卑贵贱等级秩序的思想，逐渐形成了佛与菩萨、罗汉排列的主从分明、等级森严的格局。宋以后罗汉信仰兴起，表明了佛教对普通民众心理需求的迎合，也是佛教走向世俗化的重要表现。明清时期，形成了佛教四大名山，即五台山、普陀山、峨眉山、九华山，分别供奉文殊、观音、普贤、地藏四位菩萨，并达到家喻户晓的程度。人们对他们的崇拜已经超过了对佛的崇拜，这同样反映了佛教世俗化的发展趋向。而观音与文殊菩萨地位的变化也说明了这一点。观音和文殊同为胁侍菩萨，文殊是智慧菩萨，观音是慈悲菩萨。文殊在早期地位高于观音，但到后来观音的地位却远远超过了文殊。这种地位的更替，说明了民间对佛教信仰的内在要求，这也可以说是佛教走向世俗化的群众基础。佛教造像在五代与两宋形成的世俗化风格，在明清时期被继承发扬，正是这种内在要求所致。

由于受禅宗"学无常师，遍历为尚"、强调悟性的影响，许多佛门高僧为潜心清修，多遁身山林，远离尘嚣，因而造成佛教寺院与名山关系密切，名寺多建于名山，且风景优美。明代逐渐出现的佛教四大名山，即"金五台，银普陀，铜峨眉，铁九华"，在佛教徒心目中有至高无上的地位。它们以丰富的佛教传说，规模宏大的建筑，数量众多的文物遗迹，秀丽如画的风景，为人们所向往。

道教作为土生土长的宗教，与传统文化更是密不可分。道观建筑形式是我国传统的砖木长方形结构，讲究层次。如北京白云观，就由数进四合院构成，中轴线上依次建有牌楼、山门、水池、桥梁，主殿为玉皇殿，前后有灵官殿、志律堂。

大体说来，道教宫观和佛教寺院尤其是汉地佛寺的规划相似，但在内部细节和装饰上采取道教格式。道教的阴阳五行、易经八卦和谶纬禅学等观念，不仅融会于道教教义，渗透在道教的宗教活动，而且反映到道教的宫观建筑中。其建筑布局一般都讲究天地阴阳、八卦方位，而且有许多壁画、浮雕来装饰殿堂楼阁，用来体现吉祥如意、长生不死的教义。这反映了普通民众的渴求和希望，反映出道教与民间普通百姓关系的密切。这在明清时期尤为明显。道教为了自身的生存发展，必然迎合上层统治阶级的观念和口味，这在道观建筑中有很多体现。如道教的禅仙系统中有严格的等级阶层划分，各级宫观也有严格的等级划分，并在建筑规格和建筑材料上也有所体现。

道教崇尚自然、顺应自然、返璞归真的思想，也深刻体现在宫观建筑中。道教宫观大多建于幽静秀丽的山林之中，从而形成了融建筑、文化、风景于一身的名山道观。

作为佛教徒、道教徒修行得道场所的佛寺、道观，在与中国传统文化、民间风俗信仰相互融会、相互影响之后，成为中国文化的一个组成部分。尤其是明清时期，寺观文化不仅以其建筑风格、哲学宗教观念、思想教化、伦理观念等影响着广大民众，而且已与中国人的日常生活密不可分，如经济、宗法、思想教化、文化娱乐甚至求功名、生子等方面，都与寺观有关。

广泛分布于全国各地的佛寺道观，逐渐成为各地文化娱乐活动的中心。达官贵人、文人名士大多喜欢以寺观作为游玩聚会之所。同时，寺观也是一般普通民众游赏的主要去处。

明清寺观在观念上是一种公众性建筑，具有开放性特点，在经过园林化改造后，成为城市居民公共游赏的场所和风景名胜区内原始型旅游的主要对象。同时大量的世俗的成分被引入，从而丰富完善了寺观文化的内涵。寺观种花莳竹，收藏文物，以拉近与民众的距离。除了纳入宗教宣喻、膜拜仪式之中的寺庙伎艺之外，世俗表演也被允许。当时寺观前往往搭有戏台，常有戏班演出，成为民间文艺的交流会演之处。寺观中一般均供膳食，以满足俗众需要。士庶人等还入寺品茗。为了适合广大民众的口味，寺观往往将一些民俗活动引入其中，如明代佛教圣地鸡足山曾有元宵放灯的习俗，各种娱乐活动使寺观成为人们游览的中心。

寺观文化对民间信仰及各类民俗也有很多影响。佛道思想与民间信仰结合，佛道节日与民俗互相渗透合一，成为明清以来寺观文化的重要特色。

佛教传入我国后，不仅对伦理、哲学、文学、艺术产生影响，而且对民俗、民间信仰也程度不同地有所影响；同时，中国固有的民俗、民间信仰也影响了佛教。佛教纪念释迦牟尼和菩萨的节日对我国民间风俗影响很大，如腊八节就是中国传统腊月祭日与佛祖释迦牟尼成道日的结合。佛教寺院对若干佛、菩萨固定了的诞生日或成道日，经常举行活动，影响所及，观音、弥勒、阿弥陀佛等名字、形象广泛深入民间，家喻户晓，成为中国民间普遍信仰的偶像。另外，中元节和佛教盂兰盆会结合，成为当时的一大节日。藏传佛教的萨格达瓦节，小乘佛教的泼水节，都成为重要节日，带有了浓厚的民俗色彩。佛教学说中因果报应、轮回转生、修身成佛的说教，逐渐形成了笃信灵魂不灭、崇信佛和菩萨、相信鬼神存在的民间信仰，于是人们纷纷烧香拜佛，布施斋僧，修建寺庙，塑像造塔，刻印佛经，许愿还愿，广做法事，表达对佛，菩萨的崇拜。佛教轮回转生观念与中国古代的灵魂观念结合，使丧俗神秘化，人死之后，家人往往请僧人念经，甚至举行水陆法会。佛教火葬、放生、素食和饮茶等活动，对民间习俗也产生重要影响。

明清时期，道教多神崇拜、内丹炼养及积功行善等宗教观念也进一步深入民间，与民间传统的习俗、宗教信仰融合。道教不断从民间信仰中吸收新神，编入其神仙系谱后，又推广至民间。当时，关帝、玄帝、文昌帝君、吕祖、妈祖（天妃）、城隍、王灵官等较新的神，在民间最受崇祀，敕建、私建的庙宇遍及城镇乡村。至于龙王、火神、山神、土地神、送子娘娘等神庙，更是星罗棋布，遍布村镇，数量远远超过正规的寺观。祀神、庙会，成为民俗活动中重要的项目。丧葬请僧道做道场，长期以来相因成习。寺观文化已溶入民众生活。

当时，正统的佛道二教教团的衰微，各种民间宗教兴起，盛传于下层社会。这些民间宗教的思想内容多摄取佛、道，往往神佛共奉，或于佛、道间有所取。民间宗教通俗易解，对下层民众颇具吸引力，这也使佛道二教的某些观念日益深入下层民众。

明朝以来，从宫廷到民间，扶乩之风日盛，托乩降神所授的劝善书、功过格盛行于民间。以神道设教方式通俗地宣传以传统纲常伦理为中心的佛、道伦理思想，在中下层民众中的影响远远超过理学，对维持统治秩序起了相当大的作用，因而为王公大臣、名儒文士积极支持。

明清时期寺观文化的伦理化倾向日趋明显，教化型寺观蜂拥而起。在各地奉敕修建的教化型寺观中，崇圣祠、名宦祠、乡贤祠、忠义庙、节孝祠等，基本上都是宣扬"三纲五常"、"三从四德"。关帝庙成为当时数量最多的寺观之一，因为关羽作为仁、义、礼、智、信五德俱全的千古一人，具有很强的教化作用。这些教化型寺观，组成一个儒学伦理圈。同时，朝廷大量为原始神祇及道教诸神加官晋爵。伴随而来的是诸神造像的帝王化、后妃化，或衮衣冕旒，或凤冠霞帔，俨然人间帝后，再配上各式将军文史、侍从喽啰，一座寺观就是一个无声的衙门，诸神被置于儒学的伦常体系下。清朝康熙、乾隆二帝甚至以世俗身份跻身于寺观造像中，分别将自己塑于四川新都金光寺罗汉堂和北京碧云寺罗汉堂中。同时，与寺观有关的戏曲、小说中仁孝的色彩加强，这些都体现着儒学对寺观文化的渗透与影响。

佛道二教对政治也有一定的影响。明清统治者积极利用佛道二教作为维护皇权的思想工具，协助其获得整体认同。明朝统治者多信用道士，张正常、邵元节、陶仲文等正一道士都出入宫廷，往往与权臣、内侍相勾结，干预政事。此外，佛道二教也成为统治者巩固民族团结、增进对外交往的纽带。明朝即重视优遇喇嘛教上层人士，给以帝师、国师称号，给藏僧许多特权。清朝继承这一政策，确定了西藏地区政教合一的制度。明朝还以僧为使，如太祖命僧人慧昙和宗泐率使团出使西域，访问僧伽罗国（今斯里兰卡）和印度等国，命僧人

丁云鹏绘　《三教图》

明代黄杨木雕送子观音坐像

明代初期木雕观音像

明代铜鎏金关帝坐像

清佚名《关公像图轴》

239

佚名《大陀罗尼经》（局部）

澳门妈祖阁

智光与其徒惠辨等出使尼八剌国（今尼泊尔），遣僧人与日本通好。同时，朝廷还出面崇祀神祇，从而使寺观文化打上深刻的政治烙印。如后来无城不有的城隍庙。洪武二年（1369年），朱元璋下诏为京都及各地城隍封爵："京都为承天鉴国司民升福明灵王，开封、临濠、太平、和州、滁州皆封为王。其余府为鉴察司民城隍威灵公，秩正二品。州为鉴察司民城隍灵佑侯，秩三品。县为鉴察司民城隍显佑伯，秩四品。"洪武三年诏去封号，"止称某府州县城隍之神。又令各庙屏去他神。定庙制，高广视官署厅堂。造木为主，毁塑像异置水中，取其泥涂壁，绘以云山"。嘉靖年间，命"在王国者王亲祭之，在各府州县者守令主之"①。当时城隍庙完全按府州县衙门款式兴建，并设审判座位。这样，城隍庙在全国形成了严密的递层对应结构，与尘世的统治结构相呼应，从而在人们的信仰上加强等级秩序观念的影响。

明清寺观还提供了庙会市集场所，许多寺观前都有广场，用作娱乐和交易的地点。当时庙市有向墟市化发展的趋势。清代的墟市不少是沿庙会—庙市—墟市的轨迹发展而来。这种庙市—墟市既是庙会宗教色彩淡化的产物，又反过来加速了庙会宗教色彩的逐步淡化，把经济交流上升到主要地位。于是，寺观贸易有的保持寺观、市场合一的特点，有的则由于集市化倾向的加剧而完全成为市场。在乡村，寺观庙市的墟市化导致了寺观的城镇化，成为当地的经济交流中心。

寺观还常被作为学校教育场所，其偏殿或跨院有时会用作村塾，供先生做教室或住所，甚至有的书院就坐落在寺观中。还常有一些贫困的读书人将寺观作为读书居住之地。寺观中的壁画、塑像反映的历史故事、佛道传说，对普通民众也起着历史知识、伦理道德的教育作用。寺观也是人们烧香祈福、寻求安慰、希望满足自身各种愿望的地方，是人们在现实中无法解决问题时求助的对象。为了满足广大普通民众祈福驱灾的要求，寺观的佛、道教徒多举行各种斋醮丧葬法事等活动，这使寺观在人们观念中成为佛教、道教的代名词，成为各地民俗、信仰不可分割的组成部分。

除了自身蕴涵的丰富的佛教文化、道教文化外，寺观建筑和寺观中的雕

---

① 《明史·礼志三》卷四九，1286页，影印本，北京：中华书局，1997。

塑、绘画、书法、碑文、诗联，以及与之相关的音乐、医学等，再加上寺观从事的译经、刻经、出版工作，与外国的宗教交流，共同构成了独具特色的寺观文化。例如，佛教音乐熔宫廷音乐、宗教音乐、民间音乐于一炉，具有"远、虚、淡、静"的特征。明清时，佛教音乐仍继续吸收民间乐曲和外来乐曲来充实自己。明永乐年间，僧人编成《诸佛世尊如来菩萨尊者名称歌曲》五十卷，就采用了传统的古典乐曲和流行乐曲三百多首。寺院在节日、庙会时的佛教音乐活动活跃了人们的文化生活，对保存和发展民间音乐起了有益的作用。道教音乐更植根于民间，大量吸收民间音乐素材，且有浓厚的地方特色，随地区不同而呈现不同风格，具有大众化、通俗化、多样化特征。明代，国家祀典的一些乐章、乐词采自道教，乐舞生使用小道童，司乐、赞礼等执事人员也大都以道士充任，从而使道教音乐渗入国家祀典中。

寺观文化在明清时与广大普通民众的生活融为一体，密不可分。它和普通民众的喜爱、信仰相互影响，对人们的影响在日常生活中随处可见。同时，寺观文化也随时调整自身，以与人们的信仰、需求相符合。其他各种文化与寺观文化相互影响，相互融合。寺观文化作为我国传统文化的重要组成部分，为我国古代丰富多彩的传统文化做出了贡献。

二、佛、道、儒的相互融会

明清时期，皇朝统治者为了维护和巩固其统治，对宗教的作用十分重视，采取儒家为主，佛、道为辅，三者互补并用的政策。同时，佛、道、儒为了求得各自的发展，都重视吸取其他二者的思想，以补充发展自己的思想主张，扩大影响。这种态势在佛、道、儒三者的著作及思想中得到体现。

当时佛教、道教及儒家的代表人物中，不少人主张兼习其他二家的经典及学说，并亲身实行，有所著作。王阳明是明显的例子。其他如泰州学派的罗汝芳，"早岁于释典、元宗无不探讨，缁流、羽客延纳弗拒。……取长弃短，迄有定裁"。他曾"师事颜钧谈理学，师事胡清虚（即宗正）谈烧炼，采取飞升，师僧玄觉谈因果，单传直指"①。可见他对儒、佛、道三家学说都有所学习、吸收、融会。

佛教名僧中也有人兼习儒家和道教学说，如明代四大高僧中的云栖袾宏、憨山德清、蕅益智旭。袾宏年少时为儒生，以孝著称，三十二岁出家，云游各地，遍参知识。德清自幼受佛教影响，也曾攻读儒学典籍，通诗书，他以佛释儒、道，也以儒释佛，不仅有佛教著作，还撰有《大学纲目决疑》、《大学中庸直解指》、《春秋左氏心德》、《老子道德经注》、《庄子内篇注》、《观老庄影响说》等，以佛教禅学来解释《大学》，用唯识论解释《老子》。智旭少时也曾学习儒学。明末清初的著名禅师元贤，自幼学程朱理学，后来"以儒入释"，转而学佛参禅。

道教中亦不乏兼习儒、佛的人。如开创丹法东派的陆西星，少时学习儒学，后弃儒问道，晚年学佛参禅，并著有《楞严述旨》、《楞严注说约》、《楞伽经自义》等。伍柳派的伍冲虚，本为儒生，兼通佛学。

由于儒、佛、道中人兼习三家学说，因而他们的学说中不可避免地带有其他两家思想的色彩，并以其解释或证明自己的观点。

心学大师王阳明的学说，受佛教尤其是禅宗影响很大，其学说中禅学色彩浓厚。王阳明的"良知"说与禅宗的佛性理论，不论思想路数，还是具体内涵，都有很多相同之处。对此，他直言不讳："良知之体皎如明镜，略无纤翳。妍媸之来，随物见形……佛氏曾有是言，未为非也。""'不思善不思恶时认本来面目'，此佛氏为未识本来面目者设此方便。'本来面目'即吾门所谓'良知'。"② 这里的"本来面目"，即禅宗所谓的"佛性"，于是"良知"与禅宗的"佛性"是同一事物，并无区别。"'本来面目'即吾圣门所谓'良知'"，与《坛经》中"不思善，不思恶，时认本来面目"相对照，可以看出王阳明关于"良知"的学说，不仅在思想上与禅学相通，而且措辞、表述也与禅宗相似。王阳明认为"良知"是个无所不能的清净本体，但因为私欲蔽障，所以本体不

---

① 《泰州学案三·参政罗近溪先生汝芳》，见黄宗羲：《明儒学案》卷三四，北京：中华书局，1985。

② 王阳明：《答陆原静书》，《王阳明全集》上册，《传习录中》，70、67 页，上海古籍出版社，1992。

能得以明朗，如果能念念于"致良知"，把私欲蔽障清除干净，本体就可以重现明朗，而清净本性就得以出现，就可以成为圣人。这种修养方法与禅宗"明心见性"的修行方法十分相似。禅宗认为佛性本自清净，只因客尘烦恼盖覆，所以不能自见，若能离相无念，明心见性，便可以识得自家本来面目，成佛做菩萨。

王阳明学说乃至王门后学深受禅宗影响。明代刘宗周指出："良知之说，鲜有不流于禅者。"① 清朝康熙年间的学者陆陇其也认为："自阳明王氏倡为良知之说，以禅之实而托儒之名。"②

王阳明的学说中，道教色彩也较浓厚。他的"致良知"说，就融入不少道教内丹思想。例如，他的学生"问仙家元气、元神、元精"，他回答说："只是一件，流行为气，凝聚为精，妙用为神。"③ 他的学生陆澄认为："元神、元气、元精，必各有寄藏发生之处，又有真阴之精，真阳之气。"他回答说："夫良知一也，以其妙用而言谓之神，以其流行而言谓之气，以其凝聚而言谓之精，安可以形象方所求哉？真阴之精，即真阳之气之母；真阳之气，即真阴之精之父；阴根阳，阳根阴，亦非有二也。苟悟良知之说明，则凡若此类皆可以不言而喻。"④ 王阳明自称"自幼笃志二氏（指佛、道），自谓既有所得，谓儒者为不足学"，后来虽"叹悔错用了三十年气力"，但不可否认深受佛、道思想的影响。⑤

在王阳明的影响下，王门众多弟子在阐发其学说时，也援道入儒。如王畿就大谈内丹，认为："人之所以为人，神与气而已矣。神为气之主宰，气为神之流行。神为性，气为命。良知者，神气之奥，性命之灵枢也。良知致，则神气交而性命全，其机不外于一念之微。"⑥ 王畿主张以儒融会佛、道，"学者苟

---

① 《刘宗周传》，《明史》卷二五五，6592 页，影印本，北京：中华书局，1997。

② 陆陇其：《学术辨》，见《三鱼堂文集》。

③ 《传习录上》，见《王阳明全集》上册，19 页，上海古籍出版社，1992。

④ 王阳明：《答陆原静书》，见《王阳明全集》上册，《传习录中》，62 页，上海古籍出版社，1992。

⑤ 《传习录上》，见《王阳明全集》上册，36 页，上海古籍出版社，1992。

⑥ 王畿：《语录》，《王龙溪先生全集》卷一，影印道光二年刻本，台北：华文书局，1970。

利以复性为宗，不沦于幻妄，是即道、释之儒也"①。又如朱得之，"其学颇近于老氏"，也以道教内丹说来释理学修养，认为："人之养生，只是降意火。意火降得不已，渐有余溢，自然上升。只管降，只管自然升，非是一升一降相对也。降便是水，升便是火。《参同契》'真人潜深渊'、'浮游守规中'，此其指也。"②

明清时期的理学，从思想渊源上来讲，既继承了传统的儒家思想，又受到佛教和道教的较大影响。任继愈主编的《中国佛教史》指出："经过隋唐时期三教鼎立，走向宋明以后的三教会同，形成了以儒家为中心的儒教，佛道两教形式上走向衰微，实际上佛道两教的宗教精神已渗透到儒教内部。"

佛教同样吸收融合儒道的思想，希望借助中国原有的传统维持自己的生存发展。

明代四大高僧中的紫柏真可，强调会通儒、佛，曾把儒家的仁、义、礼、智、信"五常"说成"人人本自有"的"五如来"。他认为："南无'仁'慈佛！爱人如己，此心常不昧，如来即出世。南无'义'气佛！爱人必得所，临时不苟且，立地成正觉。南无'礼'节佛！事事要明白，长幼序不乱，世尊便是你。南无'智'慧佛！变通无滞碍，扶正不扶邪，化若而为福。南无'信'心佛！真实无所改，一念与万年，始终常若一。如是五如来，人人本自有，善用佛放光，不求佛灭废。"③ 憨山德清则把佛教的"五戒"说成儒家的"五常"，认为"佛制五戒，即儒之五常，即：不杀，仁也；不盗，义也；不邪淫，礼也；不欲酒，智也；不妄语，信也。但从佛口所说，言别而义同"④。蕅益智旭也"以禅入儒，诱儒知禅"，着力调和儒佛两家学说，并撰写著述，如以禅解《易》，著《周易禅解》，以佛解《四书》，作《四书蕅益解》。他把儒家学说中作为基础的孝道视为佛教的根本宗旨之一，认为"儒以孝为百行之本，佛

---

① 王畿：《三教堂记》，《王龙溪先生全集》卷一七，影印道光二年刻本，台北：华文书局，1970。

② 《南中学案一·明经朱近斋得之·语录》，见黄宗羲：《明儒学案》卷二五，北京：中华书局，1985。

③ 紫柏真可：《五常偈》，见《紫柏尊者全集》卷二〇。

④ 憨山德清：《法语》，《憨山老人梦游全集》卷五。

以孝为至道之宗"①。他同样提出"五戒即五常"，但在根本上还是认为佛教高于儒家，"五常只能为世间圣贤，维世正法，而五戒则超生脱死，乃至成就无上菩提"②。

道教的名道士同样注重融会儒、佛。如张三丰就认为"性即理也，人以性而由天之理也"，显然受了程朱理学"性者理也"、"性者人之所得于天之理"的影响。他融合儒、佛、道的观点，讲身心修养，"穷性命之真，发圣贤仙佛之理，本本原原，加疏加注"，但吸收程朱理学更多一些。他强调"修道以修身为大，然修身必先正心诚意。意诚心正，则物欲皆处，然后讲立基之本，气为使焉，神为主焉"③。由此可明显感到理学的气息。何道全答人问道，往往引证儒、佛、道，尤多引证佛教学说。正一派的张宇初，《四库全书总目》认为"其文章乃斐然可观。其中若《太极释》、《先天图论》、《河图原辨》、《荀子辨》、《阴符经》诸篇，皆有合于儒者之言。《问神》一篇，悉本程朱之理"④。陆西星则用周敦颐《太极图说》中的思想阐释其性命、阴阳双修的主张，还引进佛教"真"、"妄"、"迷"、"觉"等说法，来说明其内丹理论的根本点"遣欲澄神"、"以真销妄"。伍冲虚在阐扬其内丹丹法的著述《天仙正理》、《仙佛合宗语录》中，强调仙佛合宗，将佛教禅学引入内丹修炼理论，把道教内丹修炼的每个步骤都和佛教的修禅方法相结合，认为"仙佛同一功夫，同一景象，同一阳神证果"，"仙道即佛法也"。清代柳华阳继承伍冲虚的丹法，在内丹修炼中传佛家功法，倡导仙佛合参。清代著名的内丹炼师和学者刘一朋以丹道解《易》，又将《易》学、理学融入丹道，以"逆以成丹"为真诀。其内丹理论中"道心"、"人心"说，即有"良知良能"等理学学说融入其中。他还以仁、义、礼、智、信作为修炼的外方。

明清时期，儒、佛、道的相互融合还表现在，无论是儒家，还是佛教、道教，都认识到吸收其他二家学说的重要性，都强调三家的一致性和相通性，认为三家不可偏废，并可以互补。

---

① 蕅益智旭：《题至孝回春传》，《灵峰宗论》卷七之一。
② 蕅益智旭：《示吴幼庵》，《灵峰宗论》卷二之五。
③ 张三丰：《大道论》，见《张三丰全集》，南京：江苏古籍出版社，1990。
④ 四库全书研究所整理：《钦定四库全书总目》（整理本）下册，2287 页，北京：中华书局，1997。

王阳明曾明确提出，佛道二教与儒家学说在许多方面是一致的，"大抵二氏之学，其妙与圣人只有毫厘之间"①。陈建在《学蔀通辨》中说："阳明一生讲学，只是尊信达摩、慧能，只是欲合三教为一，无他伎俩。"

明代四大高僧都提倡儒、佛、道相互融合，认为三教同源。云栖袾宏极力主张会通儒释，"三教一家"。他认为"儒主治世，佛主出世"，儒能"显助佛法之所不及"，佛能"阴助王化之所不及"，因而"核实而论，则儒与佛，无相病而相资"②。他还指出儒、佛、道"想是同根生，血脉原无间"，"三教……理无二致，而深浅历然，深浅虽殊，而同归一理，此所以为三教一家也"③。紫柏真可同样强调儒、佛、道三教同源，认为"门墙虽异本相同"。时人称其"最可敬者，不以释迦压孔、老，不以内典废子史。于佛法中，不以宗压教，不以性废相，不以贤首废天台"④。憨山德清则强调"三教本来一理"，"三圣本来一体"，"孔、老即佛之化身"。他主张"为学有三要，所谓不知《春秋》，不能涉世；不精《老》、《庄》，不能忘世；不参禅，不能出世。此三者，经世、出世之学备矣，缺一则偏，缺二则隘……然是三者之要在一心……一得而天下之理得矣"⑤。蕅益智旭提出真儒和真佛说，认为"儒之德业学问，实佛之命脉骨髓。故在世为真儒者，出世乃为真佛，以真儒心行而学佛，则不学世之假佛"⑥。"惟学佛而然后知儒，亦惟真儒乃能学佛"⑦，从而说明儒、释一家，佛、儒不二。他进而提出儒、佛、道是"迹"异"实"同，殊途同归，且同以"自心"为源。"自心者，三教之源，三教皆从此心施度。苟无自心，三教俱无；苟昧自心，三教俱昧。"⑧ "三教圣人，不昧本心而已。本心不昧，儒、老、释皆可也；若昧此心，儒非真儒，老非真老，释非真释。"⑨ 明末清初的永觉元贤为力救儒禅之弊，会通儒、释而作《寱言》。他提出儒、佛、道"理

① 《传习录》上，见《王阳明全集》上册，36 页，上海古籍出版社，1992。
② 云栖袾宏：《竹窗二笔·儒佛配合》。
③ 云栖袾宏：《正讹集·三教一家》。
④ 顾仲恭：《跋紫柏尊者全集》，见《紫柏尊者别集·附录》。
⑤ 憨山德清：《说·学要》，见《憨山老人梦游全集》卷三九。
⑥ 蕅益智旭：《示语幻》，见《灵峰宗论》卷二之四，台北：佛教出版社，1967。
⑦ 蕅益智旭：《敷先开士守龛助像疏》，见《灵峰宗论》卷七之四，台北：佛教出版社，1967。
⑧ 蕅益智旭：《敷先开士守龛助像疏》，《灵峰宗论》卷七之四，台北：佛教出版社，1967。
⑨ 蕅益智旭：《示潘拱宸》，《灵峰宗论》卷二之三，台北：佛教出版社，1967。

实唯一"的主张，认为"教既三分，强同之者妄也；理实唯一，强异之者迷也。故就其异者而言之，则非独三教不同，即同一佛教，而大小不同；即同一大乘，而权实不同。盖机既万殊，故教非一端。若就其同者而言之，则非独三教是一，即一切魔外以及资生业等，皆顺正法。盖理外无数，故教必归理……是知理一，而教不得不分；教分，而理未尝不一"①。

道教诸派代表人物强调会通三教，甚至民间修道者也提出三教无差别。张三丰认为，儒、佛、道仅为创始人不同，性命之道是三家共同的立教之本。"牟尼、孔、老，皆曰道。""一阴一阳之谓道，修道者修此阴阳之道也。一阴一阳，一性一命而已矣。《中庸》云：'修道之谓教。'三教圣人，皆本此道，以立其教。"因此，"三教之同此一道也。儒离此道不成儒，佛离此道不成佛，仙离此道不成仙"②。何道全曾作《三教一源》诗："道冠儒履释袈裟，三教从来总一家。红莲白藕青荷叶，绿竹黄鞭嫩笋芽。虽然形服难相似，其实根源本不差。大道真空无不二，一树岂放两般花。"③ 张宇初主张"贯综三氏，融为一途"④。他在《道门十规》中除规定学习本宗科典经书等外，还提出："若有儒之性理，释之禅宗，更能融通一贯，犹为上士。"伍冲虚也认为儒、佛、道功法合一。

明清之际，由于佛、道二教渐趋衰落，民间宗教开始兴起。这些民间宗教多杂取儒、佛、道学说，是三家学说混合的产物。其中以林兆恩创立的三一教最能反映这一特征。

林兆恩（1517—1598），字懋勋，号龙江，福建莆田人。出身于世代业儒的官宦之家，从小学习儒学。后三次参加科举，均落第，遂放弃举业。他博览儒、佛、道三家经书，并访道四方。在此基础上，以儒学为主，会通佛、道，著书立说，收授弟子，逐渐形成一个学术团体，人们称之为"三教先生"。后来，他将这个提倡"三教一说"的学术团体演变为宗教团体"三一教"，又称"三教"或"夏教"。万历十二年（1584 年），黄芳倡建立三教祠于马峰，祠堂

---

① 永觉元贤：《瘗言》。
② 张三丰：《大道论》，见《张三丰全集》，南京：江苏古籍出版社，1990。
③ 何道全：《随机应仙录》卷上。
④ 佚名：《岘泉集》序。

内供奉孔子，称儒仲尼氏，圣教宗师；供奉老子，称道清尼氏，玄教宗师；供奉如来，称释牟尼氏，禅教宗师；供奉林兆恩，称夏午尼氏，三一教主。林兆恩创立的三一教，是以儒家思想为主体，以佛、道思想为辅助，在"归儒宗孔"的宗旨下，合三为一，建立自己的理论教义。论者以为："龙江之学，以儒为表，以道为里，以释为归，故称三一教也。"[①]

明清儒、佛、道融合的趋向还表现在寺观的供奉对象方面，许多寺观是三家或二家神祇并列。如西安东岳神庙中有一座"三教宫"，宫内供奉老子、孔子、释迦牟尼。沈阳太清宫，原名"三教堂"，其正殿中央供奉太清道德天尊，左右配像则为儒家先圣孔子和佛教祖师释迦牟尼，两旁站像也是道、佛并立，左为道教护法天灵官，右为佛门护法神韦驮。由此可见三教融合程度之深，教理合一之切。

三、佛、道的世俗化

明清统治者对佛、道两教一方面加以利用，一方面加强约束限制，加上其自身僵化的教条，使佛、道两教渐呈颓势。佛、道两教为挽此颓势，遂注重面向广大下层群众。为此，它们将教义通俗化，以有利于传播并渗透到普通民众中去。

明清时期，民间信仰蓬勃兴起，把佛、道诸神祭祀容纳其中的民间祠祀和把儒、佛、道学说融解其中的民间宗教不断涌现。民间祠祀的诸神有一定的地方性和行业性，而且不受宗教派别的影响，因而给立祠带来方便，与人们的社会生活更为贴近。民间宗教多通俗易懂，着眼于满足人们的各种需求，易为民众接受。于是人们的信仰转向民间祠祀和民间宗教。佛、道两教为了自我生存与发展，也渐趋民间化、世俗化。到后来，民间祠祀与道观、佛寺界限趋于模糊，许多民间神祠多由僧道主持。

佛教自传入之日起，就与中国传统文化不断融合。迨至明清，佛教已潜移默化地渗透到中国社会文化的各个方面，特别是在与民间信仰和民间风俗的结

---

① 《顾仲恭文集续刻·易外别传序》。

合、调和中，佛教某些教义更深入人心，具有广泛的群众基础，从而对整个社会心理和民族习俗产生极为深刻的影响。宗教思想与民间信仰相结合，宗教节日与民俗合而为一，佛教的这种世俗化过程成为明清时期佛教发展的重要特色。

佛教传入中国后，对民间的鬼神崇拜和祖先崇拜产生较大影响，许多适合中国情况的鬼神得到广泛信仰和祭祀。例如中国是一个农业国，百姓祈求风调雨顺，佛教中"兴云布雨"的龙王增强了民间信奉的龙的神性，以至于后来广大农村都建立了单独祭祀龙王的龙王庙，广大靠天吃饭的农民通过拜祭龙王祈求风调雨顺。后来，菩萨、罗汉也被作为求雨的对象，可见佛教世俗化与人们生产生活联系的密切。佛教地狱、饿鬼的六道轮回的迷信思想，与中国传统的灵魂不灭、崇拜祖先的观念结合，使丧葬礼仪发生变化，出现了"斋七"和各种追荐亡灵的水陆法会。后来还形成了专门追荐祖先、超度亡灵的"鬼节"，如盂兰盆节，以至许多僧人甚至寺院以替人操办各种水陆法会，作为主要经济来源和谋生之道。

菩萨不像佛那样高高在上，广大民众觉得易于接近，因而对菩萨的崇拜信仰逐渐超过佛。尤其是明清时期，民间的菩萨信仰和烧香拜佛活动广泛兴起。文殊、观音、普贤、地藏四大菩萨逐渐成为善男信女祈祷膜拜的主要对象。每当菩萨诞辰、成道纪念日，广大信徒成群结队地前往寺院烧香礼拜。"朝山进香"和庙会成为民间特有的宗教习俗和文化现象。四大菩萨中的观音菩萨，因其主慈悲，且有求必应，更是深入人心。传说众生若有难，只要口诵观音名号，观音就会前往搭救，这样简单易行的办法自然易为广大普通民众接受。后来，观音又被赋予更多的神通，如求雨、求子等。这些普通民众的要求，在观音菩萨处得到满足与寄托，因而观音在民间受到普遍信仰。许多地方每逢农历二月十九日观音菩萨诞辰都要举行盛大的庙会，成为与民间信仰结合的民俗和宗教节日。在五台、普陀、峨眉、九华四大名山的佛殿中，四大菩萨处于主要位置，虽然佛仍受祭祀，但已被置于主殿以外的殿堂，显示了佛教对民间信仰的妥协和让步，表现了佛教世俗化的一面。

明清时期，随着佛教的世俗化发展，与佛教相关的民间宗教派别大量涌现。例如明正德年间由罗清创立的罗教，就是一个以佛教禅宗教义为思想核心的民间宗教。它在明清时流传于华北和江南地区，影响所及，远至赣、闽和台湾地区。宋元时作为佛教净土宗派别之一的白莲宗，入明后受罗教影响，逐渐演化为民间宗教——白莲教，并形成了红阳教、无为教、黄天教、八卦教等上百种派别，广泛流传，常成为明清时农民起义的组织。这些民间宗教往往吸取佛教中的某些教义，特别是关于惩恶扬善、追求众生平等的思想，来吸引普通民众参加。许多下层群众熟悉佛教教义，反映了佛教世俗化、普及化程度之深。

佛教的许多观念和做法还融入民俗之中，如通过因果报应、轮回转生的教义，使烧香拜佛，许愿还愿，布施斋僧，为死者做法事，请僧人念经超度亡灵，遇事到庙里磕头求签问吉凶，甚至在家拜佛、拜菩萨等做法，在民间广泛流行，成为民俗的重要组成部分。佛教的饮茶、素食、放生、火葬等，同样被广大群众接受。这些都使佛教进一步融入广大民众的日常生活，既成为民众世俗生活的一部分，又使佛教进一步世俗化。

佛教的节日深刻影响了中国的传统民间习俗，同时也受到中国传统民间习俗的影响，逐渐成为中国传统节日的重要组成部分，如佛诞节、盂兰盆节、腊八节、萨格达瓦节、泼水节等。

明清时期，随着佛教的日渐世俗化，其教义与活动日益与民间活动结合起来，无论是民间信仰、民间节日，还是民间秘密宗教，随处可见佛教文化的影子。广大的普通民众对佛教文化的相当部分耳熟能详。佛教的世俗化、民间化已达到相当高的程度，成为中国民间文化不可分割的一部分。

与佛教情形相似，道教也转向民间寻求发展。为了满足广大普通民众的世俗需求，道教从形式到内容都发生了变化，从而使民间对道教的信仰渐趋普及。明清时期，民间道士数目众多，但素质多不高，许多道士并不懂道教教义，对哲理、丹法更是一窍不通，只会操办法事，以满足民众低层次的需要和世俗的要求。道教中斋醮祈禳、烧香祀神、念咒画符、扶乩求签及劝善教化等活动，日益在民间流行。

斋醮是道教特有的一种宗教仪式，即供斋醮神，设坛祭神灵。它是民间最流行的道教活动，俗称"做道场"。道教的斋醮仪式，是从古代祀神、祈福等巫觋仪式的基础上发展而来的。明清时，道士建醮设坛多是为人祈福禳灾，求神者也多满怀世俗的欲求，如忏悔转经、求福嗣子、辟邪治病、消灾除罪、超度死者，以及出殡引丧、操办丧葬法事等。符箓咒术常在斋醮仪式中配合使用，用来役使鬼神，祛除邪妖。在道教迷信中，符与箓均是天神授予的法宝，象征天神的意志，有了符箓，便能遣神役鬼，镇妖压邪。符箓之术在道教历史上影响很大。南北朝以后的龙虎山天师道，茅山的上清派，阁皂山的灵宝派，都重符箓，统称"三山符箓"，称霸天下道教。明以来全真道衰落，正一道仍以符箓之术流行于世。祝咒是道教的重要法术之一，与符箓一样具有驱鬼驱邪、治病却灾的作用。但两者形式不一样，符箓是天神的秘文，祝咒是天神的语言。道教宣称，咒语具有神圣性，直接代表神的意志，法力无边。人们通过念咒便能召神，得神襄助，从而能驱逐鬼魅，避凶却灾。明清时，历代张天师被看作是能降妖捉鬼、祈福免灾的神通广大的道士，其符其像在民间深受崇拜。明清道教还盛行扶乩求签，许多道士以为人卜卦测字、扶乩求签为生。

道教自民间发展，与民间信仰日益融合，许多民间信仰的神灵渗入道教神仙系统，同时道教也为民间神祀提供宗教理论根据。民间信仰的神灵的渗入，使明清道教祭祀的神灵大为增加，并成为被普遍信仰的尊神，如文昌帝君、妈祖、关帝、土地、城隍、灶君等，均被纳入道教神灵之列。妈祖，又称天妃、天后、天母、天上圣母，道教奉为航海保护女神。明清时，在中国沿海和台湾、澎湖等岛，乃至日本及东南亚一些国家，妈祖庙宇随处可见，受到广泛信仰。关羽在明清时不仅是道教重要的神，而且被皇帝晋封为帝。明万历年间，道士张通元奏请晋爵关羽为帝，被敕封为"三界伏魔大帝"、"神威远镇天尊关圣大帝"。清顺治时又加封为"忠义神武关圣大帝"。关羽的地位越来越高，影响也越来越大。在明朝时，已经衍变为无所不在、无处不祭的万能神，具有招财进宝、成全商贾、保护科举、驱邪避祸、惩恶扬善、扶困济贫、除病消灾等法力，成为各行业、各阶层人们顶礼膜拜的救星。道教尊崇的城隍、土地和灶神在民间更为流行，成为民间祭祀的主要对象。这些尊神以及道教其他神灵，如玄武、八仙、吕祖、雷公、门神、财神、药王、瘟神、蚕神等，在民间被广泛奉祀，有的还被作为行业神而加以崇奉。

明清时，为了争取大批文化层次不高的民众，道教还利用善恶报应和人们对苦难的恐惧及对幸福的向往，让教义满足他们的需求，迎合他们的价值取向。道士们在民间广为传播劝人为善、行善积德的"劝善书"，还有具体规定善恶行为报应程度的"功过格"。这就使融合了儒家伦理观和佛教因果报应思想的道教伦理观,在明清社会各阶层中打下深深的烙印,影响着人们的心理观念、思维模式和日常行为规范。

道教理论中的内丹修炼法在明清时逐渐走向民间,走向世俗化。陆西星在论述丹法时就尽力使其通俗化,用浅显易懂的语言论述深奥的丹法,去掉前人论述丹法时晦涩难懂的说法,以及笼罩在丹法秘诀中的神秘色彩。内丹学走向民间及其通俗化,使其在社会上流传较广。同时,民间也出现了内丹学的著述。如丹法西派创始人李西月撰有《三车秘旨》,编辑《三车全书》,浙江居士傅金铨编刊《道书十七种》、《樵阳经》,王士瑞评点养真子所撰《养真集》等。这些著作从一个侧面反映了道教在民间的发展及其影响。道教丹法走向民间成为明清时期道教著述的一种趋势,也是道教民间化、世俗化的表现。

明清以佛教、道教故事为题材的戏曲、小说等文艺作品颇多,在社会上广泛流传。其中包含佛、道两教教理、教义、宗教伦理道德观念,深切地影响着广大普通民众。当时有关道教的传说如太上老君赠金丹、二郎神救母、八仙过海,有关佛教的传说如目连救母、布袋和尚等,在民间广泛流传,几乎家喻户晓,成为戏曲创作的重要题材。在戏曲作品中,有一类被称为"神仙度脱剧",如明朱有燉的《东华仙度脱十长生》、杨讷的《马丹阳度脱刘行首》等,都是受道教的影响。而明人徐渭的《玉禅师》写红莲和柳翠的故事,则含有佛教的轮回思想;汤显祖的《南柯记》,在《禅清》等出中宣扬佛教教义;《邯郸记》写道教吕仙度人成仙的故事。鲁迅先生指出,明代小说中有一类"神魔小说",其中有很多以道教思想作为要旨,如《封神演义》、《聊斋志异》中"崂山道士"、"仙人岛"等故事,多采自道教神话。《西游记》体现了佛教思想的烙印,宣扬了佛的威力。《水浒传》中的一百单八将乃是道教神谱中"天罡地煞"的化身,而且其中多处涉及寺庙及寺庙僧众活动。《红楼梦》也塑造出一僧一道形象来警示世人。

明清时期,随着佛教、道教教义在民间的长期传播,广大普通民众已经普遍接受佛教与道教的宗教观念。为了自身生存与进一步发展,佛、道两教还在相互吸收、相互融合并吸取儒学思想的同时,转向民间,趋于世俗化,获得较大发展。

第九章

地域文化

　　不同的地域因其地理环境、经济环境和人文环境等诸方面的差异，人们的生产生活方式、语言、风俗习惯等方面均有差异，并由此带来思想、学术等方面的差异，这些共同构成地域文化形成的基础。明清时期，地域文化比较有代表性的有江南文化、皖文化、岭南文化、湖湘文化等。

一、地域文化的再度凸显

　　明初，统治者通过多种方式强化专制皇权，在文化领域推崇程朱理学，使其成为统治思想的官方哲学。这与明初的社会经济政治状况是相适应的。

　　经过明初一百多年的休养生息，到 16 世纪初叶，社会经济有了长足发展。嘉靖、隆庆、万历三朝近百年间，是明代经济发展的顶峰，商品经济达到一个新的阶段，在经济较发达的江南地区还出现了各种新的经济因素。随着经济领域的异动，传统农耕文明、自然经济下的社会结构、经济结构乃至思想、文化、政治等诸方面，都受到不同程度的冲击。

当明代中后期商品经济涌动，日益冲击着人们的生活时，人们的生产生活方式、伦理道德观念、价值观念等都发生着不同以往的异动。这种变动必然反映到文化中，并最终影响着文化格局的变动，也会从民间文化层面逐步蔓延、影响乃至发展到思想、学术中去。如在经济较发达的以苏、杭、宁为中心的江南地区，徽商活动较频繁的徽州、扬州地区，广东珠江三角洲地区，华中汉口、江西景德镇等地，都是这样。正是这些经济较发达的地域经济的存在，催生、促成了不同地域文化的发展和繁荣。

如果说明代中期阳明心学崛起并日渐成为社会文化主流是对程朱理学的一种修正或补充的话，这也说明它正是明代中期社会经济、文化等发生一定程度异动的反映，由此而形成程朱理学囿于庙堂之高，阳明心学达于乡村僻野的局面，开启了明代中后期文化格局异动并松解程朱理学一统天下的格局。王守仁去世后，其学分为浙中、江右、南中、泰州诸学派。泰州学派王艮提出了不同于程朱理学的学说，认为"百姓日用"即为圣人之道。泰州后学传人李贽则更是"惑世诬民，敢倡乱言"，成为对程朱理学的最大反叛与挑战。在此种文化思想格局形成的明代中后期的实学思想，讲求经世致用，注重实用，东林学派则继承与发扬了这一优良传统。与此同时，在戏曲、文学、艺术、音乐、美术诸领域，呈现出各具特色、生机勃勃的新局面。

正是在商品经济的带动下，在程朱理学受到冲击的情况下，地域文化带着浓郁的地方特色凸显出来。如在明代中后期较有代表性的泰州学派、江南文化的东林学派、浙东史学、吴门四家，代表岭南文化的陈献章及岭南三家等。可以说，地域经济比较繁荣的地方才能促进地域文化的发展；而地域文化的兴盛，又促进地域经济的成长。如江南文化及皖赣文化中的徽商文化极明显地表明了地域经济与地域文化的互动关系，这也正是地域文化丰富多彩、极具特色的经济基础。

由明代中后期商品经济繁荣所诱发的文化格局变动、地域文化凸显，不仅给官方哲学以猛烈冲击，其文化批判的锋芒还直指官方哲学的提倡者——专制皇权。浙东学派的代表黄宗羲在《原君》、《原臣》等文中猛烈批判专制皇权。从这个意义上讲，黄宗羲的文化倾向所代表的正是商品经济最发达地区的地域文化倾向，是商品经济发展到一定程度后批判专制、要求民主的倾向。唐甄等人的反专制思想则是这种文化思潮的延续。

由明入清，由于清廷高度的专制统治，文化环境显示官民分离、政治学术分离的现象。朝廷官方哲学尊崇程朱理学，民间的学术界则反理学的僵化、心学的空疏而尚汉学的古朴。故有清一代，汉学兴盛，乾隆、嘉庆为最。汉学因地域文化而分野，有吴派汉学、皖派汉学等之分。在其他文化方面，浙东史学、扬州学术派为代表的江南文化，桐城文派、徽商文化所代表的皖赣文化异彩纷呈，河北颜（元）李（塨）学派也颇有影响。

由明清文化格局的变动可以清楚地看到，小农经济是传统专制文化大一统的经济基础，清初的文化格局充分说明了这一点。与小农经济相对应的商品经济的发展，商业兴盛繁荣，则是不同于大一统专制文化产生的土壤和基础，也是地域文化滋长的摇篮和沃土。另一方面，文化的发展不仅要有经济因素为基础，它也有自身的规律，并受到政治因素的深远而持久的影响。清时汉学兴盛，学派分立，一方面是专制统治高压下文化的一种扭曲、无奈与现实选择，另一方面又何尝不是对专制统治、程朱理学的变相嘲讽与反抗。由商品经济较大发展环境下生长出来的地域文化虽有派系之分，但始终没能提出明末清初黄宗羲、唐甄等人的反专制民主思想，正说明清朝专制政治的影响。这种地域文化派系林立却始终不能突破儒学苑囿，更没能突破专制文化而向近代民主思想文化转型，也足以说明专制统治这个政治因素对文化的制约。从一定意义上讲，清代中期的文化，包括地域文化，在思想性上比明末清初落后了，退步了。这正是文化专制的恶果，也是近代中国落后、民智不开的重要原因。

二、学派与地域文化

明清时期，居于官方统治地位的文化是程朱理学。由于程朱理学沉闷僵化，呆滞不前，明中期阳明心学产生，渐成社会文化思潮的主流。其后，反理

戴震画像

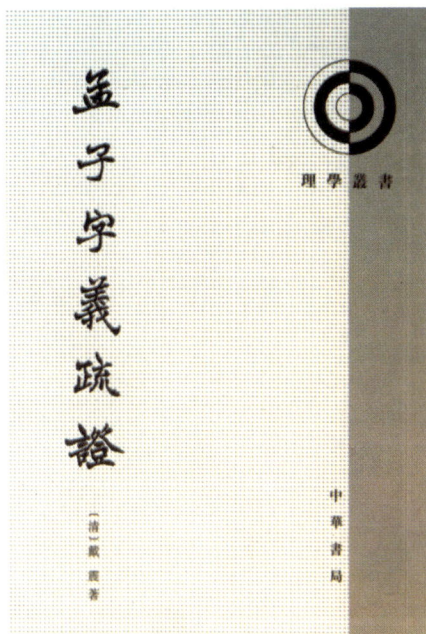

孟子字義疏證

〔清〕戴震 著

中華書局

理學叢書

戴震著《孟子字义疏证》书影

戴名世

方苞

刘大櫆

姚鼐

桐城派早期重要作家

257

方以智手书

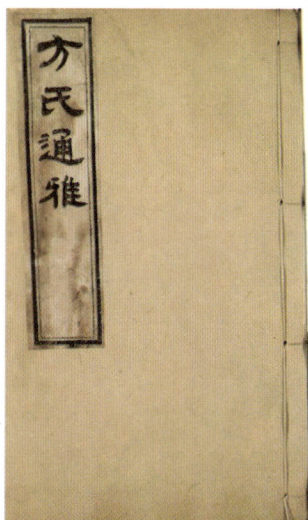

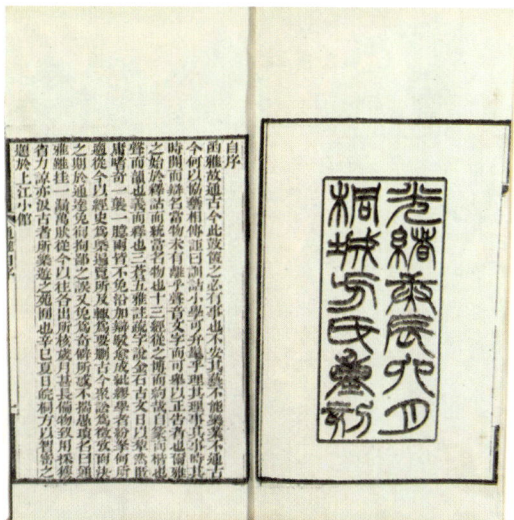

方以智代表作《通雅》书影

258

陈白沙先生祠

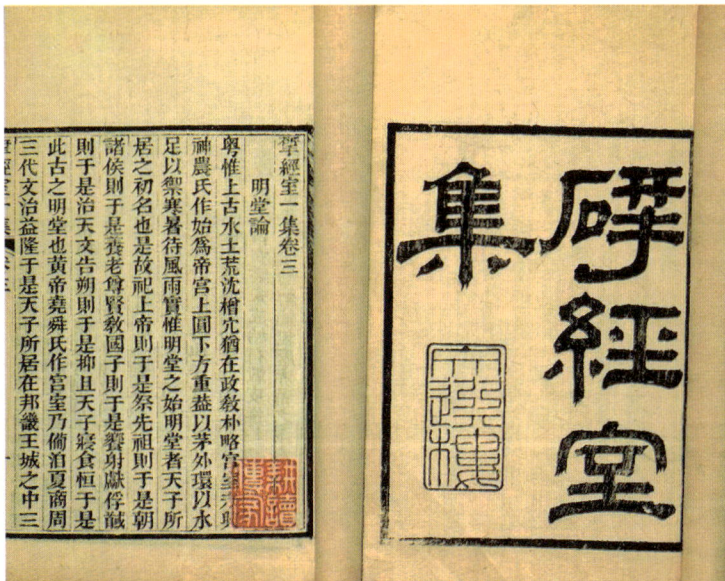

阮元著《揅经室集》书影

章学诚画像

章学诚著《文史通义》书影

学思想涌起，实学思潮兴盛，在社会诸文化层面形成对程朱理学的冲击和批判，如王廷相、何心隐、李贽的反理学思想，汤显祖的"至情说"，徐渭的大写意画法，袁宏道的"独抒性灵"说等均是。在这个文化背景下，基于不同地域经济背景而产生的地域文化及各学派，呈现出各自的地方特色。如深受实学思潮影响产生于江南文化环境的东林学派及浙东学派，受珠江三角洲经济文化环境影响的岭南文化，还有泰州学派等。由明入清的深刻社会变革，深化与拓展了晚明士人对专制皇权及理学、心学的认识。以黄宗羲为宗师的浙东学派使浙江经史之学流布海内。同时期及以后的江南文化，在浙东史学、浙江经学、吴派汉学的导引下发扬光大，扬州学术、常州学派、扬州八怪均是江南文化圈具特色者。在安徽地区，则以皖派汉学及桐城文派、徽商文化共同构成了皖文化。一定程度上讲，明清地域文化中最具特色的恐怕就是江南文化、皖赣文化、岭南文化及湖湘文化了。下面就地域文化与学派的情况做简要叙述。

（一）江南文化及其众多学派

江南文化的地理界定主要指今江苏中南部及浙江地区，其文化涵盖层面主要指史学、经学，也适当包括文学艺术等。明清时期的主要学术流派，有东林学派、浙东史学、浙江经学、吴派汉学等。东林学派，前文已有所叙述。

清代浙江经学的先驱为黄宗羲。他主张经学研究应义理与考据并重，"取近代理明义精之学，用汉儒博物考古之功"[1]。"教学者说经则宗汉儒，立身则宗宋学。""尝谓明人讲学，袭《语录》之糟粕，不以《六经》为根柢，束书不读，但从事于游谈。学者必先穷经，经术所以经世，乃不为迂儒。"[2]

由黄宗羲倡导的这种疑古考辨、注重实证的学风，在康熙年间的万斯大、胡渭、姚际恒、毛奇龄那里弘扬光大。

万斯大（1633—1683），字充宗，浙江鄞县人。与弟万斯同受学于黄宗羲。斯同传史学，斯大传经学。万斯大精研《春秋》、《三礼》，其关于《春秋》的著述毁于火，仅传《读春秋随笔》十卷，于《三礼》著述有《学礼质疑》、《仪礼商榷》、《礼记偶笔》、《周官辨非》等。他指出《周官》、《仪礼》多有疑问，

---

① 黄宗羲：《陆文虎先生墓志铭》，见《南雷文约》卷一。
② 江藩：《国朝汉学师承记》，127、126 页，北京：中华书局，1983。

又订正历来传注中的许多失误。其治学方法对汉学很有影响。

胡渭（1633—1714），字朏明，浙江德清人。"潜心经义，尤精舆地之学"①。他著《易图明辨》，指出宋代"河图"、"洛书"之说为邵雍、陈抟编造，从而否定了程朱理学关于《周易》的理论基础。又作《禹贡锥指》，将古今郡国分合、河道迁徙、山脉走向条分缕析，并对改造黄、淮河道提出诸多建议，实为清代沿革地理学开山之作。

毛奇龄（1623—1716），字大可，以郡望称西河，浙江萧山人。明亡，曾参与抗清活动。康熙十七年（1678年），应博学鸿词科，以二等十九名授翰林院检讨。毛奇龄学识渊博，精于经学，兼长于史，著述宏富，后编为《西河合集》。他治经以经解经，以经证经，多取汉儒之说，于《易》研究尤多，著《推易始末》、《河图洛书·原舛编》等。他撰《四书改错》，批评朱熹的《四书章句集注》为"无一不错"，举出多达四百五十一处错误，"真所谓聚九州四海之铁铸不成此错"。其后，"闻朱子升祀殿上，遂斧其版"。

清初浙江经学研究中最具疑古考辨精神者为姚际恒（1647—约1715）。姚际恒，字立方，安徽休宁人，寄籍浙江仁和（今杭州）。他以考辨群经为务，著《九经通论》、《庸言录》，均已佚，传世者有《古今伪书考》等。《伪书考》"自《易经》的孔子十翼起，下至许多经注，许多子书，他都怀疑，真算一位'疑古的急先锋'"②。姚际恒的疑古考辨，为清代辨伪学开辟了道路，成就甚大。

到清乾隆、嘉庆时期，汉学鼎盛一时，对经籍的整理校释虽有成绩，但思想史的意义不大。在此风气影响下，浙江经学家也投入以名物、训诂、校勘、辑佚为主的经学研究中，其中以卢文弨（1717—1796）和严可均（1762—1843）最为突出。到清晚期，浙江经学以俞樾和孙诒让为终结。

明清史学成绩斐然，浙东史学流派以黄宗羲为代表。他远承宋元以来浙东史学的优良传统，近受王阳明、刘宗周哲学思想的启发，倡经世致用之学，开清代浙东史学流派之先声。

---

① 江藩：《国朝汉学师承记》，13页，北京：中华书局，1983。

② 梁启超：《中国近三百年学术史》，72页，见《饮冰室合集》专集之七十五，北京：中华书局，1989。

黄宗羲批判理学的空谈误国，主张经世致用，把历史研究与当世之务结合起来，即"学必原本于经术，而后不为蹈虚；必证明于史籍，而后足以应务"①。据此，他要求"受业者必先穷经。经术所以经世，方不为迂腐之学，故兼令读史"②。这种经世致用史学的运用，突出表现在他为探求明代灭亡的原因和教训而对明代历史、学术文化等所做的卓有成效的研究。所著《明儒学案》六十二卷和未完稿的《宋元学案》，创立了学案体新的史书体裁，为中国古代学术史上开风气的杰作。黄宗羲学问渊博，史学成就尤著，为清代史学大师。黄宗羲还通过授徒讲学，为浙东地区培养了一批优秀史学人才，形成为浙东史学流派，并开启了其学风特点。如浙东史学流派的主要成员万斯同为其高足，邵廷采尝问学于宗羲，全祖望则私淑黄、万，其后出者邵晋涵、章学诚也承继了宗羲学术之统系，而章学诚实为浙东史学流派之殿军。

万斯同（1638—1702），字季野，浙江鄞县人。他继承黄宗羲"儒者经纬天地"的经世致用思想，认为要将史学作为立国之根本，并尖锐批评只知埋头考据而脱离现实社会的学者。万斯同经世致用史学突出地表现在重视明史和历代典章制度研究，以及表彰宋明忠义之士，尤以撰写明史为己任。他遵黄宗羲"国可灭，史不可灭"之教，应聘入都参修《明史》，"以布衣参史局，不署衔，不受俸"③。历时二十余年，《明史稿》五百卷，由他一手所定，为纂修《明史》做出了很大贡献，以此被誉为"不居纂修之名，隐操总裁之柄"。万斯同不仅精于史，也长于经，著有《读礼通考》。

邵廷采（1648—1711），字念鲁，浙江余姚人。他重视晚明事迹研究，表彰宋、明忠烈之义，将"经世致用"和民族意识结合起来。邵廷采服膺王阳明、刘宗周的学说，既为王学之后劲，又亲承黄宗羲史学的影响，作《王子传》、《王门弟子传》、《刘子传》、《刘门弟子传》等，其对于阳明学派的研究工作，可与《明儒学案》互补。邵廷采的学术对后来浙东史学流派的邵晋涵、章学诚等影响较大。

全祖望（1705—1755），字绍衣，学者称谢山先生，浙江鄞县人。他的史

---

① 全祖望：《甬上证人书院记》，见《鲒埼亭集外编》卷一六。

② 全祖望：《梨洲先生神道碑文》，见《鲒埼亭集》卷一一。

③ 全祖望：《万贞文先生传》，见《鲒埼亭集》卷二八。

学成就主要表现在对晚明清初历史文献的搜集、整理和研究，对学术史的编纂，以及对乡邦文献的重视三个方面。所著《鲒埼亭集》包含大量明清历史人物的传记志铭，不仅可补史传之缺，且对研究明清历史文化极具珍贵价值。全祖望还接续黄宗羲宋元学术史的研究和纂辑，用了十年时间续成黄氏生前未及完成的《宋元学案》，进一步完善了学案体学术史著作新体裁。梁启超以之与《明儒学案》相比较，认为具有"不定一尊"、"不轻下主观的批评"、"注意师友渊源及地方的流别"三个特色，"比《明儒学案》更进化了"。① 他的史学，上继黄宗羲、万斯同，下启邵晋涵、章学诚。

邵晋涵（1743—1796），字与桐、二云，浙江余姚人。邵廷采从孙。他曾为四库馆臣十余年，于明清之际的历史知之尤深，清代"数十年来名卿列传"多出其手。对于人物传记的撰述，他要求"直书无隐"，"不失是非之公"。薛居正《旧五代史》散见于《永乐大典》，湮没不传。邵晋涵据《永乐大典》、《册府元龟》诸书辑佚编次，予以复原，受到乾隆帝称赞，令列为"二十四史"，使其得以重扬于世，贡献甚大。

章学诚（1738—1801），字实斋，浙江会稽（今绍兴）人。他与邵晋涵为挚友，是浙东史学流派的殿军和集大成者。史学名著《文史通义》，是他花费三十年心力研究所得。章学诚的治史和撰《文史通义》，是为了纠当时沉溺于脱离实际的考据风气，强调学术的经世致用。他在去世前一年写成的《浙东学术》一文中指出："史学所以经世，固非空言著述也。"因为主张史学经世，从而既反对"空言"，也反对厚古薄今，批评"后之言著述者，舍今而求古，舍人事而言性天，则吾不得而知之矣。学者不知斯义，不足言史学也"。在这篇文章中，他还阐明了黄宗羲的浙东学派和顾炎武的浙西学派"互相推服而不相非诋"，反对门户之见，提出"学者不可无宗主，而必不可有门户之见"。② 章学诚还提出了"六经皆史"的观点，说："六经皆史也。……六经皆先王之政典也。""君夫六经，皆先王得位行道，经纬世宙之迹，而非托于空言。"③ 对

① 梁启超：《中国近三百年学术史》，93 页，见《饮冰室合集》专集之七五，北京：中华书局，1989。

② 章学诚著、仓修良编：《文史通义新编》，70、69 页，上海古籍出版社，1993。

③ 章学诚著、仓修良编：《文史通义新编》，1、3 页，上海古籍出版社，1993。

历史学家而言，章学诚认为除"才"、"学"、"识"外，还要具备"史德"。

浙东史学流派依靠师友相传，坚守经世致用之学，在中国学术文化史上占有重要的地位。

关于吴派汉学。乾隆时期，经学研究形成以"复汉弃宋"为宗旨的汉学，学者辈出，著述繁富。由于治学方法不同，形成以江苏元和人惠栋为首的吴派汉学和以安徽休宁人戴震为首的皖派汉学两大流派。

惠栋（1697—1758），字定宇，江苏吴县（今苏州）人，后改籍元和。祖父惠周惕，父惠士奇，皆为经学名家，合称"吴门三惠"。惠栋汉学，自治《易》始，著有《易汉学》、《周易述》、《周易本义辩证》、《易例》、《易大义》，其余《诗》、《书》、《春秋》诸经亦遍及，撰《九经古义》、《古文尚书考》等。他认为汉儒对经籍的注释去古未远，接近原义，魏晋以降，诸家皆有所背离，故主张以汉儒说经为依据，唯汉是尊。惠栋治经还强调从古文字入手，明训诂。他指出："五经出于屋壁，多古字古言，非经师不能辨。经之义存乎训诂，识字审音，乃知其意。是故古训不可改也，经师不可废也。"① 惠栋的著作，多经考订以论证其可信，不在哲学义理方面抒发己见，成为开清代汉学的宗师。吴派汉学传人有江声、余萧客及江藩、钱大昕、王鸣盛等人。

江声（1721—1799），字叔澐，号艮庭，江苏吴县人。为《古文尚书》二十九篇作注，受惠栋《古文尚书考》及阎若璩《尚书左文疏证》的影响，研治《尚书》，撰成《尚书集注音疏》，为惠栋之后《尚书》研究的集大成之作。

余萧客（1729—1777），字仲林，别字古农，江苏吴县人。他广泛辑录"汉、晋、唐三代经注之亡者"，成《古经解钩沉》三十卷，发扬了吴派学风。

江藩（1761—1831），字子屏，号郑堂，江苏甘泉（今扬州）人。师从余萧客、江声，为惠栋再传弟子。除《周易述补》、《尔雅小笺》等经学著述外，其名于世者为《国朝汉学师承记》，以及《国朝经师经义目录》、《国朝宋学渊源记》，扬汉抑宋，颇具门户之见。

王鸣盛（1722—1797），字凤喈，号礼堂、西庄，江苏嘉定（今属上海）人。他曾从惠栋习经学，"知诂训必以汉儒为宗"。著有《尚书后案》二十卷，

---

① 惠栋：《九经古义述首》，见《松崖文抄》卷一。

斥伪《古文尚书》，力图发挥汉儒郑玄一家之学。他又以汉学家考经的方法考订史籍，成《十七史商榷》一百卷，为一代史学名著。另有《蛾术编》一百卷，为说经之作。

钱大昕（1728—1804），字晓徵、辛楣，号竹汀，江苏嘉定（今属上海）人。钱氏是乾嘉时期最称博学的名儒，"不专治一经而无经不通，不专攻一艺而无艺不精"[1]，而尤深于经史之学。他将吴派汉学治经的方法援以治史，撰《二十二史考异》一百卷，其史学成就超过经学。吴派汉学由经入史，至钱大昕达到高峰。除经史之学外，钱大昕于天文、历算、音韵、金石等俱有较深造诣。江藩认为他"学究天人，博综群籍，自开国以来，蔚然一代儒宗也"[2]。钱大昕的著述还有《潜研堂文集》、《十驾斋养新录》等。

钱大昕之后，孙星衍、洪亮吉沿吴派汉学学风，均有相当的著述与贡献。

江南学术文化中，与吴派汉学异趣的，则是常州的今文经学派。清代今文经学派创始人为庄存与，传其侄庄述祖、族孙庄有可、孙庄绶甲，而其外甥刘逢禄、宋翔凤光大常州学派。其实常州地区的文化不仅是今文经学有成就，汉学名家如孙星衍、洪亮吉、张惠言均为大家。

明清两代的江南文化除以上学术领域的突出贡献外，在绘画、戏曲、音乐、文学等领域也取得丰硕成果。如明代院体画风的宫廷画家大都是江南人，明代绘画的浙派、吴门画派、徐渭均集于江南，清初六大家、扬州八怪也以江南人居多。明清的文学更是集中于江南，如明冯梦龙、凌濛初、沈璟及唐宋派诗人作家中的大多数，清初顾炎武、钱谦益、吴伟业领导诗坛，朱彝尊和浙西词派主导词界，袁枚、沈德潜则导引清中叶的诗歌革新。恽敬、张惠言创阴湖文派，张惠言、张琦、周济开常州词派，董祐诚、方履篯、李兆洛擅骈体文。戏曲方面，浙江海盐腔、余姚腔、江苏昆山腔影响深远，清代戏曲以李渔、李玉等江南作家为中心。凡此种种，蔚为大观。

（二）皖文化及其流派

明清时期，皖地经济较发达，文脉昌盛，如徽商富甲天下，且"贾而好

---

① 江藩：《国朝汉学师承记》，50 页，北京：中华书局，1983。
② 江藩：《国朝汉学师承记》，51 页，北京：中华书局，1983。

儒"，诗书之声不绝于缕。在这个浓厚的文化氛围中，既形成了以徽商为代表的商业文化，也产生了方以智、宋应星这样的大学问家、大科学家，更产生了清中期以降的皖派汉学和影响文坛二百年的桐城文派。

皖派汉学以戴震为代表。戴震曾与吴派的惠栋、钱大昕、王鸣盛等交游。他的治学方法是汉学传统，主张从文字入手，从音韵训诂以阐明经义，认为"故训明则古经明，古经明则贤人圣人之理义明，而我心之所同然者，乃因之而明"①。在校订经书，考究古代典章制度、地理沿革、天文历法、声韵音律的方法上，戴震与惠栋并无不同，但在学风上却有明显区别，惠栋治经求其古，戴震则求其是。戴震的成就，不局限于经书的考证，还重视阐发经书义理。他的《孟子字义疏证》、《原善》等，就是他阐发经书义理、批评理学家"以理杀人"的重要著作。汉学从惠栋发展到戴震，达到高峰。戴震在天文历算等方面也有成就。

皖派汉学自戴震始自成体系，成为学术界最有影响的学派。戴震的弟子段玉裁、王念孙等人于语言文字学和训诂学卓有成就，为一代名家。皖派经学传人则以任大椿、孔广森、凌廷堪、焦循、阮元等为代表。

段玉裁（1735—1815），字若膺，号茂堂，江苏金坛人。他是戴震的嫡传弟子，深究音韵小学，著《六书音韵表》五卷。古韵自顾炎武析为十部，后江永复析为十三部，段玉裁认为其析分尚未精确，经精心研究，在顾、江两家之说的基础上，"证其违而补其未逮，定古音为十七部"。钱大昕甚为赞誉，称"此书出，将使海内说经之家奉为圭臬"。戴震认为"能发自唐以来讲韵者所未发"②。段玉裁的名著《说文解字注》三十卷（附《六书音韵表》，合三十二卷），是对东汉许慎《说文解字》的详注，并订正其讹误，是一部兼及形、音、义的综合性著作。其好友汉学家卢文弨为之作序，称读书"悉有佐证，不同臆说。详稽博辨……盖自有《说文》以来，未有善于此书者"③。

王念孙（1744—1832），字怀祖，号石臞，江苏高邮人。其子王引之

---

① 戴震：《题惠定宇先生授经图》，见《戴震集》，214 页，上海古籍出版社，1980。

② 钱大昕《六书音韵表》序、《戴东原先生来书》，见《说文解字段注》下册附《六书音韵表》，4 页，成都古籍出版社，1981。

③ 卢文弨：《说文解字读序》，见《说文解字段注》下册，836 页，成都古籍出版社，1981。

（1766—1834），字伯申。王氏父子，于文字音韵最称专精。皮锡瑞在所著《经学历史》中称，"经学训诂，以高邮王氏念孙、引之父子为最精"①。王念孙受学于戴震，习声音文字训诂，专治三国魏人张揖著《广雅》，历十年而成《广雅疏证》十卷。段玉裁序其书："能以三者（按指形、者、义）互求，以六者（按指古形、今形，古音、今音，古义、今义）互求，尤能以古音得经义，盖天下一人而已矣。"② 其后，他又撰《读书杂志》八十二卷。王念孙死后，王引之从他的遗稿里整理出《读书杂志余编》二卷，附于全书之后。这是一部校读古籍的专书，所校读之书涉及史书、子书、文学书等凡十余种，对其中讹误一一校正。王引之承父学，著《经义述闻》三十二卷。所谓"述闻"者，王引之于是书自序中曾说，"述所闻于父也"。可以说这部书是父子二人合作的产物。王引之还著有《经传释词》十卷，专释先秦至两汉经传中语词虚字，多有发明。

任大椿（1738—1789），字幼植，江苏兴化人。曾问学于戴震，究心汉儒之学，专治《礼经》，著有《弁服释例》十卷、《深衣释例》三卷、《释缯》一卷，传皖派名物制度之学。他于小学也有造诣，著《小学钩沉》二十卷等。

孔广森（1752—1786），字众仲，又字㧑约，号㪺轩，山东曲阜人。他是戴震的及门弟子，从之学经，后专力于今文经学的基本经典《春秋公羊传》，著《春秋公羊通义》十一卷。该书补释东汉何休的《春秋公羊解诂》，打破汉学家拘于东汉古文经学的门户，但因以考据方法阐发《公羊》微言大义，难免有失其意绪。

凌廷堪（1757—1809）③，字次仲，安徽歙县人。他推崇戴震的学术，自称"自附于私淑之末"。专研"三礼"，著《礼经释例》十三卷。是书将《仪礼》归纳为八类，即通例、饮食、宾客、射、变、祭、器服、杂例，便于读者阅读。凌廷堪发扬戴震批评程朱理学的思想，提出"以礼代理"。他认为："圣人之道，至平且易也。《论语》记孔子之言备矣，但恒言礼，未尝一言及理

---

① 皮锡瑞：《经学历史》，331 页，北京：中华书局，1959。
② 见《广雅疏证》，2 页，南京：江苏古籍出版社，2000。
③ 凌廷堪的生年记载不详，推算有歧异，一作 1755 年。

也。"① 又说："圣人之道，一礼而已矣……礼之外，别无所谓学也。"② 凌廷堪所言虽嫌绝对化，但其"以礼代理"思想颇有影响。凌廷堪于乐律也甚精研，著《燕乐考原》六卷。

焦循（1763—1820），字理堂，一字里堂，江苏甘泉（今扬州）人。他学识渊博，于天文历算、经史文艺、音韵训诂、地理沿革等无不涉足，称为"通儒"。所著宏富，尤以《里堂算学记》、《雕菰楼易学三书》、《孟子正义》为人称道。焦循治学重求是，批评当时流行的"唯汉是求而不求其是"的风尚，主张学经之道"证之以实而运之于虚"。他反对学术界的门户相争，提倡融会众说。其《易》学、《孟子》研究，即博采众长，不分汉、宋。焦循的《易》学研究，梁启超认为"可以代表清儒《易》学者不过三家，曰惠定宇，曰张皋文，曰焦里堂"③。焦循私淑戴震，称"循读东原戴氏之书，最心服其《孟子字义疏证》"④。其《孟子正义》三十卷，深受戴震的影响又有创获，清人治《孟子》无超出其成就者。

阮元（1764—1849），字伯元，号芸台，江苏仪征人。他在学术上与焦循、凌廷堪等人相切磋，称赞凌廷堪的《复礼》三篇，认同其"以礼代理"，认为"古今所以治天下者，礼也"，"理必附乎礼以行，空言理，则可彼可此之邪说起矣"⑤。自称治经"推明古训，实事求是而已，非敢立异也"⑥。又说："圣人之道，譬若宫墙，文字训诂，其门径也。门径苟误，跬步皆歧，安能升堂入室乎。"⑦ 这说明他遵守汉学正统，以明训诂为明经义的门径。阮元治学，崇尚实事求是，不拘泥于经师的传注。他说："儒者之于经，但求其是而已矣，是之所在，从注可，违注亦可，不必定如孔、贾义疏之例也。……盖株守传注，

① 凌廷堪：《复礼下》，见《校礼堂文集》，31页，北京：中华书局，1998。
② 凌廷堪：《复礼上》，见《校礼堂文集》，27页，北京：中华书局，1998。
③ 梁启超：《中国近三百年学术史》，178页，见《饮冰室合集》专集之七五，北京：中华书局，1989。
④ 焦循：《寄朱休承学士书》，见《雕菰楼集》，203页，上海：商务印书馆，1936。
⑤ 阮元：《书东莞陈氏〈学蔀通辨〉后》，见《揅经室续三集》卷三，《揅经室集》下册，1062页，北京：中华书局，1993。
⑥ 阮元：《揅经室集·自序》北京：中华书局，1993。
⑦ 阮元：《拟国史儒林传序》，见《揅经室一集》卷二，《揅经室集》上册，37页，北京：中华书局，1993。

曲为附会，其弊与不从传注凭臆空谈者等。"① 阮元重刻宋本《十三经注疏》，并为诸经分撰校勘记；主持编纂《经籍纂诂》一书，广泛收集汉代以来解释经文的古训，编成详备的经籍字典；又汇刊清前期的主要经学著述，成《皇清经解》一书，所录凡七十三家，著述一百八十余种，一千四百卷。这三部综合性经学巨著，可以说为清代汉学做了总结。

清代皖文化的辉煌之处还在于形成了影响文坛二百年的文学流派——桐城文派。

宋以后，古文创作景象萧条。明中后期崇尚古文之风渐起，明末清初方以智、钱澄之、戴名世等人开桐城派之先河。如方以智（1611—1671），为桐城望族，其论文推崇《左传》、《国语》、《庄子》等，树立了桐城文风。正是在前人基础上，方苞提出了"义法"之说，以桐城古文扫除"明末七子之伪体"，继承秦汉和唐宋八大家文统，奠定了其桐城派创始人的历史地位。其后，桐城文派发展于刘大櫆、完善于姚鼐，以"学行继程朱之后，文章在韩欧之间"相标榜，别立门户号"桐城派"。姚鼐之后，其弟子管同、梅曾亮、方东树、刘开、姚莹等皆为一时名家。清晚期曾国藩及"曾门四弟子"张裕钊、吴汝纶、黎庶昌、薛福成名重一时，马其昶则为清末桐城派之"殿军"。桐城文派绵延相传二百余年，先后有作家六百余人，对中国文学史乃至文化史做出了贡献。

（三）岭南文化

岭南指南岭山系以南地区，主要包括今广东、海南及广西大部。岭南人则大致由三系构成，即珠江系、海南系和桂系。岭南文化作为地域文化在明代以前基本没有形成，虽然岭南出现了张九龄，但他不是作为岭南文化的代表而出现的。岭南文化具独立精神风貌当从明初中期陈献章、湛若水开始，真正形成于明清之际，以岭南三家为代表，而后逐渐发扬光大。

陈献章创"江门学派"。他在宋元以来程朱理学独尊的情况下，与其异趣，倾向于陆九渊的心学。《明史》卷二百八十二《儒林传序》说："原夫明初诸儒，皆朱子门人之支流余裔，师承有自，矩矱秩然……学术之分，则自陈献

---

① 阮元：《焦里堂循群经宫室图序》，见《揅经室一集》卷一一，《揅经室集》，250 页，北京：中华书局，1993。

章、王守仁始。"这就是说，陈献章实开明代心学之端，打破了程朱理学的一统局面。其著作有《白沙子》。

湛若水是陈献章的弟子，继承并发扬了其师的心学思想，建构"万事万物莫非心"的心学体系。著有《甘泉先生文集》。

陈、湛之后，岭南文化潜滋暗长。至明清社会政治剧烈动荡之际，而有屈大均、陈恭尹、梁佩兰岭南三家。岭南三家长于诗，以屈大均尤负盛名。屈大均（1630—1696），字翁山，广东番禺人。他有强烈的反清思想，其诗作多歌颂历史上有节操的人物，以寄托故国情思，寓意复明。一些诗作则反映了现实内容，如揭露清军暴虐的《大同感叹》等。

陈献章、湛若水的学说在广东一带颇有影响。嘉庆、道光年间，阮元任两广总督时认为，"粤东自前明以来，多传白沙、甘泉之学，固甚高妙，但有束书石睹，不立文字之流弊"①。于是阮元于嘉庆二十五年（1820 年）在广州创办学海堂，"以经古之学课士子"。阮元及其创办的学海堂影响了广东学风，"自阮文达公督粤开学海堂，以古学训士，经史词章分门课习，然后人知向风，一时经师词宗，联翩蔚起，风气始丕变焉"②。其突出者如学海堂首任学长林伯桐，及吴兰修、曾钊等，或受阮元影响，或从其授业。林伯桐研经宗汉儒，尤精于《毛诗》，著《毛诗通考》三十卷、《毛诗识小》三十卷。吴兰修精于治史，撰《南汉纪》五卷，考核精详。曾钊研文字音韵，著《二十一部古韵》二卷等。

（四）湖湘文化

明代，官方哲学为程朱理学一统，但湖湘学术界并不以朱学为独尊，而是在崇信朱学的同时，推崇南宋时期产生于湖南土地上以张栻等代表的湖湘学派的学术思想，从而形成朱、张并重的湖湘理学学术传统。

湖湘学派的学术传统是通过湖南书院的延续办学而得以深深扎根于湖湘文化的土壤之中。如明代岳麓书院的山长叶性、陈论、熊宇、张凤山、吴道行、郭金台等人物推崇朱、张理学。明嘉靖、万历年间，王阳明的弟子们相继讲学

---

① 张鉴等撰：《阮元年谱》，147 页，北京：中华书局，1995。
② 同治《南海县志》卷一九，同治刻本。

湖南，一时良知之学风行。然而讲学湖南的王门学者皆能束身礼法，躬行务实，崇尚致用，对空谈本体、不事修持、猖狂自恣的治学态度提出了严厉批评，故明末湖湘士大夫阶层较少王学末流的学术空疏。而不务空谈、重经世致用的思想，正是湖湘学派的传统。

明末清初的王夫之是杰出的唯物主义思想家和学术大师。他生长于湖南，肄业于岳麓书院，受教于山长吴道行，受到湖湘学派学术传统的影响，十分推崇宋代湖湘学派大师胡安国、张栻等，并在人性论、知行观和治学思想上直接继承和发扬了湖湘学派的学术宗旨，可谓湖湘文化集大成者。

进入清代，宋明理学衰落，考据之学即"汉学"渐盛。由于经世致用之学的传统，致使汉学没能风靡湖南，而是汉学、宋学同领风骚。更重要的是，两者都继承了湖湘学派经世致用的学术传统。

康熙中叶，湖南的理学家有李文照。李文照（1672—1735），长沙人。他对《四书》、《五经》以及程朱理学的经典著述所做的注释、疏笺工作，有较高学术价值。其《近思录集解序》把宋代理学的兴起看成以孔孟为代表的儒学传统的继承和再造；《语录约编序》对理学做了全面的评述，可说是一部理学史。

李文照之后，王文清为湖湘学派的代表。王文清（1688—1779），字延鉴，号九溪，湖南宁乡人。他的治学由宋学转向汉学，开湖南治汉学之先声。他一生以诂经考史为务，其《读经六法》提出治经不能只限于名物训诂，寻章摘句，而应重在经书的"义"说。他还在《读史六法》中提出读史的六点主张，即"记实事"、"玩书法"、"原治乱"、"考时势"、"论心述"、"取议论"。此外，在治学和教学过程中，他注意将研习经史和通晓时务相结合，勉励学生通晓礼、乐、兵、农等各方面学问，通晓时务物理，以求经世致用。

罗典和欧阳厚均是继王文清之后出现的湖南著名学者。罗典（1719—1808），湖南湘潭人，汉学家，教育家，一生以"造士育才"为本，将德行教育和经世致用结合起来。欧阳厚均（1766—1846），湖南安仁人，其成就在教育方面，"弟子著录三千人，多以节义功名显"。他教学"以蕲培植人才为有体有用之学"，"不徒区区文艺之末也"。

在湖湘文化这种经世致用、注重时务的传统学风中，大批人才成长起来，对近代中国影响深远。

明清两代的地域文化和学派，除江南文化、皖文化、岭南文化及湖湘文化外，还有其他的地域文化和学派，如苏北的杰出学者，山西的晋商文化，河北的颜李学派等。它们都为明清文化的发展、繁荣做出了应有的贡献，其所各自体现的非全国性或非官方性的思想、文化、艺术等，给中国文明宝库增添了光采。

第十章

少数民族文化与多元一体中华文化的新阶段

明清两代是我国少数民族发展的重要时期。经过以汉族为主体的各民族的共同努力，到清代基本奠定我国各民族分布、发展的格局，逐渐形成多元一体的中华文明的坚实基础，近代意义上的中华民族呼之欲出，各民族的经济、文化等联系日渐紧密，已经形成同呼吸、共患难、不可分割的民族共同体。

一、少数民族文化

明清时期，少数民族的文化有明显的成就，为中华民族文化的发展做出了重要贡献。下面着重介绍蒙古、藏、回及新疆、东北、南方等地少数民族文化。满族文化为清代主流文化之一，此不赘述。

（一）蒙古族的文化

蒙古在明时为北元及其后的鞑靼、瓦剌部地方政权，入清后经百余年艰苦努力，至乾隆三十六年（1771年）土尔扈特部渥巴锡汗回归祖国，漠南、漠北、漠西蒙古地区尽归属清朝。在统一的多民族国家中，蒙古族人民加强了与各族人民的文化交流，使蒙古族文化获得新的发展。

蒙古族的语言和文字进一步规范化，成为各地蒙古族通用的统一书面语言。在语法方面，有18世纪丹达尔拉哈然巴的语法著作；在辞典方面，有集体编纂的大型《蒙文注释辞典》等；清政府纂修了几种蒙文和其他各族文字对照的大型辞典，如《五体清文鉴》（满、蒙、汉、藏、维）、《四体合璧文鉴》（满、蒙、汉、藏）等。

蒙古族学者在历史尤其是蒙古史著述上做出了重要贡献。其中著名的有明万历、天启年间（约1604—1627）成书的《蒙古黄金史纲》，是关于15、16世纪蒙古族历史的重要著作。清康熙元年（1662年），蒙古族人萨冈彻辰撰成《蒙古源流》一书，主要记述蒙古兴起至清初的蒙古历史，是一部有广泛影响的重要著作。该书原名《哈敦·温都苏努·额尔德尼·托卜赤》，用蒙文撰写。乾隆四十一年（1776年），喀尔喀亲王成衮扎布将家藏抄本献给清廷，次年奉诏译为满文，并由满文译为汉文，定名《钦定蒙古源流》。有关蒙古史的著作，还有拉西彭楚克的《大元朝盛史》、噶尔丹的《宝贝念珠》等。著名蒙古族学者法式善于乾隆、嘉庆年间撰有《清秘述闻》、《槐厅载笔》和《陶庐杂录》三部笔记，前二书系记述清代科举考试，被称为"科名故实二书"，后者所记内容广泛，于图书目录及清代经济、财政情况尤为突出。博尔济吉特氏希哲的笔记《西斋偶得》和《凤城琐录》，则对蒙古史及辽、金、元史多作考证。松筠的《西陲总统事略》、《绥服纪略》等，是记载边疆史地的。

蒙古族医学，经过与藏医、汉医的交流，有了很大的发展，形成了一整套治疗方法，尤擅长治疗创伤和接骨。随着蒙医的发展，总结其经验的医书多有传播。如衮布扎布的《药方》汇集许多蒙医验方；益希班觉的《甘露之泉》阐发了蒙医的基础理论；《认药白晶鉴》则是一部药物学著作；高世格亲的《普济杂方》辑录了各科疾病常用的方剂等。

在数学、历法方面，蒙古正白旗人明安图（1692—1765）成就卓著。他历经康乾盛世，曾任钦天监监正，参加了《历象考成》、《数理精蕴》的编纂工作。明安图不仅对天文历法有研究，于数学造诣尤深。他用几何连比例的归纳法，创"割圆九术"，撰为《割圆密率捷法》，把三角函数和圆周率的研究提高到新的水平。

蒙古族长期以来有许多口头文学作品在民间广泛流传，如《江格尔》是中国三大长篇史诗之一。影响很大的长篇叙事诗还有《格斯尔》（一译《格萨尔》）。《格斯尔》原是藏族史诗，明中叶开始传入蒙古，并与蒙古史诗融合，产生蒙文的《格斯尔》。这部长篇史诗塑造了格斯尔这样一个除暴安良的英雄形象，为民间说唱艺人的诵唱节目。此外，如《巴达尔沁努乌勒格尔》和《巴拉根仓》嘲笑了僧俗领主和不法商人。蒙古族诗人古拉兰萨（1820？—1851）创作了许多诗篇，如《望肃清英吉利匪盗胜利归来》、《太平了》等，表达了蒙古族人民期望歼敌保国的心情。尹湛纳希则以创作长篇历史小说著名，主要有《泣红亭》、《一层楼》、《大元盛世青史演义》等，揭露蒙古贵族和官吏的奢靡生活，反映农牧民的苦难。

蒙古人原信仰萨满教，自俺答汗时喇嘛教方为蒙古族广泛信仰，但萨满教仍在民间流行。蒙古人唯喇嘛之言是尊，"遥望见之，辄免冠叩首，喇嘛手摩其顶，即喜悦欢舞"[①]。去寺庙朝佛成为蒙古人生活中的重要事情。喇嘛教对蒙古族的旗制、衣食住行、婚丧风俗、娱乐形式等产生重大影响，形成独特的喇嘛教文化。

（二）藏族的文化

藏族历史悠久，明、清时藏传佛教（喇嘛教）在藏区极为兴盛。藏传佛教派系众多，有萨迦派、噶举派、宁玛派、噶当派等。15世纪初，藏传佛教格鲁派兴起。因其僧人戴黄帽，又称黄教。创始人宗喀巴（1357—1419），原名

[①]《西域总志》卷二，《西陲军事》。

罗桑扎巴，于明洪武五年（1372年）到西藏（明称为乌斯藏）学经，并针对藏传佛教戒律废弛、颓废萎靡，积极推行改革。永乐七年（1409年），宗喀巴得到帕木竹巴地方政权阐化王扎巴坚赞的帮助，在拉萨大昭寺主持大祈愿法会，随后又在拉萨附近建立黄教第一座寺院甘丹寺，黄教正式创立。明廷对西藏实行"多封众建"政策，对藏传佛教各教派的领袖人物分别给予封号，最高的为大宝法王、大乘法王和大慈法王，还有低于三大法王的五个地区的王。黄教领袖人物被封为大慈法王。万历六年（1578年），黄教最大寺院哲蚌寺主持索南嘉错受蒙古土默特部领袖俺答汗赠"圣识一切瓦齐尔达喇达赖喇嘛"尊号，"达赖喇嘛"名号自此始，而活佛转世制度也是从他开始的。在明政府的支持下，黄教势力日益扩大。清初，顺治帝正式册封达赖喇嘛五世，其后康熙帝又正式册封班禅五世为"班禅额尔德尼"。乾隆十六年（1751年），清廷废除由郡王总管西藏地方政务的制度，授权达赖七世掌政。于是黄教建立了"政教合一"的地方政权。藏传佛教对西藏的社会经济文化产生了极为深远的影响，藏族文化大都带有浓郁的宗教色彩。

建筑方面，达赖五世时开始大规模营建的布达拉宫，集中反映了藏族人民的建筑艺术水平。布达拉宫依山而建，高十三层，东西长四百余米。远望群楼高耸，崇阁矗立，雄伟壮观。宫内藏有大量佛像、壁画、雕塑等。黄教兴起之初就于15世纪先后建成五大寺，即甘丹寺、白居寺、哲蚌寺、色拉寺和扎什伦布寺。白居寺位于江孜，建于明永乐十二年（1414年），是一个喇嘛教各教派共存的寺院，其间号称有佛教世界所有的佛和菩萨，惯称"十万佛塔"。白居寺的建筑艺术和雕刻、绘画，融合了内地及印度、尼泊尔、克什米尔等外来佛教艺术的特点，为江孜特有的艺术风格。甘丹寺、哲蚌寺、色拉寺均建在拉萨附近，俗称"拉萨三大寺"。甘丹寺设有宗喀巴肉身灵塔和盔甲法衣。哲蚌寺建于明成祖永乐十四年（1416年），藏有洁白如玉的法螺。色拉寺建于永乐十六年（1418年），内藏弥勒佛和菩萨像精细古朴，有用白檀香雕刻的十六尊者像。日喀则扎什伦布寺，建于明英宗正统十二年（1447），成为历世班禅驻锡之地，殿内大铜佛仅次于四川乐山大佛。扎什伦布寺和拉萨三大寺合称黄教四大寺。此外，宗喀巴诞生地青海湟中县，三世达赖索南嘉措建了塔尔寺，寺内有大量文物和精美工艺品。该寺有艺术三绝，即酥油灯、壁画和堆绣艺术。每年正月十五展出的酥油灯花会，观者云集。五大寺及塔尔寺从各方面展示了藏族文化的辉煌。

文学方面，有不少传记性作品，著名的有《格萨尔王传》、《米拉日巴传》、《布敦大师传》、《萨迦班智达传》、《玛尔巴传》、《日琼巴传》等。《格萨尔王传》是自 11 世纪以来世代口头流传的史诗，在世界文学史上享有盛誉。反映噶举派喇嘛米拉日巴的《米拉日巴传》，刻画生动，情节曲折，形象逼真。六世达赖仓央嘉措的情歌，语言优美，想象力丰富，反映了他对那些禁锢人们思想的宗教说教的叛逆精神，在藏区广为流传，深受广大藏族人民喜爱。例如：

> 从那东方的山顶，出来白白的月亮。
>
> 未嫁少女的面容，显现在我的心上。
>
> 黑字写就的盟誓，雨水一浸就噬；
>
> 没有写出的心迹，谁也不能擦去。
>
> 若顺姑娘的心愿，今生就和佛法无缘。
>
> 若到深山去修行，又负姑娘一片情。

西藏诗歌的一个特点，是民歌繁荣。藏人大都会用歌舞表达他们的感受，所抒发的不局限于爱情，一切社会问题都是题材，吐露出百姓的悲欢与爱憎。

（三）回族的文化

回族形成于元代（也有人认为明代才真正形成），分布于全国各地，即"大分散，小集中"格局。回族历史上有重商的传统，有"买卖回回"、"识宝回回"之说。回族全民信仰伊斯兰教，其思想文化、心理素质、生活习俗等无不受其影响。但回族伊斯兰教由于历史和地域的因素，也有鲜明的中国特色，即伊斯兰文化与汉族儒、释、道等文化相结合。

明代是伊斯兰教在中国发展的鼎盛时期。开国功臣中有一些是伊斯兰教徒。明代历朝统治者，对伊斯兰教徒采取怀柔政策。明太祖定鼎后，敕修礼拜寺于金陵（南京）。成祖时，颁布了保护伊斯兰教的敕谕。清时对伊斯兰教允许存在并适当利用，对回民则严加防范和约束。

明清时期回族的伊斯兰经堂教育有较大发展，建立其基础的是明嘉靖至万历年间陕西人胡登洲（1522—1597）。胡登洲曾到麦加朝觐，回国后，立志兴学。他招收了一些学员，半工半读。他的门生成为传播伊斯兰教的力量，并使经堂教育逐渐推广到全国。他被尊称为胡太师。经堂教育（或称寺院教育）是一种私塾式宗教教育。学校办在清真寺内，传授伊斯兰教功课和经典，培养穆斯林宗教生活所需人才。

在回民散居的内地，特别是东南沿海地区，回民接受儒学教育，求科举功名的现象较为普遍。清嘉庆十三年（1808年）续修的泉州回族《郭氏族谱》，将此现象称为"回而兼儒"。明清以来，这些地区出现了不少回族科举世家，如福州萨氏，泉州郭氏、丁氏，云南保山闪氏等。

随着经堂教育的发展，以及汉语在回民中的普遍使用，明后期起在南京、上海、广州等地穆斯林学者开展了伊斯兰教经典的译作和汉文著作活动。影响较大的有：王岱舆的《正教真诠》、《清真大学》，张中的《归真总义》，刘智的《天方性理》、《天方典礼》等。这些著述阐释伊斯兰教经典，以扩大其影响。

医药方面，北京的王回回膏药和马思远药锭均始于明代。回族人介绍药物、方剂及性能的医书，值得一提的是明代刊刻流传的《回回药方》三十卷（仅存四卷），此书用波斯文、阿拉伯文和汉文对照编成。另与医药有关的香料业也是回族人所独有，明朝时的香药业如北京"香儿李"一直经营到民国初年。

明代回族史学家当推李贽。李贽是明代后期的思想家、史学家和文学评论家，史学著作有《藏书》六十八卷、《续藏书》二十七卷。《藏书》和《续藏书》都是历史人物传记，前者是战国至元末的传记，后者是明代传记，反映了他不以孔子之是非为是非，按照自己的是非标准评说古人，对男女平等方面都有独到的见解。李贽还著有《焚书》和《续焚书》，多阐发其思想。清代蒋湘南则于方志学多有贡献。蒋湘南（1795—1854），字子潇，河南固始人，是嘉庆、道光年间的回族学者。他著述宏富，曾纂修《陕西通志》、《蓝田县志》、

《留坝厅志》等七部志书。所著有《七经楼文钞》，凡六卷，数十万言，于史学、经学、医学、音乐、戏剧及宗教均有独到论述，如他不赞成当时儒者分汉学、宋学为两途，互为门户，认为"汉学、宋学之争，皆无与周学者也。吾为周学而已"。另成书于康熙、雍正年间的《冈志》，专写牛街明清两代回回之历史，是有关北京地方史的珍贵史料。

明代涌现了一批回回诗人，如丁鹤年、孙继鲁、金大车、金大舆、马继龙等，以丁鹤年最有影响。丁鹤年（1335—1424），号友鹤山人，湖北武昌人，有《丁孝子诗集》。他忠于元朝，入明后以"草泽遗民"自命，又是有名的孝子，所以他的诗多思乡、忧国、怀亲之作，悲苍沉郁。史学家陈垣称"萨都剌之后，回回诗人首推丁鹤年"①。金大车、金大舆兄弟以才华蜚声江南诗坛，被时人称为"金陵二金"，分别著有《子有集》和《子坤集》。金大车（1491—1536），字子有，号方山，江宁（今南京）人。仕途未售，家境贫困，生活清苦，其诗多忧愁悲苦之作。金大舆（？—1559），字子坤，号平湖。他诗作的基调不同于其兄，多揭露、抨击社会的不公平，愤世嫉俗。云南诗人中，孙继鲁著有诗集《破碗集》和《松山集》，均已散佚；马继龙有《梅樵集》，诗多抒发胸怀，深沉雄健。

清代回族在文学艺术上多有成就。清初有著名诗人丁澎，字飞涛，号药园，浙江仁和（今杭州市）人，著有《扶荔堂集》、《药园集》等。其弟景鸿、潆皆有诗名，时人称为"三丁"。江苏溧阳马世俊，字章民，又字甸臣，能诗，书画也有名，著有《匡庵集》，其诗歌不乏反映民众疾苦和揭露官场腐败的作品。福建晋江丁炜也是清初有名的诗人。丁炜（约1631—1701），字瞻汝，号雁水，著有《问山诗集》。著名文学家王士禛评论说："闽诗派，自林子羽、高适礼后……丁雁水炜亦林派之铮铮者。其五言佳句颇多。"② 江苏华亭（今上海市松江）人改琦（1774—1829），字伯蕴，号香白，嘉庆、道光年间的画家，以工于人物著名，形象生动逼真，色彩鲜艳雅致，词也有成就，著有《玉壶山人集》。云南诗人有孙鹏，著《南村诗集》；沙琛，著《点苍山人诗钞》等。

---

① 陈垣：《元西域人华化考》，上海古籍出版社，2000。
②《清诗话·渔洋诗话》，上海古籍出版社，1978。

（四）新疆各族的文化

处于中亚地区的新疆，自古以来就是中西文化的交会点，也是中国文化、印度文化和伊朗文化交会之处。明清时期，这里居住着维吾尔（畏兀儿）、哈萨克、柯尔克孜、乌孜别克、塔吉克、蒙古、回、锡伯和汉等民族。特别是汉族迁入较多，形成了明清的民族发展格局。

新疆各族人民在长期的生产生活中形成各自独特的文化，由于信奉伊斯兰教，众多民族的文化深深打上了伊斯兰教的烙印。新疆各族文化在文学艺术等方面有独到之处。

明清时期，维吾尔族出现了许多著名的文学家和诗人。赛卡克是 14 世纪末至 15 世纪初的著名诗人，他的"格则勒"（抒情诗）多以描写爱情、侠义为题材，艺术性颇高。鲁提菲是 15 世纪著名维族诗人，长篇抒情诗《古丽和诺鲁孜》描述了诺鲁孜王子和古丽公主之间的纯真爱情。克德尔汗叶尔钦地是叶尔羌汗国时期最有成就的诗人，被称为维吾尔族音乐艺术宝库的"十二木卡姆"，就是他和阿曼尼莎、阿不都热西提夫妇共同搜集、整理，使之系统化的。[1] 海尔克特的名著《爱情与苦恼》（又译作《爱苦相依》）是一部抒情叙事诗，叙述了玫瑰与夜莺的纯贞爱情。翟梨黑是 18 世纪维族抒情诗人，有《胜利篇》和《穆罕麦德圣行录》传世。阿不都热依木·那扎尔的作品为《爱情长诗集》，包含十八部长诗。生于伊宁的毛拉·比拉利的诗作《中国记略》，客观论述了维族文学发展史和农民起义，是一部具有历史和社会意义的诗作。

哈萨克族的文学以民间文学为主，有许多古老的诗歌、故事、格言、谚语等。叙事诗和故事为主要部分。著名叙事诗有《英雄塔尔根》、《阿卡勒克英雄》、《萨里海与萨曼》、《吉别克姑娘》、《叶尔吐斯特克》等，其中如《克里木的四十位英雄》反映了自 13 世纪钦察汗国建立前后直到 19 世纪哈萨克的历史和社会，反映了分散的哈萨克为争取民族生存和发展而英勇反抗外部扩张势力的斗争。哈萨克的民间故事有动物故事、幻想故事、世俗故事、人物故事和

---

[1] 买买提明·玉素甫：《维吾尔族古典文学简述》，载《新疆社会科学》，1986 年第 5 期。

笑话。

柯尔克孜、锡伯等族的文学主要也是民间文学，包括神话、传说、故事、史诗、寓言、童话、民歌、谚语等，内容丰富，题材多样，流传甚广。柯尔克孜族有长期流传的著名的英雄史诗《玛纳斯》，主要反映古代柯尔克孜人抗击异族劫掠和争取自由的斗争，与《江格尔》、《格斯尔》并称为我国游牧民族三大史诗。《玛玛克—绍波克》也是有名的史诗，反映了道光年间柯尔克孜人民反抗英国殖民主义者及张格尔对新疆的武装侵犯，歌颂了爱国英雄人物。锡伯族叙事诗有《故乡之歌》、《离乡曲》、《三国之歌》、《喀什噶尔之歌》等。[①]

新疆被誉为歌舞之乡，每一个民族都能歌善舞，热情豪放。如维吾尔族的《阿依木罕之歌》歌颂阿依木罕反抗王爷强迫婚姻和残暴统治的故事；哈萨克族民歌《我的民族》反映了18世纪准噶尔对哈萨克的侵犯和骚扰；锡伯族民歌《西迁歌》、《祝酒歌》等流传很广，代代相传。叶尔羌汗国（16～17世纪）时，维吾尔族的音乐舞蹈得到空前发展。赛依地汗、克德尔汗叶尔钦地、阿不都热西提汗和王妃阿曼尼莎，都深谙音律，精于乐器。阿曼尼莎是音乐大师，会"十二木卡姆"，著有一部关于诗歌、音乐和书法理论的书《心灵的协商》。维吾尔族古典音乐舞蹈大型套曲"十二木卡姆"在叶尔羌汗国时期经加工整理而定型。"木卡姆"意为大曲，"十二木卡姆"即为十二支大曲，每支大曲由许多小曲组成，共有曲调三百六十个，歌词四千多行，连续二十四小时才能演完。"木卡姆"后来广泛流传于新疆，分南疆、哈密、吐鲁番、伊犁、多朗和乌孜别克等多种木卡姆。

维吾尔族的乐器种类众多，卡龙为弦鸣乐器，又名"七十二弦琵琶"、"喀尔奈"，清代被列为宫廷回部乐。哈萨克族的民间乐器有冬不拉、库布孜、色不孜克、达布勒等。柯尔克孜族的民间乐器也很丰富，如考姆兹、克雅可、却奥尔等。

（五）东北鄂温克、达斡尔、鄂伦春等族文化

明清时期，东北地区居住着女真（后称满族）、鄂温克、达斡尔、鄂伦春

---

① 《察布查尔锡伯族自治县概况》，乌鲁木齐，新疆人民出版社，1986。

等少数民族。明末清初，鄂温克、达斡尔及鄂伦春等族被统称为"索伦部"，分布在西起石勒喀河，东至黑龙江北岸支流精奇里江，北起外兴安岭，南至大小兴安岭一带。清太宗皇太极于崇德六年（1641 年）统一了包括鄂温克、鄂伦春、达斡尔等族索伦部广大地区。后来建为布特哈八旗，培养为清廷亲信部队。清廷对鄂伦春、鄂温克和达斡尔等族实行同化政策，向其灌输满俗，教授满文，索伦诸部逐渐满族化。

鄂温克人信仰萨满教，对自然界及动物加以崇拜，相信万物有灵，特别崇拜祖先神，且多为女性。鄂温克人得重病时，要请萨满跳神，萨满威望很高。鄂温克人讲究礼节，好客，长幼之间恪守着严格的礼节，老人受到尊重。婚姻多为一夫一妻制，盛行"氏族外婚"和"姑舅表婚"，绝大多数由父母包办。举行婚礼或庆祝节日，都要跳民族舞蹈。民间文学很丰富，有传说、神话、故事、谚语等。它们反映了鄂温克族早期的历史，如人类来源的传说、英雄猎人的故事、兴安岭的故事、母鹿之歌等。无文字，使用蒙文或满文。

达斡尔族的婚姻是一夫一妻制，恪守氏族外婚制。丧葬一般是土葬，埋于本家族墓地。因天花或难产等死亡的，则火葬或风葬。殉葬品多为死者生前所用什物，并有杀马殉葬遗风。达斡尔人迷信鬼神，也信仰萨满教。在其观念中，鬼神是人祸福的主宰，生产的丰欠和人口兴旺与否，都是鬼神保佑或作祟的结果。因此，一旦发生疾病或妇女生产不顺利，即请萨满祭祀，以求祈福消灾。无文字，使用满文。

鄂伦春族没有文字，康熙年间传入满文后，上层人物识满文。文学主要是口头创作，通过口耳相传，有关于人类起源、男女爱情及以动物为题材的故事等。男女老少都喜欢歌舞，如"黑熊搏斗舞"、"树鸡舞"和"野猪搏斗舞"是模仿飞禽走兽的动作或吼声而创作的，"依哈嫩舞"、"红果舞"则表现了劳动生活。鄂伦春人有图腾信仰，熊是崇拜的动物之一，把熊称为"太帖"（祖母），"阿玛哈"（祖父），认为不能猎取。鄂伦春族信仰萨满教，崇拜火神、山神、太阳神和月亮神等。萨满的跳神仪式充满浓厚的神秘气氛。

（六）南方少数民族的文化

我国南方少数民族，明清时期主要有彝族、苗族、佤族、傣族、白族、纳西族、壮族、瑶族等。他们在长期的生产生活中创造了灿烂的文化，成为中华文明中不可分割的重要组成部分。

南方少数民族中，彝族、傣族、纳西族有本民族文字。彝族文字流行于云南、四川、贵州、广西彝族地区，明清以来流传许多用彝文书写的书籍，包括历法、谱牒、诗文、神话等。傣族文字由古巴利文演变而来，有许多记载佛经、文学、历史、医药等的书籍。纳西族文字有"东巴文"和"哥巴文"两种，用东巴文书写的书籍数量巨大，记载了纳西族的历史、文学、宗教、历法等。

在医药学方面，彝族关于医疗的专书有《齐书苏》、《寻药找药经》和《献药供牲经》等。傣族有用贝叶刻写的医书《腕纳巴微特》（《医经》），内容包括处方和病理的阐述。纳西族的《玉龙本草》约成书于18世纪，是一部药物学专著，记述草药三百三十多种。白族在明代有陈洞天著的《洞天秘典注》，李星炜的《奇验方书》，清代有孙荣福的《病家十戒十全合刊》，奚毓崧的《伤寒逆症赋》，赵子罗的《本草别解》、《救疫奇方》等。苗族医药学历史悠久，明李时珍《本草纲目》收入苗药二十多种。光绪年间修《凤凰厅志》有苗族治疗麻风病和开刀治肺病的记载。在长期医疗实践中，苗医总结出"两纲、五经、三十六症、七十二疾"的经验。苗族药物以植物居多，也有动物和矿物，共一千多种，治疗方式多种多样。"①。

在文学和史学方面，明清时期白族著名学者和诗人有杨士云、杨鼐、杨黼、李元阳、高桂枝、王崧、师范等。杨士云著有《皇极经世》，杨鼐著有《南诏通记》，杨黼著有《篆隶宗源》、《桂楼集》，李元阳著有《云南通志》、《大理府志》。彝族在14世纪就有了用彝文写成的历史专著，最主要的有《西南彝志》。纳西族的文字文学以木氏土司及其家族为代表，如木泰的诗《两关使节》，木公有《雪山始音》、《万松吟卷》等六部诗集，木青有诗集《玉水清音》。壮族的文字文学以明代嘉靖年间邓铲的《半村诗集》、清代中叶刘新翰的《谷音集》等为代表。土家族的文字文学以明中叶田九龄的《竹枝词》、田宗文

---

① 谢正富、万昌发：《略论民族医药的科学性和特殊性》，《贵州民族研究》，1986年第3期。

的《楚骚馆诗集》、清中期彭秋潭的诗集为代表。南方少数民族的民间文学也很精彩，几乎每个民族都有神话、故事、传说、诗歌、歌谣等。诗歌中傣族的长篇叙事诗很著名，如《召树屯与婻婼娜》和《俄并与桑洛》都是精品。彝族的长篇叙事诗有《阿细的先锋》和《梅葛》等。歌谣在各族人民中流行，如白族的"白族调"、瑶族的"斗歌"、布依族的"山歌"等。著名的神话有苗族的《开天辟地》、白族的《创世纪》等。

南方少数民族大都喜好歌舞，多有歌舞大会，如苗族的"游方"、布依族的"赶表"、壮族的"歌圩"、瑶族的"会阆"、侗族的"行歌坐月"等。彝族的古老舞蹈，有征战舞、斗牛舞、斗鸡舞、点玉米舞等。戏曲则有白剧、布依戏、傣剧、地戏、侗戏、苗剧、傩戏、壮剧、彝剧等。

二、少数民族文化、汉族文化的相互融合

明清时期，特别是在清代，随着满族以少数民族入主中原，建立起空前统一、疆域广阔的政权，我国少数民族与汉族之间，少数民族之间融合步伐加快，出现了又一个民族融合的高潮。各民族文化在交流与融合中互相汲取长处，呈现繁荣的局面。由于汉文化属相对先进的文化，对少数民族的影响更大一些。下面着重阐述满汉、藏汉、蒙藏等民族之间的文化融合。

（一）满汉文化的融合

满族对汉文化的吸收早在入关前即已开始，以后持续不断。入关后，尽管清统治者极力维护满族文化的系统性、稳定性，将满文化置于汉民族文化及其他少数民族文化之上，并想以满文化来改造汉文化，但最终无法阻挡汉化的趋势；而汉文化因吸纳满族文化内涵更为丰富。

满族文化对汉文化的吸收途径主要有三：

第一，大量翻译汉文化典籍，是满族文化吸收汉族文化的重要途径。努尔哈赤、皇太极曾命令学士达海等人翻译《明会典》、《素书》、《三略》。崇德初，皇太极设文馆，命达海主持翻译《国语》、《四书》及《三国志》等书。清入关

后，"设翻书房于太和门西廊下……凡《资治通鉴》、《性理精义》、《古文渊鉴》诸书，皆翻译清文以行。"满族译家中有的翻译水平很高，如户部郎中和素，"翻译绝精，其翻《西厢记》、《金瓶梅》诸书，疏栉字句，咸中綮肯，人皆争诵焉"①。顺治七年（1650年），顺治帝将满文《三国演义》颁赐满族诸王以下，八旗参领以上，当作兵书阅览，从中学习军事战略。满文《三国演义》、《水浒传》、《金瓶梅》、《西厢记》等小说戏曲，在满族民间广为流传。据统计，汉文译为满文的著作达七十余种，其中部头最大的是《大藏经》。乾隆时，于西华门内设满文经馆，翻译《大藏经》，历时二十年始成。此后，满族人多习汉语文，可直接阅读汉文书籍，大规模译书不再举行。

汉族文化典籍的大量翻译，将汉文化的伦理道德观念、治国方略、立身处世经验等渗透到满族中，潜移默化地改变着满族人的思想文化。努尔哈赤曾引用《论语》人伦、孝悌之论，训诫诸王"世守孝悌之道"。《三国演义》被满人作为兵书，天聪三年（1629年）十二月，皇太极以反间计，借崇祯帝之手杀抗后金（清）的袁崇焕，被后人认为是"直袭小说中蒋干中计故事"②。有一部笔记记载："本朝羁縻蒙古，实是利用《三国志》（按：实即《三国演义》）一书。当世祖之未入关也，先征服内蒙古诸部，因与蒙古诸汗约为兄弟，引《三国志》桃园结义事为例，满洲自认为刘备，而以蒙古为关羽。"③ 随着满文《三国演义》的广泛传播，关羽以其忠义骁勇成为满族尊奉的神祇之一，其庙祀遍天下。

第二，汉族士大夫入仕清廷，是满族吸收汉文化的又一条重要途径。满族统治者在入关前及入关初，接纳了大批汉族儒生及明朝归降的文武官员。这些汉官汉儒具有文化知识和社会影响力，所以满族统治者重视发挥他们的作用，并从他们那里学习汉族文化。如皇太极倚重范文程、高鸿中等人，让他们赞襄军政，改革国家政权机构，仿明制设立吏、户、礼、兵、刑、工六部，并多次开科取士。顺治帝服膺孔子，并号召臣民尊孔读经，提倡忠孝节义，强调"兴

---

① 昭梿：《啸亭杂录·续录》卷一，397页，北京：中华书局，1980。
② 孟森：《明清史讲义》，北京：中华书局，1981。
③ 蒋瑞藻：《小说考证·拾遗》下册，528页，上海：古典文学出版社，1957。

文教、崇经术，以开太平"。康熙帝自幼研读儒家经书，推崇程朱理学，以此作为包括满族在内的全社会的统治思想。儒学的"三纲五常"，成为满族人的行为准则。满族统治者学习儒家经书，都是由深有儒学素养的汉族官员担任师傅的。

第三，满汉人民杂居相处中，潜移默化地改变本民族文化旧俗，接受汉族文化礼俗，这是满族吸收汉族文化的又一重要途径。从民族关系密切的程度而言，这一途径更深入，更彻底。

入关前及清初，满族以满语（又称"国语"或"清语"）为本民族语言，清初诸帝多次强调以满语为务。入关后的满族处在汉语的包围中，东北及关内的满族不可避免地接受了文化地位较高的汉语。康熙末年，北京城内满、汉人交往皆用汉语；盛京（今沈阳）地方也出现因"旗民杂处，以至满洲不能说满话"①的现象。乾隆时，不仅北京八旗满人满语生疏，关内各地驻防八旗满人也通用汉语。到晚清，满族能通满文、操满语的已很少了。满人语言的汉语化为其文化传统发生变易的基础和重要表征。

在婚姻制度上，满族原保留氏族社会的族内婚习俗，"嫁娶不择族类，父死而子妻其母（指继母）"②，弟娶寡嫂为妻。随着汉化深入，清统治者以汉族伦理观念禁止族内婚。天聪四年（1630年），皇太极下令禁止娶继母、伯母、婶母、兄嫂、弟妇为妻，违者"以奸论"。满族入关前，不提倡寡妇守节；入关后，受汉族文化道德影响，重视妇女节操。康熙朝以后，大力旌表满族的贞女节妇。

满族妇女向不裹足，清初诸帝一再申禁令，严禁汉人妇女裹足。但因汉人裹足习俗太深，康熙时准汉族士大夫王熙所请，废除裹足禁令。此后，满族妇女也有渐习裹足者。汉族有行乡饮酒礼的习俗，每年地方缙绅以尊贤敬老为名，聚会乡里欢宴，共商地方大事，如行教化、惩恶等。康熙九年（1670年），康熙帝同意乡饮酒礼"满汉一体举行"③的奏请。满族入关前后，贵族葬礼惯以人殉，努尔哈赤、皇太极、顺治、多尔衮死，皆有后妃、侍卫殉死。

---

① 《康熙起居注》第3册，康熙五十四年二月二十六日，2153页，北京：中华书局，1984。
② 李民寏：《建州闻见条》，43页。
③ 《清圣祖实录》卷二三。

康熙时，汉官朱裴上疏请禁人殉："好生恶死，人之常情。捐躯轻生，非盛世所宜有。"[①] 康熙帝采纳其意见，于十二年（1673 年）明令禁止八旗包衣佐领下的奴仆随主殉葬，结束了满族人殉的习俗。康熙至乾隆时期，为汉族棺木葬习俗所影响，满人改入关前火葬习俗为土葬。

汉族文学艺术也深为满人喜好。昭梿《啸亭杂录·续录》记载："士大夫家几上，无不陈《水浒传》、《金瓶梅》以为把玩。"[②] 所记虽不专指满人，当亦包含之。在继承和研习汉族经史、诗文、书画的基础上，满族文人学士在文学艺术创作中取得杰出成就。《八旗通志书目》刊载了五百余种满族文士所著的经、史、子、集著作，《八旗画录》收录了顺治至清末的八旗画家二百九十多人。清代八旗诗词作家的作品十分丰富，嘉庆年间山东巡抚铁保收集崇德以来二百年间满洲、蒙古、汉军八旗的诗作七千七百余首，编为《熙朝雅颂集》十三卷，于嘉庆九年（1804 年）刊行。康熙、雍正、乾隆三帝都能诗文。在他们倡导下，满族上层人士中诗风甚盛。满人以诗词名世者，当推清初的纳兰性德。纳兰性德（1655—1685），大学士明珠子，原名成德，字容若，满洲正黄旗人。他深受儒家思想影响，具有高度的汉族文化修养，交游多汉族诗人文士，并在其家渌水亭雅集，参与者有朱彝尊、陈维崧、姜宸英、顾贞观、严绳孙等当时"海内风雅知名之士"。纳兰性德能诗，尤以词为著名，著有《饮水集》。其词作多抒情写景，直抒胸臆，清淡朴素，真切动人，但多凄婉抑郁之音。陈维崧认为他的词"哀感顽艳，得南唐二主之遗"。纳兰性德的词在当时颇为流传，曹寅说："家家争唱饮水词"。梁启超誉为"清初'第一学人'"。乾隆帝之曾孙奕绘（1809—1838）为一大家，精通满、汉、蒙文及篆书、算学，著有《妙莲集》、《写春精舍词》等。旗人小说创作也取得了杰出成就。曹雪芹（祖上为汉人，后入旗籍，是服务于皇帝的内务府正白旗包衣）的《红楼梦》最为著名，至今流传海内外。文康的《儿女英雄传》也拥有很多读者。乾隆年间镶黄旗满洲人和邦额的文言短篇小说集《夜谭随录》十二卷，主要描写满族下层人民的劳苦生活和世态炎凉。

---

① 《朱裴传》，见《清史稿》卷二六四，北京：中华书局，1977。
② 昭梿：《啸亭杂录·续录》卷二，427 页，北京：中华书局，1980。

满族民间流传的歌谣，入关后受到汉族歌谣曲艺的影响。乾隆六十年（1795 年）刊行的《霓裳续谱》中收有流传于北京一带的满族民歌，是用汉语传诵的。满族人还创造了曲艺新品种，如八角鼓、子弟书等。子弟书有唱词，无说白，配合鼓板、三弦演唱。演唱者不仅是旗人，也有民间艺人，在八旗营中、在民间广为流传。子弟书曲目丰富，传世者四百余种，多取材于明清小说传奇，反映了满汉文化的融合。

用满文书写的大批历史档案，是一批宝贵的文化遗产。满文文书档案，大部分用新满文书写，小部分用老满文书写。满文老档主要是满族入关前的遗留，最早起于明万历三十五年（1607 年）。这些档案，记录了清代政治、经济、军事、文化等各方面情况，有重要历史价值。此外，还有大量的满文图书、木牌、碑刻、谱牒、地理舆图及口碑史料等。其中满文工具书有《大清全书》、《满汉类书》、《钦定西域同文志》等数十种之多。

满文在清代中西文化交流中起过特殊作用。由于满文比较易学，许多欧洲人借助于满文本翻译汉文典籍。如俄文本的《大清会典》、《八旗通志》、《理藩院则例》，德文本的《辽史》、《性理精义》、《四书》、《三字经》，法文本的《金史》、《易经》、《三字经》、《通鉴纲目》，意大利文本的《圣谕广训》、《通鉴纲目》、《三字经》等，都是由满文本译成的。①

由于汉族文化属相对强势文化，满族文化不可避免地接受汉文化熏陶。同样，汉族文化也从满族文化中汲取营养。如在服饰方面，《阅世编·内装》记载清初汉族妇女效仿满族装束的情形："顺治初，见满装妇女，辫发于额前中分向后，缠头如汉装包头之制，而加饰于上，京师效之。"② 清中叶，汉族妇女模仿满族宫女发饰，以高髻为尚，梳时将发平分两把，俗称"叉子头"，又在脑头垂下一绺头发，修成两个尖角，名谓"燕尾"。《清宫词》云："凤髻盘云两道齐，珠光钗影护蜻蜓。城中何止高千尺，叉子平分燕尾低。"满族妇女的旗袍，因能充分显示女性身材风韵而渐在汉族妇女中流行开来，后竟成近现代中国妇女普遍穿着的服装。另外，满族的一些习俗对汉族特别是东北地区的

---

① 赵志忠：《满学及其发展》，《民族研究》1993 年第 5 期。
② 叶梦珠：《阅世编》卷八，178 页，上海古籍出版社，1981。

289

汉族产生重大影响，如满族妇女不裹脚，东北的汉族妇女多有不裹脚者。满族喜欢吃的爱年糕（俗称"驴打滚"）、爱窝窝、撒其玛，对汉族也产生较大影响。至今，撒其玛仍是南北方汉族人民喜欢吃的糕点，在东北农村，广大汉族百姓吃爱年糕更是常事。满族的萨满教（俗称跳神、跳大神）对汉族影响较大。清入关后，一方面规定堂子祭天、坤宁宫祀神，一方面满洲贵族和军民把萨满教带入关内，跳神遂成为汉族却灾治病的宗教活动，在东北汉族中尤甚。

（二）藏汉文化的交流与融合

藏汉两大民族，自古以来就共同生活在祖国的领土上，在政治、经济、文化各方面都有着不曾间断的密切联系。两族人民在从西北到西南的漫长地带上交错杂居，彼此间语言、风俗交会，姻亲混血，生产和生活上相互往来，从物质文化到精神文化相互渗透，产生了丰富的成果。

明清时期，藏汉两族的文学、史学、民间故事和歌谣，或通过口头传授，或通过文字翻译传入对方。藏族的许多民间文学和文学名著被译成汉文，在汉族传播，《格萨尔王传》就是一个例子。

作家文学中的《仓央嘉措情歌》被译成汉文，受到汉族文学、史学和宗教学学者重视。宗喀巴弟子向雄·曲旺查巴的《罗摩衍那传》是模仿古印度的《罗摩衍那》而写，也受到汉族学者重视。许多藏文史著，如五世达赖的《西藏王臣记》，萨迦·索南坚赞的《西藏王统记》，查同杰布的《玛尔巴传》，乳毕坚金的《米拉日巴传》等，都在汉族传播。藏族作品除被译成汉文或传播到汉族中去以外，还被译成蒙文，如《格萨尔王传》、《米拉日巴传》、《萨迦格宫本释》等。

这一时期，很多汉族作品在藏族人民中也广泛流传。自18世纪以来，清政府在西藏派驻藏大臣，设常备军队，汉、藏人民的接触更加方便，汉族作品陆续传入西藏。有些藏族民间艺人，以说"甲钟"而著称。"甲钟"即"汉族故事"的藏语音译。民间艺人所讲的故事有《水浒传》、《三国演义》、《西游记》、《聊斋志异》、《包公传》、《薛仁贵》等。这些讲说"甲钟"的艺人，受到群众和上层人士的普遍欢迎。《西游记》不但口头流传，还被译成藏文，以手抄本形式传播于社会。全书三十四回，藏译书名为《唐僧喇嘛的故事》，采用藏族喜闻乐见的说唱形式，通俗易懂。

藏、汉文化交流的另一盛事是《大藏经》的流布。藏文《大藏经》、汉文《大藏经》以及满、蒙、西夏文《大藏经》（残本）合称《中华大藏经》[①]。《大藏经》属佛教典籍丛书，包括经、律、论三部分（合称"三藏"）。藏文《大藏经》是藏族所编辑、整理成书的佛教经典，包括《甘珠尔》、《丹珠尔》两大部分。《甘珠尔》（经部）各版部数不一，清康熙二十二年（1683年）北京版为一千零五十五部，藏传佛教著名学者蔡巴·贡噶多吉（1309—1364）为其编订目录。《丹珠尔》（论部）清雍正二年（1724年）北京版为三千五百二十二部，另一藏传佛教著名学者布顿·仁钦朱（1290—1364）为其编订目录。这是藏族对世界文化做出的重大贡献。明永乐八年（1410年），明成祖派专使进藏，将藏文《大藏经》手抄本带回南京，雕版印行，成为第一部刊刻的永乐版藏文《大藏经》。清代有北京版、那塘版、卓尼版、德格版等，是刊刻藏文《大藏经》最繁盛的时期。

西藏的宗教建筑所反映的建筑、绘画、雕刻艺术也是藏、汉等诸民族文化交流的产物。例如清康熙二十九年（1690年），第巴桑结修建布达拉宫的红宫，康熙帝派出一百一十四名汉族和满族工匠进藏参加建筑工程。布达拉宫是藏族人民智慧的结晶，也是汉、满、蒙等各族人民团结友好、文化交流的象征。

藏医以《四部医典》为基础，以"三因"学说（气、火、水和土）贯穿于生理、病理和治疗各方面。它利用青藏高原丰富的动植物和矿物治疗常见病、疑难病，还用于保健医疗。明代中叶即开始流传于西部边地，清代特别是清军进驻西藏后逐渐流布内地。此外，藏族天文历算、民间文艺等藏文化也逐渐传入汉文化中。

（三）喇嘛教流播下的蒙、藏、满、汉等多民族文化融会

明清时期的民族文化交流中，宗教特别是喇嘛教起了重要作用。

---

① 《民族辞典》，42页，上海辞书出版社，1987。

喇嘛教是藏传佛教的俗称。所谓藏传佛教，指主要在藏族地区形成、流传和发展的西藏语系佛教，它由印度佛教与西藏原有苯教相结合而成。喇嘛教教派众多，主要有宁玛派（红教）、萨迦派（花教）、噶举派（白教）、格鲁派（黄教）等。明清时期诸教派中，格鲁派势力最大，影响所及，远至青海、蒙古地区。

明初，宗喀巴创立黄教，明中后期渐流播至蒙古地区。万历六年（1578年），蒙古俺答汗在青海会见黄教寺庙领袖索南嘉措，赠给"圣识一切瓦齐尔达喇达赖喇嘛"的尊号。自此，俺答汗接受并笃信喇嘛教，喇嘛教在蒙古地区包括漠西蒙古厄鲁特部传播开来。索南嘉措上书明廷，在内阁首辅张居正建议下，明廷承认了黄教所取得的地位。

入清以后，清廷鉴于喇嘛教在西藏和蒙古地区的巨大影响，大力提倡。顺治十年（1653年），正式册封达赖五世为"西天大善自在佛所领天下释教普通瓦赤喇怛喇达赖喇嘛"，总领藏、蒙佛教各派。康熙五十二年（1713年），清廷正式册封格鲁派另一首领班禅五世为"班禅额尔德尼"。从此，达赖和班禅成黄教两大活佛转世系统。乾隆五十八年（1793年），清廷颁布的《钦定西藏章程》规定，达赖、班禅的转世，必须在驻藏大臣监视下，采取金奔巴瓶抽签来决定。清廷极为重视黄教，乾隆帝说："兴黄教即所以安众蒙古，所系非小，故不可不保护之。"

在政治上扶助喇嘛教的同时，清政府还在各地大兴土木，修建喇嘛庙。如北京雍和宫，承德外八庙，多伦汇宗寺、善因寺，外蒙古的庆宁寺，五台山的咸通寺，里塘的惠远寺等。清廷对喇嘛教的宗教活动也大力支持。如每年"腊八"日，紫禁城内中正殿佛堂前搭设黄毡圆帐房（名小金殿），由御前大臣侍奉，众喇嘛在帐外念经，有时请达赖喇嘛和蒙古活佛章嘉呼图克图为皇帝拂拭衣冠，以示去除不祥。

由于清廷的大力扶持，喇嘛教在清代流传极广，全国形成了喇嘛教的四大首领，即达赖喇嘛、班禅额尔德尼、哲布尊丹巴呼图克图、章嘉活佛，他们分别主持前藏、后藏、漠北与漠南的宗教事务。与此同时，随着喇嘛教在蒙古、藏区和内地的传播，藏、蒙、汉的文化艺术也互相融合。承德外八庙蕴含蒙、

五世达赖朝见顺治帝

王翚、杨晋等绘 《康熙南巡图》
第十二卷（局部）

承德避暑山庄

承德避暑山庄须弥福寿之庙

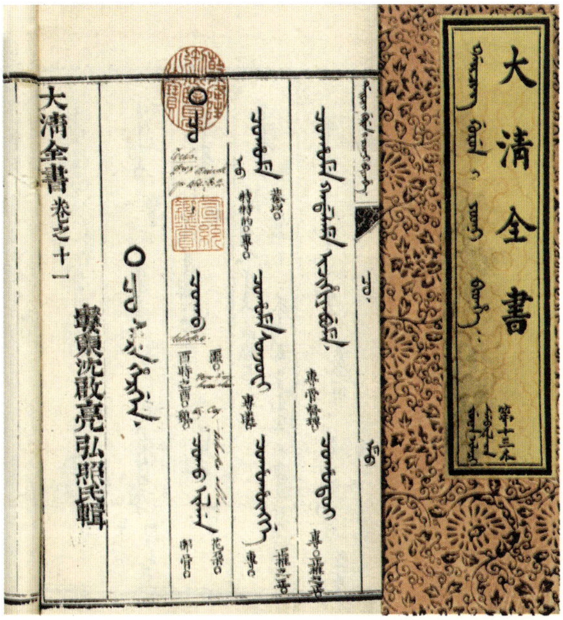

沈启亮辑《大清全书》
满文书写的历史档案

郎世宁等绘《万树园赐宴图》
描绘了乾隆皇帝在避暑山庄为迎接蒙
古土尔扈特部回归举行宴会的场面

《万树园赐宴图》中穿吉服袍
外罩补褂的官员们

《万树园赐宴图》轴中的肖像

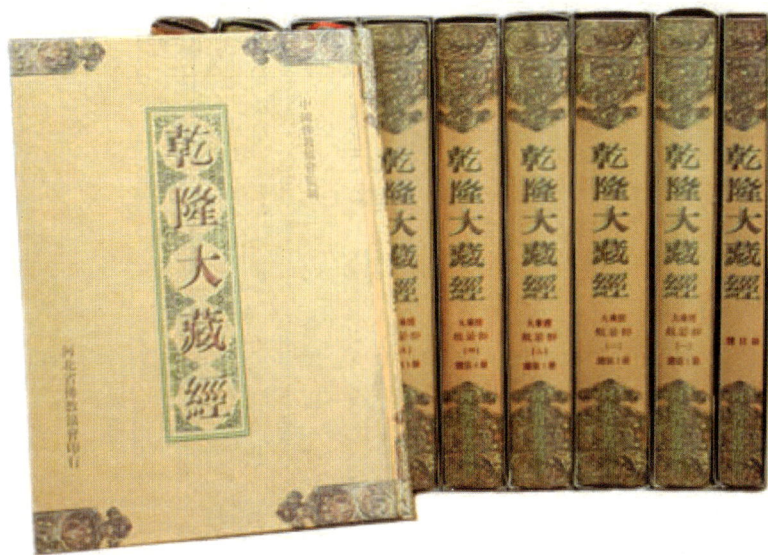

《乾隆大藏经》，又称『清藏』『龙藏』。自宋至清，木刻汉文大藏经各代频出，唯有《龙藏》经版保存至今

德格印经院木刻版——格萨尔王传

藏、汉等民族的建筑风格于一体。北京雍和宫则既有满汉两族传统的宫殿建筑形式，又糅合了蒙藏两族的建筑格调，实为融满、汉、蒙、藏各民族文化菁华之精品。

在清政府的强力推动下，以喇嘛教为纽带，满、蒙、藏族与汉族，蒙古高原、青藏高原与中原内地牢牢地联结在一起。

除了满汉、藏汉、蒙藏之间的文化交流与民族融合外，汉族与其他少数民族之间，各少数民族相互间也有着交流融会。如回族除了保持传统的伊斯兰文化和经堂教育外，也吸收其他民族的优秀文化，特别是和汉族展开了广泛的文化交流。他们研习汉族的儒家经典、诗词和历史。各地的回族知识分子参加科举，中进士、举人者甚众。由于回族历法有独到和精确之处，在明代历法中占有重要地位，如明初马沙亦黑被太祖授予漏刻博士，命改正历数。随着回族的发展，伊斯兰文化在中国各地传播，一些回族学者用汉文介绍、宣传伊斯兰教及其文化，并形成一些中国的伊斯兰教学派。

清入关后，蒙古、达斡尔、鄂温克等北方少数民族骑士被派遣到全国各地，从而为他们学习和使用汉语或其他民族的语言等文化创造了条件，也促进了中原汉族与北方少数民族之间的文化交流与发展。

明末清初，蒙古族文学受到藏族文学的影响，长篇史诗《格萨尔王传》，就是蒙藏人民共同创造的文化遗产。乾隆时，藏文佛学经典《甘珠尔》、《丹珠尔》等先后被译成满文、蒙文刊行。在南北文化交流影响下，雕刻、绘画、金石艺术在满、蒙、回、达斡尔等族中也有一定的发展，如蒙古族画家松年的《颐园论画》，金石家万选的《金石赏》。在汉族的织绣、刺绣和藏族的佛像刺绣等艺术影响下，达斡尔、鄂温克、蒙古族的民间刺绣、贴花等艺术，也在不断丰富、发展。另外，少数民族的音乐、歌舞和角力杂技，除在清廷宴席中表演外，还普遍流行于少数民族地区及内地部分地区。

三、多元一体的中华文化的新阶段

在中华民族源远流长的历史长河中，每一个民族都创立了具有各自民族特色的经济文化体系，都是中华文化的有机组成部分，都对中华文化的发展做出了贡献。中华民族包括我国历史上的所有民族，无论其人口多少，居地大小，在历史上是统治民族还是被统治民族，都是中华民族的一部分。中华文化是由多民族建立和发展的文化，自然呈现出多样性。既有基于农业生产而形成和发展起来的农业文明，又有基于狩猎和畜牧业生产而形成和发展起来的游牧民族的游牧文化；既有在道教和儒学影响下形成的精神文化，又有在某种原始或外来宗教（如佛教、伊斯兰教、基督教等）影响下形成的精神文化；既有在汉藏语系语言基础上创造发展的各种文字，又有在阿尔泰等语系语言基础上创造发展的各种文字；既有适应畜牧和便于游牧而创造的居住建筑形式，又有适应农耕和定居生活而创造的居住建筑形式，并根据气候地理条件使其多样化。文学、艺术、歌舞，丰富多彩，千姿百态，既有北方游牧民族的豪放，又有南方民族的细腻温婉。中华文化的多民族性构成其文化的多元性，这是我国多民族国家长期发展形成的。

这种基于多民族性基础上的文化多元性在各民族经济文化联系日渐紧密之后，最终互相取长补短，融会成一体的中华文化。无论是汉族还是少数民族，无论是哪一个少数民族，它们的文化都吸收了其他民族的文化成分，在此基础上发展了自己的文化。特别是少数民族与作为文化主体的汉族之间，更是如此。汉民族在文化发展中的几个高潮，除了自身原因外，都与吸收少数民族文化并与少数民族有较大规模的融合有关。商、周由高度发展的青铜器时代发展到铁器时代，并产生了百家争鸣，与吸取蛮、夷、戎、狄四方民族的优秀文化有密切关系。汉朝文化的发展，除自身的统一外，也吸收了南方百越、西方氐羌、北方匈奴等民族的文化成分，或把他们的部分成员融会于本民族。唐朝高度发展的经济、文化，代表着汉族社会的繁荣与鼎盛。其繁荣昌盛与魏、晋、南北朝时各民族经济、文化的大交流、大融合，政治、军事上的大整合有关，与匈奴、鲜卑及其他民族的部分成员融会于汉族有密切关系。宋元以后，特别是清代，以汉族为主体的中华文化的发展，在于吸收与融会契丹、党项、女真、乌蛮、白蛮的文化后，又极大地融会了蒙、回、满、维吾尔和藏族等众多少数民族的文化成果。

清入关后，迅即着手于边疆事务。在蒙古地区，清廷平定了噶尔丹之乱，会盟内蒙古四十九旗和喀尔喀蒙古各部于多伦诺尔，并在喀尔喀蒙古实行盟旗制度，内外蒙古与清王朝联为一体。在西藏地区，清廷次第平定策妄阿拉布坦、采尔墨特先后发动的战乱、叛乱后，设置驻藏大臣管理藏区军政事务，并正式敕封达赖喇嘛、班禅额尔德尼的称号，提高其权力，改革达赖、班禅及呼图克图（活佛）的灵童转世制，西藏与中原地区的联系空前密切。在新疆地区，清廷平定天山北路准噶尔部的长期内乱以及天山南路大、小和卓木之乱，设置伊犁将军以及分驻南、北疆的参赞大臣、领队大臣，从而有效地实现了对新疆地区的行政统治。在西南少数民族地区，清政府大规模实行"改土归流"，用朝廷任命的流官代替世袭的有割据性的土司，沟通了西南少数民族与内地的经济、政治、文化交流。为综合处理边疆事务，清王朝特在中央机构设置了前代从未有过的"理藩院"，大大提高了处理边疆事务的能力。

经有清一代多方努力，我国各民族的交流、融合波澜壮阔，盛况空前，发展了多元一体的中华文化。在北方，汉、满、蒙、回、达斡尔、鄂伦春、鄂温克等族的交流有声有色。达斡尔族的舞蹈"庆隆舞"，秋季表演于热河木兰围场，除夕表演于大清宫廷之中。回族的"绳技"在避暑山庄大受清廷王公及少数民族上层分子欢迎。在西南，"改土归流"打破了土司制度封闭的重重壁垒，建立起西南少数民族与内地的密切联系。随着清廷在西南地区"建郡县，设学校，渐摩以仁义，陶淑以礼乐"① 的文教政策的展开，西南地区人文振起，通汉语，习汉俗，蔚然成风。如紫姜苗本"轻生好斗，遇仇者，辄生啖其肉"，"改土归流"后，受汉文化浸濡，"读书应试，见之多不识为苗者"②。少数民族人民的衣食住行、婚丧礼俗也"多汉人风"，"与汉人同"，有的民族用汉语文。特别是满族、汉族、蒙古族、藏族及维吾尔族、回族等联系的强固，更使中国文化绚丽多姿。在清代空前规模的民族融会大潮中，多元一体的中华文化进入光辉灿烂的新阶段。

明清时期，特别是有清一代，少数民族文化与汉族文化已紧密地融为一体，所形成的多元一体的中华文化主要体现在四个方面：

第一，有清一代，奠定了中华文化存在的基石，即统一的国家，统一的民族共同体。经过清代统治者和各族人民共同的艰辛努力，统一的多民族的中央

---

① 《苗防备览》卷八，台北：华文书局，1969。
② 《苗防备览》卷九，台北：华文书局，1969。

集权国家完全巩固下来，并形成了近代意义上的国家疆域及生活于这一广袤土地上的民族共同体。

第二，有清一代，最终奠定了我国各民族之间的统一的经济、文化联系。清王朝一统中国，使东至大海，东北至外兴安岭包括库页岛，北到大漠，西到巴尔喀什湖，西南与廓尔喀（尼泊尔）为界，南包括南海诸岛的广阔疆域形成统一经济体，各民族的经济、文化联系不受阻碍。汉族与满、蒙、维吾尔、回、藏及其他各少数民族的经济联系、政治联络、文化交流空前繁荣。经济、文化上的互相学习、吸收、促进，使汉族与各少数民族的关系日益紧密，凝聚力日益加强，达到同呼吸、共命运、不可分离的程度。

第三，共同的地域，共同的经济、文化联系，以汉文化主体为纽带，逐渐形成了共同的民族心理，形成了中华民族。中华民族日益成为一个国族的徽号，成为联结各少数民族与汉民族于一体的具有极大认同感的徽号。

第四，这种多元一体的传统文化在鼎盛之际已进入烂熟期，其中孕育着传统文化的衰微与深重危机。中华文化开始面临巨大的外来挑战。

结语

寻找迷失的辉煌

　　中国传统文化按照自己的发展逻辑走了几千年。虽然，中国文化在历代都曾经或多或少地与异质文化相遇，但它都以无与伦比的强势高傲地走着自己的路，作为文化的主体，接纳、融化、改造了异质文化，而不失本来面貌，并不断以强大的态势向周边传播和辐射。中国传统文化创造了辉煌的业绩，在明清达到顶峰。

　　文化作为观念形态，是经济与社会的反映。因此，它的发展轨迹与社会经济有着大体相似的历程。历史学把明清两代放在一段叙述，主要着眼点常常是因为清沿明制，或者说清代发生的，明代都已有过，或者说清代与明代相较变化不大。但也正可以从这两句话中看出明清两代的不同：明代创造了辉煌，清代不过是模仿或重复了它；明代还具有活泼的生气，清代则走向僵化和垂暮了。

人类文明的进程没有等待，开放进取的西方正大踏步地前进，很快就取得了强势地位。而这正发生在清朝的前期。西方的文化气势汹汹地撞击着垂垂老矣的中华国门。它们不容辩解，蛮横地剥夺了弱势者的话语权，一如用坚船利炮粉碎大刀长矛的抵抗。中国传统文化在西方文化的海洋里迷失了自己。面对如同洪水一般涌来的西方文化，中国人焦躁不安。不论是全盘西化论者，还是反对西化的论者，都在不断加快西化的步伐。即使曾经使我们辉煌和骄傲的儒学，也曾像垃圾一样被践踏和抛弃，凝聚中华智慧之光的汉字几乎被废除，更遑论传统的文学、戏剧、美术、音乐、建筑，甚至民俗也失去了自身的模样。一百多年下来，我们的街道已经变得有些像曼哈顿，大街上满是西装革履的人。当我们回顾传统文化，特别是明清文化时，才可能发现我们已经走了多远。

如今不少人又提倡国学了。但什么是国学？国学在哪里？我们甚至离开西方话语都不能对国学做出解释。包括本书的叙述方式其实也是很西化的。重建国学或振兴国学还来得及吗？好在，人们在努力恢复记忆，努力回想和发现我们的传统文化，努力去认识它的价值。在面向 21 世纪，面对全球化时，我们还可以，而且必须从传统文化中汲取营养，找回那些被当作垃圾扔掉的真金。中华民族的伟大复兴，必然也是中华文化的伟大复兴，在复兴中寻回迷失的自我。复兴不是倒退，它是立足于中华坚实根基上的成长；复兴也不是拒绝对异质优秀文化的接纳与吸收，而是对中华传统优秀文化的继承和光大。而要做到这一点，首先需要对中国古代文化有所了解。我们希望本书能有助于对中国传统文化的了解和普及。

当回首往昔的坦途与高峰，回顾漫长的歧路与坎坷时，我们会更懂得今后的路应当怎样走。

主要参考文献

明实录. 台北："中央研究院"历史语言研究所校勘，1966.

明会典. 北京：中华书局，1989.

纪录汇编. 北京：中华全国图书馆文献缩微复制中心，1994.

国朝典故. 北京：北京大学出版社，1993.

明经世文编. 北京：中华书局，1962.

查继佐. 罪惟录. 杭州：浙江古籍出版社，1986.

张廷玉. 明史. 北京：中华书局，1974.

王阳明. 王阳明全集. 上海古籍出版社，1997.

黄宗羲. 黄宗羲全集. 杭州：浙江古籍出版社，2005.

清实录. 北京：中华书局，1985.

王先谦. 东华录. 上海：积山书局. 光绪甲午，1894.

大清会典. 上海商务印书馆铅印本.

钦定四库全书总目. 北京：中华书局，1997.

赵尔巽. 清史稿. 北京：中华书局标点本，1977.

贺长龄编. 清经世文编. 北京：中华书局，1992.

孟森. 明清史讲义. 北京：中华书局，1981.

萧一山. 清代通史. 北京：中华书局，1986.

戴逸主编. 简明清史. 北京：人民出版社，1980、1984.

毛佩琦主编. 中国社会通史（明代卷）. 太原：山西教育出版社，1996.

赵云田主编. 中国社会通史（清前期卷）. 太原：山西教育出版社，1996.

史革新主编. 中国社会通史（晚清卷）. 太原：山西教育出版社，1996.

张安奇，步近智总纂. 中华文明史（第八卷）. 石家庄：河北教育出版社，1994.

陈哲夫. 中华文明史（第九卷）. 石家庄：河北教育出版社，1994.

胡绳武. 中华文明史（第十卷）. 石家庄：河北教育出版社，1994.

冯天瑜等. 中华文化史. 上海人民出版社，1990.

梁启超. 饮冰室合集. 北京：中华书局，1989.

谢国桢. 明末清初的学风. 北京：人民出版社，1982.

谢祥皓，刘宗贤. 中国儒学. 成都：四川人民出版社，1998.

董宝良. 中国教育史纲. 北京：人民教育出版社，1990.

毛佩琦主编. 中国状元大典. 昆明：云南教育出版社，1999.

毛佩琦主编. 岁月风情——中国社会生活史. 南宁：广西教育出版社，2000.

林永匡，袁立泽. 中国风俗通史（清代卷）. 上海文艺出版社，2001.

任继愈主编. 中国佛教史. 北京：科学出版社，1993.

郭希卿. 中国道教史. 成都：四川人民出版社，1993.

李约瑟. 中国科学技术史. 北京：科学出版社，1976.

刘敦桢. 中国古代建筑史. 北京：中国建筑工业出版社，1980.

王逊. 中国美术史. 上海人民美术出版社，1985.

王伯敏. 中国绘画史. 上海人民美术出版社，2001.

中国美术全集·绘画编（明代、清代）. 北京：人民美术出版社，1988.

张庚，郭汉成主编. 中国戏曲通史. 北京：中国戏剧出版社，1982.

周一良主编. 中外文化交流史. 郑州：河南人民出版社，1987.

林仁川，徐晓望. 明末清初中西文化冲突. 上海：华东师范大学出版社，1999.

后记

2000 年秋天，龚书铎先生就编撰《中国文化发展史》向我组稿，要我承担明清卷的编撰。于是，我约了几位年轻的同道吕天佑、杜晓鹏、王金梅等，一同商定了编撰大纲后，便分工动手开始撰写。

按体例要求，明清卷的篇幅并不大。而正是要在不大的篇幅中叙述明清两代的庞杂内容，有很大的难度。难的不仅是内容的取舍，最难的是准确地把握明清文化的本质，描述它的发展线索。2001 年底初稿完成。其后，在龚书铎先生的指导下，我们对初稿的框架几经调整，对其内容几经增删、修改，就成了现在的模样。尽管我们感到还有不满意的地方，但也只能交稿了。学问是做不完的。也许过一段时间，我们对许多问题又有了新的看法。书中的不足之处，就请各位专家、读者指正吧。

感谢各位同道的同心勠力，感谢山东教育出版社的朋友为出版本书付出的劳动，特别要感谢陆炎先生对书稿所做的严谨细致的编辑加工。有了他们的工作，我们的书比预想的好多了！

毛佩琦

2012 年 9 月于北京太阳宫

图书在版编目(CIP)数据

中国文化发展史．明清卷/龚书铎主编；毛佩琦分册
主编．—济南：山东教育出版社，2013
ISBN 978－7－5328－7935－9

Ⅰ．①中… Ⅱ．①龚… ②毛… Ⅲ．①文化史—
中国—明清时代 Ⅳ．①K203

中国版本图书馆CIP数据核字(2013)第168017号

总 策 划/陆　炎
责任编辑/孟旭虹
装帧设计/石　径

中国文化发展史
明清卷

龚书铎　总主编

毛佩琦　主　编

主　管：山东出版传媒股份有限公司

出版者：山东教育出版社
　　　　（济南市纬一路321号　邮编：250001）

电　话：(0531)82092664　传真：(0531)82092625

网　址：http://www.sjs.com.cn

发行者：山东教育出版社

印　刷：山东临沂新华印刷物流集团

版　次：2013年9月第1版
　　　　2013年9月第1次印刷

规　格：787mm×1092mm　16开本

印　张：19.5印张

字　数：330千字

书　号：ISBN 978－7－5328－7935－9

定　价：48.00元

（如印装质量有问题，请与印刷厂联系调换）
印厂电话：0539－2925659